Alfred Hornung
Al Capone

Alfred Hornung

Al Capone

Der amerikanische Traum und das organisierte Verbrechen

wbg THEISS

Die Deutsche Nationalbibliothek verzeichnet diese Publikation
in der Deutschen Nationalbibliografie; detaillierte bibliografische Daten
sind im Internet über www.dnb.de abrufbar.

wbg THEISS ist ein Imprint der wbg.

Die Herausgabe des Werkes wurde durch die Vereinsmitglieder der wbg ermöglicht.
Lektorat: Mechthilde Vahsen, Düsseldorf
Satz und Layout: Arnold & Domnick, Leipzig
Gedruckt auf säurefreiem und alterungsbeständigem Papier
Printed in Europe

Besuchen Sie uns im Internet: www.wbg-wissenverbindet.de

ISBN 978-3-8062-4129-7

Elektronisch sind folgende Ausgaben erhältlich:
eBook (PDF): 978-3-8062-4251-5
eBook (epub): 978-3-8062-4252-2

Inhalt

Vorwort
Al Capone – Ein amerikanischer (Alb-)Traum

Während der Präsidentschaft von Donald J. Trump wurden wiederholt Vergleiche zu Al Capone, dem legendären Gangsterboss im Chicago der 1920er-Jahre, gezogen. Donald Trump selbst hat die in seinen Augen ungerechte strafrechtliche Verfolgung seines Wahlkampfmanagers Paul Manafort 2018 mit der seiner Einsicht nach ebenso ungerechten Behandlung Al Capones verglichen. Die Vergabe von Lizenzen für die Betreibung von Spielcasinos an Nachfahren der amerikanischen Ureinwohner, die seinen eigenen Spielhallen Konkurrenz machen würden, hat Trump schon 1993 als das schlimmste Verbrechen seit Al Capone bezeichnet. Eine weitere Parallele findet sich in den Recherchen der *New York Times* im Zusammenhang mit der Weigerung des 45. Präsidenten, seine Steuererklärungen offenzulegen. Dank cleverer Steuerberater und Abschreibungen habe Donald Trump für die Jahre 2018 und 2019 jeweils nur 750 Dollar an Steuern gezahlt. Dabei berief er sich wie einst Al Capone vor Gericht auf das allen Bürgern gemeinsame Bestreben, möglichst wenige Steuern an den Staat abführen zu müssen. Die Presse legte weitergehende Parallelen nahe mit dem Verweis darauf, dass Al Capone wegen Steuerhinterziehung angeklagt wurde, weil man ihn mangels Beweisen nicht für seine Kapitalverbrechen belangen konnte. Gerne wird in diesem Zusammenhang die wohl schon bei Trumps Vater bestehende Verbindung zwischen dem Baugewerbe und dem organisierten Verbrechen erwähnt, die sich in der nachfolgenden Generation fortgesetzt habe. Die Nichte Donald Trumps, Mary L. Trump, hat in ihrem Enthüllungsbuch *Zu viel und nie genug: Wie meine Familie den gefährlichsten Mann der Welt erschuf* (2020) auf den kontinuierlichen Betrug als die Lebensmaxime des Familienimperiums hingewiesen. Meist unerwähnt bleibt die Geschichte des Großvaters Friedrich Trump aus Kallstadt an der Weinstraße, der 1885 als 16-Jähriger in die USA eingewandert war und nach kurzer Tätigkeit als Friseur in New York ein Hotel im Rotlichtmilieu von Seattle an der Westküste betrieb und von dort aus sein Glück im Goldrausch am kanadischen Yukon versuchte. Seine geplante Wiedereingliederung in die deutsche Gesellschaft als mittlerweile eingebürgerter Amerikaner scheiterte bei einem Heimatbesuch, bei dem er die frühere Nachbarstochter Elisabeth heiratete und sich mit ihr schließlich 1905 dauerhaft in New York niederließ. Dort startete er die amerikanische Erfolgsgeschichte des späteren Trump-Imperiums zunächst als Inhaber eines gutgehenden Friseursalons an der Wall Street und dann als Immobilienmanager. 1918 wurde er eines der ersten Opfer der verheerenden Pandemie der Spanischen Grippe. Später übernahm der 1905 in New York geborene Sohn Fred das unter seiner Leitung florierende Immobiliengeschäft, bevor er es 1971 als Multimillionär an seinen Sohn Donald übergab.

Der wiederholt angestellte Vergleich von Donald Trump mit Al Capone verweist auch auf die Geschichte der Einwanderung um die Jahrhundertwende 1900 und den Prozess der Amerikanisierung. Die Schwierigkeiten der deutschen Trump-Familie und der italienischen Capone-Familie bei der Integration in die primär von weißen angelsächsischen Protestanten, den WASP (White Anglo-Saxon Protestants), bestimmte amerikanische Gesellschaft sind zweifellos vergleichbar. Auf der Suche nach Möglichkeiten der Überwindung des durch eine andere Sprache markierten Außenseiterdaseins wurden neben dem sowohl von Friedrich Trump als auch von Al Capones Vater ausgeübten Friseurhandwerk auch unlautere Mittel im Wettbewerb um den wirtschaftlichen und gesellschaftlichen Aufstieg eingesetzt. Die traditionellen arrivierten amerikanischen Wirtschaftsgrößen, die wie John D. Rockefeller, Cornelius Vanderbilt, Andrew Carnegie, J. P. Morgan oder Leland Stanford vor allem in der zweiten Hälfte des 19. Jahrhunderts mit dem Einsatz ähnlicher Mittel erfolgreiche Unternehmen gegründet hatten, machten sich die entstehenden Diskriminierungsmechanismen gegenüber den Neuankömmlingen bei der Abwehr von Konkurrenz zunutze. Besondere Ereignisse wie der Erste Weltkrieg, die Pandemie der Spanischen Grippe oder der Erlass der Prohibition intensivierten die radikale Trennung zwischen den sogenannten „100 Prozent Amerikanern" und den in ihren ethnischen Vierteln lebenden europäischen Einwanderern, deren Anzahl um die Jahrhundertwende exponentiell anstieg. Sichtbare Zeichen der Differenz vom „weißen Standard" betrafen etwa auch orthodoxe Juden aus Osteuropa und dunkelhäutige Süditaliener. Für viele Einwanderer, die oft schon in ihren Heimatländern von den Verlockungen des „amerikanischen Traums" gehört hatten und dadurch zur Auswanderung motiviert wurden, wirkte dieses Motivationspotenzial für einen künftigen Aufstieg im sprichwörtlichen Land der ungeahnten Möglichkeiten als eine Art Kompensation für die bisher erfahrene Diskriminierung. Allerdings war die Verfolgung des amerikanischen Traums auch Teil eines Verteilungskampfes der verschiedenen Gruppierungen in Amerika um mögliche Erfolgsmodelle in dem den puritanischen Siedlern „verheißenen Land". Der 44. Präsident der USA, Barack Obama, hat in seinen autobiografischen

Werken die im Lauf der Geschichte primär für weiße Bürger reservierten Segnungen des amerikanischen Traums für alle ethnischen Gruppen reklamiert und mit dem Titel seiner 2020 erschienenen Memoiren *Ein verheißenes Land* der von Puritanern exzeptionell beanspruchten Verheißung *eine* für alle offene Versprechung entgegengestellt.

Die Frage nach der Deutungshoheit über den amerikanischen Traum bestimmte die Geschichte Amerikas als eines klassischen Einwanderungslands von Anfang an. Die in Europa zirkulierenden Berichte über die Verlockungen des mit dem Land Amerika verbundenen Traums für Arme oder politisch und religiös Verfolgte haben auch viele Italiener, insbesondere im wirtschaftlich benachteiligten Süden, veranlasst, um die Jahrhundertwende 1900 in die USA aufzubrechen und dort einen neuen Anfang zu wagen. Al Capones aus der Umgebung Neapels stammende Eltern kamen zusammen mit ihren ersten beiden Söhnen 1895 in den USA an und ließen sich in New York im italienischen Viertel von Brooklyn nieder. Der Vater gab seinen in Italien ausgeübten Bäckerberuf auf und erlernte das Friseurhandwerk, während die Mutter neben ihrer Tätigkeit als Näherin sich um die ständig wachsende, schließlich acht Kinder umfassende Familie kümmerte. Al Capone wurde im Januar 1899 als vierter Junge der strenggläubigen Familie geboren und in der katholischen St. Michael-St. Edward Kirche getauft. Kindheit und frühe Jugend waren von Kontakten und Rivalitäten mit den in getrennten Bezirken lebenden deutschen, irischen und jüdischen Einwanderergruppen geprägt. Hilfen für die Mitglieder ihrer Kirchengemeinde und gemeinsame Baseballspiele wechselten mit Auseinandersetzungen mit anderen ethnischen Gruppen zur Behauptung der eigenen Lebensweisen ab. Seine Schulzeit beendete Al nach der 6. Klasse mit 14 Jahren, perfektionierte sein Billardspiel und schloss sich der Five-Points-

Jugendgruppe an, die sich für Recht und Ordnung im Miteinander mit anderen ethnischen Gruppen einsetzte. Durch die Bekanntschaft mit Johnny Torrio, einem auf der anderen Seite des Gesetzes arbeitenden Organisator, wurde Al bald in die Mechanismen von Schutzgelderpressung, Prostitution und Wettspiele eingeweiht. Als Barkeeper in Frankie Yales „Harvard Inn" machte er erste Erfahrungen mit kriminellen Aktivitäten in der Auseinandersetzung zwischen den irischen White Handers und den italienischen Black Handers und zog sich bei einem Kampf die ihn als „Narbengesicht" kennzeichnende Verletzung zu.

Neben den Tätigkeiten für Torrio und Yale ging Al Capone einer regulären Arbeit in einer Papierfabrik nach, wo er seine Frau Mae Coughlin, die Tochter einer großen irischen Einwandererfamilie, kennenlernte und kurz nach der Geburt ihres Sohnes im Dezember 1918 trotz des Widerstands ihrer Mutter gegen die Ehe mit einem Süditaliener heiratete. Ungeachtet seiner zahlreichen Affären, bei denen er sich früh eine an Frau und Kind weitergegebene Syphilis-Erkrankung zuzog, war er der Familie liebevoll verbunden und sorgte zeitlebens für die Mitglieder sowohl der irischen als auch der italienischen Familie, für die er nach der Verlagerung seiner Geschäfte in den Mittleren Westen ein Haus in Chicago kaufte. Der Erlass der Prohibition im Januar 1920, der die Herstellung, den Transport und den Verkauf von Alkohol landesweit verbot, wurde zur willkommenen Geschäftsgrundlage für den Aufbau der als „Outfit" bekannten Capone-Organisation, die anfänglich in Kooperation mit seinem Partner Johnny Torrio ausgehend von Chicago und Umgebung schließlich ganz Amerika mit Alkohol versorgte. Durch die ambivalente Einstellung der Behörden gegenüber der Prohibition, die von strikter Einhaltung über Duldung bis zur Kollaboration reichte, konnte eine vielseitige Freizeit- und Unterhaltungsindustrie mit Flüsterkneipen,

Spielhöllen, Wettbüros und Prostitution entstehen. Probleme ergaben sich im Kampf um Absatzmärkte und Einflussbereiche zwischen den zahlreichen Gangs in Chicago, die in brutale sogenannte „Bierkriege“ ausarteten und der Stadt das Image eines unbeherrschbaren Mekkas des Verbrechens eintrug. Höhepunkt einer Reihe von kriminellen Kapitalverbrechen war die von Al Capone in Abwesenheit orchestrierte Ermordung von sieben Mitgliedern einer mit seinen Geschäften konkurrierenden Gang am Valentinstag 1929. Die enge Zusammenarbeit von korrupten Politikern mit dem organisierten Verbrechen sowie die Angst möglicher Zeugen vor Repressalien verhinderten effektiv jede Strafverfolgung, sodass besorgte Bürger der Stadt sogar den Präsidenten in Washington um Abhilfe durch Einsatz von Bundesbehörden baten mit dem Ziel, Al Capone durch ein Gerichtsverfahren aus dem Verkehr zu ziehen. Aus Angst vor der doppelten Verfolgung durch Rache von Konkurrenten und Strafverfolgung der Justiz erwarb Capone – auch auf Bitten seiner Frau – einen zweiten Wohnsitz am Miami Beach in Florida, um sich allmählich aus dem gefährlichen Geschäft zurückzuziehen. Nur den unermüdlichen Recherchen der Justizbehörden und der Entdeckung von geheimen Kassenbüchern ist es zu verdanken, dass Al Capone wegen nicht abgegebener Steuererklärungen und Steuerhinterziehung der Prozess gemacht werden konnte, der im Oktober 1931 mit einem Schuldspruch durch den gegen jede Korruption gefeiten Richter und der Verurteilung zu insgesamt 11 Jahren Gefängnis endete. Sicher trug auch die unkluge Strategie seiner Verteidiger zu diesem Strafmaß bei, die die Mentalität der aus dem ländlichen Umland rekrutierten Jurymitglieder falsch einschätzten. So verfehlte die von ihnen vorgebrachte Einlassung, Al Capone sei aufgrund des Vorurteils der weißen amerikanischen Gesellschaft gegenüber seiner als kriminell eingestuften italienischen Abstammung verurteilt worden, ihre Wirkung. Nach der erfolglosen Revision musste Al Capone im Mai 1932 die Haft unverzüglich zunächst im Bundesgefängnis in Atlanta antreten, bevor er als besonders prominenter Häftling im August 1934 in das neu eingerichtete Hochsicherheitsgefängnis von Alcatraz auf einer Insel in der Bucht von San Francisco überführt wurde. Die lange Haftzeit, in der er von vielen Mithäftlingen wegen vermeintlicher Vorzugsbehandlung angefeindet wurde, wurde durch die vermehrt auftretenden Auswirkungen seiner Syphilis-Erkrankung stark beeinträchtigt, sodass er 1939 zur Behandlung in das Krankenhaus der Justizvollzugsanstalt in Los Angeles verlegt und schließlich im November 1939 vorzeitig wegen guter Führung entlassen wurde mit der Auflage, sich von Dr. Joseph E. Moore am Johns Hopkins Hospital in Baltimore behandeln zu lassen. Im März 1940 kehrte er nach fast neunjähriger Abwesenheit und physischer Isolation auf sein Anwesen Palm Island in Miami zurück.

Die letzten Jahre bis zu seinem Tod im Januar 1947 waren gezeichnet von den verheerenden Auswirkungen seiner von Demenz begleiteten Erkrankung, die zunehmend unkalkulierbare Verhaltensweisen auslöste. Neben den fortgesetzten Nachforschungen der Steuerbehörden nach dem Verbleib möglicherweise versteckter Gelder und einer Schar von informationsgierigen Journalisten vor seinem Anwesen war sein Alltag vom behüteten Umgang mit der Familie bestimmt. Besonders erfreut war er über die Hochzeit seines Sohnes mit der Tochter irischer Einwanderer und die aus dieser Verbindung hervorgehenden vier Enkelkinder. Als Al nach langer Leidenszeit am 25. Januar 1947, wenige Tage nach seinem 48. Geburtstag, an einem durch Lungenentzündung verursachten Schlaganfall im Kreis seiner Familie starb, kommentierte die Presse gehässig das unrühmliche Ende des einst allmächtigen Gangsterbosses, der abgeschirmt von der Öffentlichkeit im Familiengrab in Chicago beigesetzt wurde.

Auf seinen Nachruhm hatte Al Capone schon zu Lebzeiten hingearbeitet. Allerdings gibt es außer Zeitungsinterviews und Aussagen bei Verhandlungen oder vor Gericht keine eigenen Schriftdokumente, auch weil seine Frau die zwischen ihr und Al während seiner Haftzeit ausgetauschten Briefe bewusst vernichtete. Eine Autobiografie aus der Hand eines Ghostwriters, mit der er das kritische Bild über sich in der ersten, schon 1930 erschienenen Biografie korrigieren wollte, kam wegen Differenzen in der Konzeption nicht zustande. Sein an der historischen Statur des französischen Kaisers Napoleon orientiertes Selbstverständnis – er hatte dessen Biografie während der Haft gelesen – war nicht vermittelbar. Ersten Filmen mit Bezug auf seine Lebensgeschichte gab Al Capone noch vor seiner Verurteilung und Haft sein Plazet. Nach dem 2. Weltkrieg wurde er posthum durch das entstehende Genre des Gangsterfilms zum prominenten Sujet der amerikanischen Kulturindustrie, die in zahlreichen Varianten den anfänglichen Spagat zwischen Heroisierung einerseits und Ablehnung der Gewalt andererseits aufgab und die Lust an spannender Action etwa in den unter der Regie von Brian de Palma gedrehten Streifen *Scarface* (1983) oder *Die Unbestechlichen* (1987) mit Sean Connery und Robert de Niro in den Vordergrund rückte. Gemeinsam war diesen Bearbeitungen das durchgängig mit Al Capones Leben verbundene Thema der Diskriminierung und Kriminalisierung italienischer Amerikaner, wobei die Darstellung des amerikanischen Traums mit dem organisierten Verbrechen verschränkt wurde. Beispiele von Anleihen aus Capones Leben und Wirken in der Hip-Hop-Musik, in Videospielen und kulturellen Veranstaltungen verweisen auf die kreative Energie und Imagination unterprivilegierter und unterrepräsentierter Gruppen nicht nur in der amerikanischen Gesellschaft, sondern weltweit. Gleichzeitig wird im akademischen Bereich der kulturgeschichtliche und politische Kontext der Entstehung einer

Parallelgesellschaft anhand von Al Capones mit kriminellen Mitteln erreichten Wirtschaftsimperiums untersucht. Ein Kurs an der Harvard Business School analysiert die marktwirtschaftliche Struktur der Capone-Organisation, und der amerikanische Juristenverband veranstaltet als Mock Trial eine Wiederholung des Strafprozesses wegen Steuerbetrugs.

National und international ist das Phänomen Al Capone insbesondere in jüngster Zeit für die Analyse aktueller Ereignisse genutzt worden. So sind die durch die Pandemie des Coronavirus verfügten Einschränkungen des öffentlichen Lebens in der *Frankfurter Allgemeinen Sonntagszeitung* vom 8. November 2020 mit den durch die Prohibition erlassenen Verboten und kreativen Möglichkeiten des Umgehens persönlicher Restriktionen mit illegalen Aktivitäten Al Capones verglichen worden. Diese Vergleiche betreffen auch das politische System der Demokratie und den Ablauf demokratischer Prozesse. Durch die Kollusion von korrupten Politikern mit Al Capones Organisation und anderen Gangs in Chicago wurden vor allem die Wahlen durch Betrug im Sinne der Gesetzesbrecher verändert. Dies führte schließlich dazu, dass Aufgaben des Staates nicht mehr von den zuständigen Gremien ausgeführt werden konnten, sondern von Vertretern des organisierten Verbrechens übernommen wurden. Durch die Organisation von Suppenküchen für die arme Bevölkerung nach dem Börsenkrach in der Weltwirtschaftskrise konnte sich Al Capone als Wohltäter der Menschheit feiern (lassen), der seine italienischen Landsleute zudem bei der Verwirklichung ihres amerikanischen Traums unterstützte. Donald Trumps erklärte politische Außenseiterrolle und seine damit gerechtfertigte Intention einer Disruption der Demokratie schließt die auch von Capone praktizierte Konstruktion einer auf Lügen basierenden alternativen Realität, die Skepsis gegenüber Wahlen, den Vorwurf des Wahlbetrugs und die Forderung nach Straffreiheit ein. Nicht von ungefähr konnte Trump 2016 im Wahlkampf in Iowa behaupten, dass er jemanden auf der Fifth Avenue in New York erschießen könnte, ohne dadurch einen einzigen Wähler zu verlieren. Es verwundert nicht, dass amerikanische Journalisten ihn wie Capone als „mobster“ bezeichnen, der wie ein Mafiaboss redet (Bogart 2021).

Die Aufgabe, eine Biografie über Al Capone zu schreiben, begegnet vielen Schwierigkeiten. Durch das Fehlen exakter Dokumente über sein Leben und seine Geschäfte müssen viele Bezüge und Entwicklungen kontextuell erschlossen werden. Darstellungen aus dem Kreis von Verwandten können durch Fehlleistungen der Erinnerung von direkt betroffenen Familienmitgliedern, wie seiner Frau Mae, seinem Sohn Albert Francis, genannt Sonny, und dessen Frau Diana Ruth Casey beeinträchtigt oder bewusst zur eigenen Selbstdarstellung und für kommerzielle Zwecke erdacht sein. Eine weitere Fehlerquelle liegt in der Vielzahl der vorhandenen historischen und biografischen Behandlungen sowie wissenschaftlichen Untersuchungen, die von unterschiedlichen Fakten zum Ablauf der Karriere oder des privaten Lebens von Al Capone ausgehen. In der Folge ist eine Reihe von Mythen entstanden, die sich wildwuchernd fortpflanzen und zum Gegenstand einer damit florierenden Kulturindustrie geworden sind, in der die Welt des organisierten Verbrechens das Hauptthema darstellt. Der Ausgangspunkt meiner Sicht auf Al Capone ist die Darstellung seines Lebens aus der Perspektive der durch seine süditalienische Abstammung in der zweiten Einwanderergeneration gekennzeichneten Stellung als Außenseiter, der durch die Realisierung des amerikanischen Traums seinen persönlichen Aufstieg und seinen Einstieg in die amerikanische Gesellschaft erreichen will. Die durch Ausschlussmechanismen der etablierten Wirtschaftselite bestehenden Widerstände führen unter den besonderen historischen Verhältnissen der 1920er-Jahre zu unentschuldbaren Kapitalverbrechen und seinem Ruf als Gangsterboss, hinter dem durch die öffentliche Wahrnehmung der Mensch verschwindet. Es stellt sich die Frage, inwiefern bessere Bedingungen bei der Eingliederung in die bestehenden Strukturen der Gesellschaft solche kriminellen Fehlentwicklungen und das Entstehen von kriminellen Clans des organisierten Verbrechens hätten verhindern können. Die aktuelle Abschottung von unwillkommenen Migranten in den USA ebenso wie partiell in Europa zeitigt ähnliche Verhaltensweisen, die durch eine ernstgenommene Inklusion von Diversität gesteuert werden könnten.

Die Fertigstellung dieser Biografie verdanke ich dem Zusammenwirken zahlreicher Faktoren und geschichtlicher Konstellationen. Vor allem wurden die vorliegenden Untersuchungen und Bearbeitungen kritisch gesichtet und in der Darstellung berücksichtigt. Als besonders aufschlussreich und aktuell haben sich Deirdre Bairs Biografie *Al Capone: His Life, Legacy, and Legend* (2016), die Erinnerungen von Capones Frau in der Aufzeichnung ihrer Enkelin Diane Patricia Capone (2019) und die historische Studie von John J. Binder, *Al Capone's Beer Wars: A Complete History of Organized Crime in Chicago during Prohibition* (2017) erwiesen. Die von Mario Gomes eingerichtete und ständig aktualisierte Internet-Seite „My Al Capone Museum" ist ein unerlässlicher Quellenschatz von Text- und Bildmaterial für alle Capone-Interessierten. Alle aus diesen amerikanischen Quellen zitierten Texte von und über Al Capone wurden von mir übersetzt. Bei der Konzeption der Biografie konnte ich auf die Ergebnisse des seit vielen Jahren in der Amerikanistik am Obama Institute for Transnational American Studies der Johannes Gutenberg-Universität betriebenen Forschungsschwerpunktes „Life Writing" und die dort erarbeiteten Studien zu allen Formen von Lebensbeschreibungen in verschiedenen Medien zurückgreifen. In diesem

Rahmen habe ich für besonders motivierte Studierende des neu eingerichteten Q-Studiengangs eine Lehrveranstaltung über das Schreiben einer Biografie von Al Capone abgehalten und von den Ideen und Überlegungen der TeilnehmerInnen, besonders von Max Dreysse, Philip Knauf und Alessandra Russello, profitiert. Bei den Recherchen konnte ich mich auf die fachkundige Mithilfe von Heather Marie Trosclair, Neslihan Bulut ebenso wie auf Dr. Joy Katzmarzik verlassen, die zudem das gesamte Manuskript editorisch begleitet, zur Auswahl der Illustrationen wesentlich beigetragen und den Index erstellt hat. Bei der Wissenschaftlichen Buchgesellschaft hat Frau Jasmine Stern, zeitweise von Frau Sophie Dahmen unterstützt, dieses Projekt von Anfang an betreut und zusammen mit Herrn Johannes Klemm durch die verschiedenen Stadien der Produktion wesentlich gefördert. Das gründliche Lektorat von Dr. Mechthilde Vahsen und die wertvollen Vorschläge haben wesentlich zur Verbesserung der Darstellung beigetragen. Allen diesen hilfreichen Personen bin ich zu großem Dank verpflichtet. Mein ganz besonderer Dank gilt meiner Frau Prof. Dr. Beate Neumeier und unserem Sohn Alexander, ihrer kritischen Lektüre, ihren zahlreichen Ideen und ihrer steten Unterstützung während der Abfassung des Manuskripts, ohne deren Hilfe diese Biografie in der vorliegenden Form nicht erschienen wäre.

Italiener in New York

Italiener im urbanen Großraum von New York, die um die Jahrhundertwende 1900 nach Amerika eingewandert waren, hatten es nicht leicht. Abgesehen von den Unwägbarkeiten der langen Schiffspassage über den Atlantik in den Hafen von New York war der Aufbruch in eine neue Zeit in einem unbekannten Land mit vielen ungeahnten Schwierigkeiten verbunden, die man lediglich aus Berichten von befreundeten Auswanderern oder offiziellen Auskünften der Behörden in beiden Ländern kannte. Kulturelle Unterschiede aufgrund verschiedener Sprachen, Essensvorlieben und gewohnter Abläufe im Familienleben bedingten die Auseinandersetzung mit der aus vielen ethnischen Gruppen bestehenden amerikanischen Gesellschaft. Der erste Kontakt fand für alle Einwanderer in die USA auf der im Hafen New Yorks liegenden Insel Ellis Island statt. Noch vor der offiziellen Einreise in die USA mussten eine Überprüfung der Dokumente und ein Gesundheitscheck auf der Insel durchlaufen werden, was mehrere Tage oder auch Wochen dauern konnte. Wenn man heute als Tourist diese nun in ein Museum umgestaltete Durchlaufstation auf der Insel besucht, kann man in der umfangreichen (digitalen) Kartei nach möglichen Verwandten suchen und anhand der zahlreichen Exponate den bangen Prozess der Einreiseformalitäten zwischen Hoffnung und Angst nachempfinden, der nicht immer erfolgreich war und dann die unmittelbare zwangsweise Rückreise zur Folge haben konnte. Die glücklich akzeptierten Einwanderer konnten auf der

Überfahrt von Ellis Island nach Manhattan, einem der fünf Stadtteile von New York City, die Freiheitsstatue auf der Insel Liberty Island bewundern. Auf dem Sockel war 1903 das Gedicht „The New Colossus" (1883) der jüdisch-amerikanischen Dichterin Emma Lazarus eingraviert worden, das den Armen und Heimatlosen der Welt eine rosige Zukunft versprach. Als Nachkomme jüdischer Einwanderer aus Deutschland und Portugal konnte sie das Schicksal der in Europa wirtschaftlich und politisch leidenden Menschen nachvollziehen und in einem Sonett in Worte fassen.

> Nicht wie der metallene Gigant von griechischem Ruhm,
> Mit sieghaften Gliedern gespreizt von Land zu Land.
> Hier an unserem meerumspülten hesperischen Tore soll stehen
> Eine mächtige Frau mit Fackel, deren Flamme
> Der eingefangene Blitzstrahl ist, und ihr Name
> Mutter der Verbannten lautet. Von ihrer Leuchtfeuerhand
> Glüht weltweites Willkommen, ihre milden Augen beherrschen
> Den luftüberspannten Hafen, den Zwillingsstädte umrahmen.
> „Behaltet, o alte Lande, euren sagenumwobenen Prunk", ruft sie
> Mit stummen Lippen. „Gebt mir eure Müden, eure Armen,
> Eure geknechteten Massen, die frei zu atmen begehren,
> Den elenden Unrat eurer gedrängten Küsten;
> Schickt sie mir, die Heimatlosen, vom Sturme Getriebenen,
> Hoch halt' ich mein Licht am gold'nen Tore!" (*Auf die Freiheitsstatue*, 1953)

Auch wenn die meisten Einwanderer vermutlich diese der amerikanischen Freiheitsrhetorik entsprechende Willkommensbotschaft nicht lesen und auch keine Beziehung zur abgebildeten römischen Göttin der Freiheit herstellen konnten, verhieß der Anblick dieser von Frankreich der amerikanischen Nation zur Hundertjahrfeier ihres Bestehens 1876 geschenkten Statue damals noch die Hoffnung auf einen Neuanfang.

Süditaliener im amerikanischen Schmelztiegel

Dies müssen jedenfalls die visuellen Eindrücke und ersten Gefühle der Capone-Familie aus Neapel gewesen sein, als sie 1895 im Hafen von New York ankam und sich schließlich in dem New Yorker Stadtteil Brooklyn niederließ. Es ist fraglich, ob beide Eltern zusammen mit den in Italien geborenen Söhnen Vincenzo und Raffaele ankamen oder ob die Mutter alleine mit den Söhnen reiste, wie die Datenbank in Ellis Island nahelegt. Kurz nach der Ankunft kam der dritte Sohn Salvatore im Juli 1895 nun als Amerikaner zur Welt, dem im Rhythmus der Anpassung an eine neue Großstadt sechs weitere Kinder folgten. Der schließlich später weltweit berühmt-berüchtigte Alphonse Capone wurde am 17. Januar 1899 als viertes Kind der Familie geboren und am 7. Februar in der St. Michael-St. Edward Kirche in Brooklyn katholisch getauft. Die ersten Jahre in der neuen Welt waren mit verschiedenen Wohnungswechseln verbunden und der nicht immer einfachen Anpassung an eine neue Nachbarschaft. Der Umzug der Familie von der Navy Street in eine Vierzimmer-Wohnung in der Park Avenue nahe des Marinehafens in Brooklyn war für die ständig wachsende Familie dringend nötig. Unterstützt wurden diese Anfangsjahre durch die italienische Gemeinde, in die die Capone-Familie emotional eingebunden war. Das als „Little Italy“ bezeichnete Wohngebiet der Italiener bot ähnlich wie etwa das Viertel „Chinatown“ der Chinesen Schutz vor anderen Einwanderern und war Ausgangs- und Rückzugspunkt für die Kontakte mit dem von den angloamerikanischen Einwanderern gebildeten Mainstream der amerikanischen Gesellschaft.

Die Zeit um 1900 brachte die radikalste demografische Veränderung für die Bevölkerung in den USA. Die ungewöhnlich großen Einwanderungswellen aus Europa führten zu einer Verdoppelung der Bevölkerung innerhalb von wenigen Jahren. Zum einen suchten die aus Osteuropa durch die Pogrome in Russland vertriebenen orthodoxen Juden Zuflucht in der Neuen Welt. Zum anderen folgten Arbeitslose und Arme den Verlockungen des Landes, den sprichwörtlich ungeahnten Möglichkeiten, die in dem Konzept des amerikanischen Traums zu einem starken Motiv für die Einwanderung wurden. Die aus verschiedenen Regionen Europas stammenden, kulturell und politisch unterschiedlichen Gruppierungen dieser Masseneinwanderung stellten verständlicherweise eine große Herausforderung für die Behörden der USA sowie für die Integration in die politischen und gesellschaftlichen Strukturen der amerikanischen Nation dar. Die in diesem Zusammenhang entwickelte Idee des Schmelztiegels, in dem die Einwanderer die charakteristischen Merkmale ihrer Herkunft und Heimat aufgeben und zu einer neuen Identität als Amerikanerinnen und Amerikaner verschmolzen werden sollten, verkündete der amerikanische Präsident Theodore Roosevelt 1906 als Programm für die als „Naturalisierung“ bezeichnete Einbürgerung in das neue Land. Dabei wurde der republikanische Präsident von dem erfolgreich am Broadway aufgeführten Melodrama *The Melting Pot* des jüdischen Dramatikers Israel Zangwill (1864–1926) aus England geleitet. In dem programmatisch *Schmelztiegel* genannten Stück heiratet ein vor dem Pogrom in Russland geflohener Jude eine nach New York eingewanderte russische Christin, deren Vater für die Vernichtung seiner jüdischen Familie in der Alten Welt verantwortlich war. Eine solche Angleichung ethnischer Eigenschaften europäischer Einwanderer als Voraussetzung für die Formierung einer amerikanischen Identität hatte schon der aus Frankreich eingewanderte Schriftsteller Michel Guillaume Jean de Crèvecoeur in der Frühen Republik der Gründung der Vereinigten Staaten von Amerika in *Briefe eines amerikanischen Landmanns* propagiert:

> Was ist also der Amerikaner, dieser neue Mann? Er ist entweder Europäer oder stammt von einem Europäer ab, besitzt also diese besondere Blutsmischung, die man in keinem anderen Land findet. Ich könnte Dir eine Familie nennen, deren Großvater Engländer war, dessen Frau Holländerin, deren Sohn eine Französin geheiratet hat und deren vier Söhne jetzt vier Frauen aus verschiedenen Nationen haben. Derjenige ist ein Amerikaner, der seine alten Vorurteile und Verhaltensweisen hinter sich lässt und neue von der neuen Lebensweise erhält, die er angenommen hat, der neuen Regierung, der er gehorcht, und dem neuen Status, den er einnimmt. Er wird Amerikaner durch die Aufnahme in den breiten Schoß unserer großen Alma Mater. Hier werden die Individuen von allen Nationen in neue Menschen verschmolzen, deren Anstrengungen und Nachfahren eines Tages große Veränderungen in der Welt bewirken werden.
> (Crèvecoeur, 1782/1788–89, 3. Brief)

Deutlich wird schon aus dieser Quelle vom Ende des 18. Jahrhunderts, dass der Schmelztiegel einer amerikanischen Nation immer nur die Assimilierung europäischer Einwanderer an die weiße, ursprünglich angloamerikanische Gesellschaft bedeutet, und, wie Crèvecoeurs Nennung von Franzosen und Holländern zeigt, sich primär auf nordeuropäische Herkunftsländer bezieht. Nicht einbezogen in die Verschmelzung zu einer neuen amerikanischen Nation sind die Ureinwohner sowie die seit 1619 aus Afrika zur Arbeit auf den Plantagen eingesetzten Sklaven. Zu diesen Diskriminierten wurden Anfang des 20. Jahrhunderts auch Einwanderer aus Ost- und Südeuropa wegen ihrer dunkleren Hautfarbe gezählt. Zusammen mit Afroamerikanern, Ureinwohnern, orthodoxen Juden und Asiaten galten sie als „unassimilierbare Fremde". Deshalb hatten vor allem die dunkelhäutigen Einwanderer aus Süditalien und Sizilien einen schweren Stand und mussten von Anfang an um ihre Anerkennung ringen. Diese mangelnde Wertschätzung hatten die gegenüber dem Norden als rückständig geltenden Süditaliener schon in dem nach 1861 vereinigten Italien erfahren. Neben der schlechten wirtschaftlichen Situation der weitgehend in der Landwirtschaft tätigen Bewohner aus den Regionen von Kampanien, Apulien, Kalabrien und Sizilien war die Diskriminierung durch die das Land dominierenden Nordstaaten einer der Hauptgründe für die Auswanderung gewesen. Bis zum Ende des 19. Jahrhunderts stieg die Zahl der Amerika als Ziel ihrer Träume ansehenden Süditaliener sprunghaft an, sodass in der ersten Dekade des 20. Jahrhunderts mehr als 2 Millionen Einwanderer registriert wurden, während der Rückgang in der zweiten Dekade auf immerhin noch 1 Million nur durch den 1. Weltkrieg bedingt war. Nicht unerheblich für die Beziehung zwischen der Heimat und dem prosperierenden Amerika war die große Zahl von Rückkehrern, deren vorübergehender Aufenthalt nur dem finanziellen Zugewinn für die in Italien verbliebene Familie diente.

Die Situation der auswanderungswilligen Italiener stellte sich fundamental anders dar als die der aus England seit dem 17. Jahrhundert eingewanderten Gruppierungen. Die von dem Seefahrer und Entdecker Sir Walter Raleigh 1585 mit der Billigung von Königin Elizabeth I. nach Amerika entsandte Gruppe von 105 Mann, mit der Absicht, dort auf der dem heutigen Staat von North Carolina vorgelagerten Insel Roanoke die erste Kolonie der Engländer in der Neuen Welt zu gründen, war aus bislang ungeklärten Gründen verloren gegangen. Erst ein weiterer Versuch führte schließlich mit der Gründung von Jamestown 1603 im heutigen Virginia zur dauerhaften, auf Landwirtschaft ausgerichteten Siedlung im Süden. Im Norden hatten Pilgerväter 1620 zunächst die Plymouth-Kolonie und die Puritaner 1630 mit Genehmigung des englischen Königs Charles I. die Massachusetts-Bay-Kolonie in Neuengland gegründet mit dem Ziel, ihre von der anglikanischen Kirche abweichenden religiösen Vorstellungen in einem neu zu gründenden Gottesstaat zu verwirklichen. Salem, der heutige Vorort von Boston, sollte ein zweites Jerusalem werden und nach dem Willen des ersten Gouverneurs John Winthrop eine „Stadt auf einem Hügel" und ein Modell für die Welt sein, das schließlich zur Grundlage des amerikanischen Exzeptionalismus wurde. Diese schon am Anfang der Kolonialzeit in Neuengland religiös fundierte Vorstellung einer Ausnahmestellung in der Welt ist im Laufe der amerikanischen Geschichte politisch instrumentalisiert worden und hat das Selbstbewusstsein der amerikanischen Nation bis zu Donald Trump bestimmt. Bei der Beerdigung von Ronald Reagan 2004 wurde dem Wunsch des 40. Präsidenten entsprechend diese Textstelle aus John Winthrops Laienpredigt „Ein Modell christlicher Nächstenliebe" verlesen.

Die von den Plantagenbesitzern in den Südstaaten und den religiös motivierten Kolonialisten im Norden im Laufe der Besiedlung entwickelten politischen und kulturellen Überzeugungen in den aus den 13 englischen Kolonien entstandenen Vereinigten Staaten von Amerika bildeten den Wertekern einer angloamerikanischen Gesellschaft, deren Strukturen und Institutionen auf die Hegemonie der weißen Bevölkerung ausgerichtet waren. Neuankömmlinge aus Europa mussten sich diesem Standard der angelsächsischen Herkunft der Mehrheit anpassen, um im Schmelztiegel zu (weißen) Amerikanern zu werden. Vor allem die Süditaliener entsprachen aufgrund ihrer romanischen Sprache, ihrer katholischen Religion und ihrem südländischen Lebensstil nicht diesem Standard. Die reservierte Haltung gegenüber der Großzahl an Ankömmlingen aus Süditalien fußte auch auf Skepsis und Vorbehalten gegenüber ihrer vermeintlichen Zugehörigkeit zu mafiösen Gesellschaften und illegalen Praktiken in Süditalien und Sizilien, die sie nach Meinung von Italienreisenden mit nach Amerika brachten. Dabei hatte sich unter den politisch und wirtschaftlich führenden Repräsentanten der amerikanischen Gesellschaft schon bald nach der Staatsgründung ein auf Wahlkampf und Konkurrenz angelegtes System entwickelt, in dem xenophobe Einstellung und Korruption vor allem in den großen Wirtschaftsmetropolen wie New York und Chicago auf fruchtbaren Boden fielen.

Schon der Ausschluss der auf dem amerikanischen Kontinent seit mehr als 10.000 Jahren ansässigen Ureinwohner sowie der aus Afrika entführten Sklaven steht für die Marginalisierung und Ablehnung ethnischer Völker, die nicht der primär weißen Bevölkerung des kaukasischen Kulturkreises entstammen. Diese Unterscheidung ist in Artikel I, Sektion 2 der 1787 verabschiedeten Verfassung der Vereinigten Staaten von Amerika festgehalten. Danach setzt sich die Anzahl der Vertreter im Repräsentantenhaus, die im Unterschied zur konstanten Zahl der Senatoren variiert, aus den „freien Personen" eines Staates und „drei Fünftel der Gesamtzahl aller übrigen Personen" ohne die „nicht besteuerten Indianer" zusammen. Die abwertende Einschätzung der indigenen Bevölkerung, die in vielen verlustreichen Kämpfen während der Kolonialzeit in ihrem eigenen Land zurückgedrängt worden war, wurde Teil der amerikanischen Politik und Grundlage der 1830 unter der Präsidentschaft von Andrew Jackson erlassenen Gesetze („Indian Removal Act") zur Vertreibung und Umsiedlung der im Südosten ansässigen indigenen Völker in die Reservate westlich des Mississippi. Der in den USA zur Information über den fortschrittlichen Strafvollzug und zur Materialsammlung seines Berichts über den Stand der amerikanischen Demokratie reisende französische Diplomat und Historiker Alexis de Tocqueville berichtet 1831 im Weihnachtsbrief an seine Mutter von einem Gespräch mit einem Vertreter der Chacta auf dem „Pfad der Tränen“ als Zeuge dieser ‚Vertreibung und Auflösung eines der berühmtesten und ältesten amerikanischen Völker‘ (Tocqueville, 2021, Teil 2, S. 526f.). Die nicht vollständige Anerkennung „aller übrigen Personen“ in der Verfassung, die vor allem die Sklaven in den Südstaaten betrifft, garantierte durch Anrechnung von drei Fünftel eine den Nordstaaten gleiche Anzahl von Abgeordneten im Repräsentantenhaus des Kongresses, deren Zahl sich nach den im jeweiligen Staat registrierten Bewohnern richtet. In der Auseinandersetzung über den auch durch diese inhumane Regelung dokumentierten systemischen Rassismus hat der Präsidentschaftskandidat Barack Obama im März 2008 Stellung genommen zur Situation der afroamerikanischen Bevölkerung und die in der Verfassung kodifizierte Diskriminierung als die Erbsünde der Nation bezeichnet. In Philadelphia, dem Ort der Unterzeichnung der Unabhängigkeitserklärung und der Verfassung, erinnerte er an die Leistung der aus europäischer Tyrannei und Verfolgung geflohenen Landarbeiter, Lehrer, Staatsmänner und Patrioten, die die Grundlagen für die amerikanische Demokratie legten, verwies aber zugleich auf ihr gravierendes Versäumnis, die Sklaverei abzuschaffen:

> Das von ihnen schließlich unterschriebene Dokument blieb letztlich unvollendet. Es war befleckt durch die Erbsünde der Sklaverei dieser Nation, eine Frage, die die Kolonien spaltete und den Verfassungskonvent zu einem Stillstand brachte,

> bis die Gründerväter sich entschlossen, den Sklavenhandel mindestens zwanzig Jahre weiter zu führen, und eine Lösung letztlich zukünftigen Generationen zu überlassen. (Obama, *The Wall Street* Journal, 2008)

Barack Obama trat an, um die in der Präambel der Verfassung formulierte ständige Aufgabe des amerikanischen Volkes, „unseren Bund zu vervollkommnen", als erster nicht-weißer Präsident umzusetzen, wenngleich ihm dies aufgrund der Finanzkrise 2009 und der massiven republikanischen Opposition nur unvollkommen gelingen konnte.

Die sich aus den Verfassungsdokumenten ergebenden Geburtsfehler der amerikanischen Demokratie, zu denen natürlich auch die Nicht-Berücksichtigung aller Frauen gehört, setzten sich im 19. Jahrhundert im Wechselspiel zwischen Politikern und Wirtschaftsführern um die Vormachtstellung fort. Unwissende Neuankömmlinge, die Greenhorns, wurden häufig für die Manipulation bei Wahlen und als billige Arbeitskräfte missbraucht. Diese Vorgehensweisen von Politik und Kapital wurden durch das auf Charles Darwins Evolutionstheorie aufbauende Ausleseprinzip und dessen Anwendung als Sozialdarwinismus auf die amerikanische Gesellschaft offiziell legitimiert. Durch die schnelle wirtschaftliche Expansion, den Wiederaufbau nach dem Bürgerkrieg und die Erschließung des amerikanischen Westens boten sich große Möglichkeiten, schnell reich zu werden. Die als individuelle Vertreter der liberalen Wirtschaftsordnung zunächst gepriesenen Wirtschaftskapitäne wurden bald als „Räuberbarone" bezeichnet. William H. Vanderbilt und Leland Stanford bauten, besaßen und beherrschten die verschiedenen Eisenbahnstrecken des ganzen Kontinents, John D. Rockefeller hatte sich das Ölmonopol in Pennsylvanien gesichert, Andrew Carnegie besaß die Stahlwerke des Landes, J. P. Morgan kontrollierte das Bank- und Finanzwesen und Philip D. Armour die Schlachthöfe und Fleischfabriken in Chicago. Der politische Apparat übernahm das von den Kapitalisten etablierte System der Wirtschaftsbosse und kollaborierte mit ihnen. Zum berühmtesten Fall dieser Filzokratie wurden die illegalen Operationen des Tweed Ring in New York City. William Tweed, der 1852 zum Stadtrat für die Demokratische Partei in New York und ein Jahr später zum Abgeordneten im Repräsentantenhaus in Washington gewählt wurde, war schon früh als Anführer einer kriminellen Vereinigung bekannt und nutzte als Vorsitzender der Demokraten in New York die Institution der Tammany-Gesellschaft, die nach einem den Weißen freundlich gesinnten Häuptling des Lenni Lenape-Stammes benannt und in der frühen Republik gegründet wurde, um als „Boss Tweed" ein Korruptions- und Bestechungssystem aufzubauen. Die in allen Bereichen von Wirtschaft und Politik vorherrschenden Missstände wurden zum Ausgangspunkt für kritische Journalisten in der Muckraking-Bewegung Anfang des 20. Jahrhunderts. Die von Präsident Theodore Roosevelt 1906 nach einer Figur aus John Bunyans puritanischer Allegorie *Pilgerreise zur seligen Ewigkeit* (1685) als ‚Dreckwühler' verunglimpften Investigativ-Journalisten hatten es sich zum Ziel gesetzt, in neu gegründeten Zeitschriften Korruption und Machtmissbrauch aufzudecken und auf Reformen zu drängen.

Dies war die politische und sozioökonomische Landschaft der Vereinigten Staaten von Amerika zu Beginn des 20. Jahrhunderts, deren Auswüchse für Auswanderungswillige im fernen Europa durch die Verlockungen des amerikanischen Traums verdeckt wurden. Die Süditaliener bildeten die größte Gruppe unter den Einwanderern dieser Zeit, die sich primär in New York niederließen, wobei die Sizilianer den Stadtteil Manhattan, die Neapolitaner die im Westen von Long Island gelegene Stadt Brooklyn bevorzugten. Der englische Name Brooklyn geht auf das holländische Breuckelen zurück und verweist auf die amerikanische Kolonialgeschichte der Holländer. Im 17. Jahrhundert hatten die Holländer das Gebiet von Long Island, auf dem Indianer des Lepane-Stammes lebten, eingenommen und 1646 Breuckelen gegründet, das schließlich einen Teil der Kolonie Neu-Niederland mit der Hauptstadt Neu-Amsterdam auf der Insel Manhattan bildete. Die von der Niederländischen Westindien-Kompanie 1624 an der Ostküste Amerikas etablierte Kolonie diente primär dem Pelzhandel. Der holländische Besitz der Kolonie währte jedoch nicht lange und schon 1664, endgültig 1674, mussten die Holländer den Engländern weichen, die Neu-Amsterdam sowie das Gebiet in New York nach dem Bruder des englischen Königs Charles II., Duke of York, dem späteren König James II. umbenannten. Im Zuge dieser Anglisierung wurde aus Breuckelen, das holländisch für Marschland steht, Brooklyn. Die im Laufe des 19. Jahrhunderts stark anwachsende und bedeutende Stadt wurde erst 1898 in den Verbund von Greater New York mit den fünf Stadtteilen eingemeindet.

Die Präferenz neapolitanischer Einwanderer für Brooklyn mag auch der Grund für die Capone-Familie gewesen sein, sich nicht in Manhattan, sondern bei dem engen Verbund von Italienern aus ihrer Region niederzulassen. Entgegen der in Biografien angegebenen oder angenommenen Herkunft stammt die Familie nicht direkt aus Neapel, sondern aus der Provinz Salerno in der weiteren Region Kampanien. Am 25. Mai 1891 ist die Eheschließung von Gabriele Caponi mit Teresa Raiola in der Stadt Angri, 45 Kilometer südlich von Neapel, registriert. Auch die ersten beiden Söhne, Vincenzo und Raffaele, werden in Angri geboren. In der eingangs genannten Datenbank in Ellis Island ist die Einreise der Mutter mit den beiden Söhnen auf dem Schiff Werra am 18. Juni 1895 dokumentiert (https://www.

libertyellisfoundation.org/passenger-result). Die Nummern 93, 94 und 95 der Passagierliste benennen die 24-jährige Teresa Raiola mit dem dreijährigen Vincenzo und dem 10 Monate alten Raffaele. Nicht nur nutzte die Mutter ihren Mädchennamen, sondern die 1867 in Angri geborene Raiola machte sich auch noch um vier Jahre jünger. Erstaunlich ist zudem, dass der Name ihres Mannes Gabriele Capone nicht in der Datenbank auftaucht, was für die vielfach geäußerte Annahme spricht, dass Gabriele offenbar schon früher über Kanada in die USA eingereist war. Dokumentiert ist der Einzug in eine einfache Wohnung in der Navy Street Nr. 95 in Brooklyn, der größten italienischen Gemeinde in der Stadt. Das sprachliche und kulturelle Ambiente von „Kleinitalien" (Little Italy) erleichterte die Eingewöhnung in das neue Leben in der Neuen Welt. Zugleich stillte der nur wenige Straßen entfernte Hafen von New York ein wenig das Fernweh nach der alten Heimat jenseits des Atlantiks. Die ebenfalls unweit gelegene, 1883 fertiggestellte Brooklyn-Brücke führte direkt zur italienischen Gemeinde auf der Insel Manhattan. Während das Gefühl der ethnischen Verbundenheit Sicherheit im Aufbau einer neuen Existenz bedeutete, erschwerten die Praxis der italienischen Sprache und der katholischen Religion die Integration in die amerikanische Gesellschaft. Gerade die Geschlossenheit der ethnischen Gruppierung brachte die Rivalität mit anderen Einwanderergruppen mit sich, die im wirtschaftlichen Wettbewerb auch mit unerlaubten Mitteln ausagiert wurde. Das an die Wohngegend angrenzende Hafenmilieu begünstigte kriminelle Praktiken wie Schutzgelderpressung und Prostitution.

Schulzeit und Streetgangs

Für die Capone-Familie muss der Wechsel von einer kleinen Stadt in Süditalien in die Großstadt eines fremden Landes trotz der Einbindung in einen italienischsprachigen Kontext viele Anpassungsschwierigkeiten mit sich gebracht haben. Warum Gabriele, der als Pizzabäcker in Italien angefangen hatte, nun einen neuen Beruf wählte und als Friseur arbeitete, ist nicht geklärt. Vermutlich wandte er sich aufgrund des großen Angebots und der damit verbundenen Konkurrenz im Bäckerhandwerk einem Metier zu, das heute noch oft in den USA mit Italien verbunden wird. Der als Markenzeichen für die Zunft der Haarschneider seit dem Mittelalter gebräuchliche Stab mit rot-weißen Streifen und blauen Enden, die auf die von Friseuren früher ausgeübte medizinische Tätigkeit – vor allem des Aderlassens – hindeuten, wird über die Ausübung des Berufs von italienischen Einwanderern oft mit den amerikanischen Nationalfarben – Rot-Weiß-Blau – assoziiert. Es spricht für seine seriöse Ausübung dieses Berufs, dass Gabriele Capone schließlich ein eigenes Friseurgeschäft betreiben konnte. Teresa setzte den schon in Angri erlernten Beruf einer Näherin fort und trug damit zum Auskommen der ständig wachsenden Familie bei. Zwischen 1896 und 1912 wurden zu den beiden italienischen Jungen noch sieben weitere Kinder, fünf Jungen und zwei Mädchen, geboren. Die Geburt und der Tod eines weiteren Mädchens mit dem Namen Rose 1910, das in gängigen Biografien erwähnt wird, ist offiziell nicht bestätigt. Stattdessen bleibt in diesen Biografien das kurze Leben von Erminia, die am 11. August 1901 geboren wurde und am 18. Juni 1902 starb, meist unerwähnt, wie Mario Gomes auf seiner Homepage festhält (siehe http://www.myalcaponemuseum.com/id213.htm). Die Karrieren von Al Capones Brüdern: Vincenzo [James] (1892–1952), Ralph [Raffaele] (1894–

1974), Salvatore [Frank] (1895–1924), John [Erminio] (1901–?), Umberto [Albert] (1905–1980), Amadeo [Matthew] (1908–1967), sowie seiner Schwester Mafalda (1912–1988) verlaufen sehr unterschiedlich und sind nur teilweise mit seinen Aktivitäten verknüpft. Kindheit und frühe Jugend des in Brooklyn geborenen Alphonse Capone stehen weitgehend exemplarisch für das Aufwachsen in kinderreichen Einwandererfamilien im Umfeld einer sich rasant entwickelnden Großstadt in den USA um die Jahrhundertwende. Schon drei Wochen nach der Geburt wurde Alphonse in der nahe gelegenen St. Michael-St. Edward Kirche katholisch getauft. Diese Kirche brannte 1914 ab und wurde 1915 wenige Straßen entfernt neu aufgebaut. Der Neubau musste später einer Schnellstraße weichen. Die Unterlagen, die von den beiden Vorgängerbauten in den dritten Bau an der St. Edwards Street überführt wurden, konnten bei meinen Recherchen in Brooklyn 2018 nicht eingesehen werden, weil umfangreiche Reparaturarbeiten in der Kirche durchgeführt wurden. Es gab keine Hinweise auf Al Capone oder Informationen über die Capone-Familie, obwohl die Familie eng mit der Kirche verbunden war und Ralph und Al sich im Jugendclub, dem Young Men's Civic or Catholic Club, für die Belange der Kirche engagierten (s. Gomes). Bekannt ist, dass die Mutter sehr religiös und eine regelmäßige Kirchgängerin war. Diese Kirche konnte sie auch von der bei der Volkszählung („Census“) 1900 erfassten neuen Adresse in der Park Avenue No. 69 leicht erreichen. Der seit 1790 in der Verfassung der Vereinigten Staaten von Amerika kodifizierte, alle zehn Jahre durchgeführte „Census“ bildet bis heute eine weitgehend verlässliche Auskunft über die in den USA lebenden Bürger. Der nächste Umzug der Familie im Jahr 1907 in die Garfield Place No. 38 markiert die allmähliche Konsolidierung der familiären Verhältnisse in dem neuen Land. Zum einen hatte das Familienoberhaupt Gabriele Capone die englische Sprache erlernt und sich erfolgreich um die amerikanische Staatsbürgerschaft beworben, die ihm und seiner Familie am 25. Mai 1906 offiziell verliehen wurde. Zum anderen konnte er durch seinen beruflichen Erfolg als Friseur die anrüchige Hafengegend mit seiner Familie verlassen und in eine bessere Wohngegend an einer leichten Anhöhe, der South Slope in Brooklyn, umziehen. Im Zuge zweier weiterer Wohnungswechsel in die Hausnummern 46 und letztendlich 21, von einem Apartment in ein Reihenhaus, waren die Familie und der Vater mit seinem Friseurladen schließlich erfolgreich arriviert. Zudem grenzte Garfield Place, eingerahmt von der 4. und 5. Avenue, an die

Garfield Place 38
(Foto: Alfred Hornung)

besser situierte Nachbarschaft der schon aufgrund der englischen Sprache leichter assimilierbaren irischen Einwanderer. Auf der Anhöhe befindet sich zudem der schon damals beliebte Prospect Park, in dem man die Freizeit im Grünen verbringen kann.

Der Eintritt in die Grundschule begann für Al Capone allerdings noch im Schulbezirk des Hafenviertels, wo er ab 1904 die Public School No. 7 besuchte. In der nach historischen Dokumenten schlecht ausgestatteten Schule wird kaum Rücksicht auf die sprachliche Kompetenz von Schülern mit Migrationshintergrund genommen, die oft erst hier Kontakt mit der englischen Sprache aufnehmen. Man kann sicher davon ausgehen, dass im Haus Capone Italienisch gesprochen wurde, zumal die Mutter kaum Englischkenntnisse besaß oder erwarb. Die Lehrkräfte waren meist unerfahrene junge Frauen, oft Einwanderer der 2. Generation aus Irland. Es überrascht nicht, dass Al Capone seine Bildung nicht in der pädagogischen Institution, sondern auf der Straße erfuhr. Früh lernte er, seinen eigenen Lebensweg zu gehen. So wurde er Teil der Navy Street Boys, die ihr Gerechtigkeitsempfinden in der Nachbarschaft durchzusetzen versuchten. Furchtlos nahm er es dabei auch mit überlegenen Gegnern auf, wie die Geschichte seiner Auseinandersetzung mit einem Wachsoldaten im Hafen zeigte, dessen Fehlverhalten er lauthals und furchtlos anprangerte (Bergreen, 1995, S. 27). Diese frühe Einübung eigenständigen Handelns außerhalb der konventionellen gesellschaftlichen Gesetzmäßigkeiten wurde ein sein ganzes Leben bestimmendes Handlungsprinzip. Nach dem Umzug der Familie in die bessere Wohngegend in der Garfield Place wechselte er in die William A. Butler Public School No. 133. Die nach einem bekannten Schriftsteller und Juristen (1825–1902), der an der City of New York Universität als Professor und im Hochschulrat tätig gewesen war, benannte Schule war für Al über die 4. Avenue in einem 10-minütigen Fußweg leicht zu erreichen. Dennoch hat er diesen Schulweg nicht regelmäßig und vor allem nicht lange zurückgelegt, weil er kein Interesse an dem in der Schule vermittelten Wissen entwickelte. In der 6. Klasse, die er wiederholen musste, kam es schließlich zu einer vorhersehbaren Auseinandersetzung mit seiner Lehrerin, die ihn wegen seiner Fehlzeiten zur Rede stellte. Offensichtlich hatte er mehr als die Hälfte der Schultage ohne Entschuldigung geschwänzt. Da Al diese öffentliche Maßregelung nicht auf sich sitzen lassen wollte, kam es zu einem in diesem Milieu nicht unüblichen physischen Schlagabtausch zwischen ihm und der Lehrerin, die den Vorfall dem Direktor meldete. Diese gern als frühe Manifestation selbstständiger Durchsetzungskraft zitierte Episode wiederholt sich in den Lebensbeschreibungen einer ganzen Reihe von bekannten amerikanischen Persönlichkeiten. So bekennt auch Donald Trump in seiner von Tony Schwartz verfassten autobiografischen Darstellung *The Art of the Deal*, dass er schon in der 2. Klasse seinem Musiklehrer ein blaues Auge verpasst habe, weil er von dessen Musikkenntnissen nicht überzeugt gewesen sei. Einer Schulentlassung entging er nach eigener Darstellung und wohl auch mit Rücksicht auf die vermögende Familie nur knapp (Trump, 1987, S. 71). Im Unterschied dazu beschloss der aus bescheidenen Verhältnissen stammende Al auf die vom Direktor verabreichte körperliche Züchtigung hin, nie wieder in die Schule zurückzukehren, und beendete hiermit als 14-Jähriger seine Schulzeit. Bei meinem Besuch in der Schule wollte keiner der Gesprächspartner an den ehemaligen Schüler erinnert werden und zufällig befragte Schüler wussten nicht, dass Al Capone ihre Schule besucht hatte. Eine Suche nach einer Erinnerungstafel an den „berühmten" Schüler erübrigte sich. Heute gehören zwei umliegende Stadtteile zum Schulbezirk der William A. Butler Public School No. 133, sodass Schüler aus dem vorwiegend von Latinos und Afroamerikanern bewohnten Gebiet Brooklyns mit denen aus der vornehmen Park-Slope-Wohngegend, angrenzend an den Prospect Park auf der Höhe, zusammentreffen. Park Slope gilt mit den im 19. Jahrhundert erbauten, heute mehrere Millionen teuren Brownstone-Reihenhäusern als eine der beliebten Wohnlagen von Wall-Street-Bankern und deren Familien. Der Park, auf dessen Gelände 1776 die Schlacht von Long Island im Unabhängigkeitskrieg mit der Niederlage Washingtons gegenüber den Engländern geendet hatte, wurde 1867 nach den Plänen von Frederick Law Olmsted und Calvert Vaux, die vorher den Central Park in Manhattan gestaltet hatten, eröffnet und bildet ein gern genutztes Erholungsgebiet inmitten von Brooklyn. Es ist nicht bekannt, ob Al Capone diese Gelegenheit zur Abwechslung nutzte, denn sein Revier waren der Billard-Raum neben dem Elternhaus in der Garfield Place, die Brooklyn-Docks und die Gesellschaft der Streetgangs.

Sitz der John Torrio Association (Foto: Alfred Hornung)

Auf dem Weg zur Schule kam Al Capone an dem Gebäude vorbei, in dem das schon bekannte Gangstergenie Johnny Torrio im 2. Stock sein Quartier bezogen hatte, die John Torrio Association. In dem an der Ecke von Union Street No. 674 und der 4. Avenue gelegenen stattlichen Haus betreibt heute die angesehene Brownstone Bread and Bagel Company ihr gut besuchtes Geschäft und Restaurant.

Auch hier findet man keinen Hinweis auf den Bewohner Anfang des 20. Jahrhunderts. Al Capones Erfahrungen, die er sich bei den Navy Street Boys und den Garfield Place Boys erworben hatte, waren eine bessere Vorbereitung auf die nun beginnende Laufbahn als die Schule. In den Kämpfen der rivalisierenden Gruppen, die zwischen den sizilianischen, jüdischen und irischen Einwanderern stattfanden, hatte er sich als Anführer bewährt. Besonders die Auseinandersetzung mit den irischen Nachbarn, die durch die englische Sprache und die Wohngegend nahe des Prospect Park privilegiert waren, wurde heftig geführt mit gegenseitigen Verunglimpfungen, was ihm unter anderem den Namen „Macaroni" einbrachte. Die erste Wohngegend der Familie in der Navy Street bot dem jungen Al Gelegenheit, sich als Mitglied der Navy Street Boys im Kampf mit den irischen Jugendlichen auszuzeichnen. Oft entzündete sich der Streit im Umkreis von Bars, die von Iren betrieben wurden, deren Vormachtstellung durch Prügeleien auf der Straße angefochten wurde. Ein weiterer Streitpunkt war die beiden Einwanderergruppen gemeinsame katholische Religion. Die Iren fühlten sich immer schon als die besseren Katholiken angesichts des von ihnen kritisch beäugten italienischen Lebensstils und anderer Verhaltensweisen. Zudem konnten die Iren auf eine lange Einwanderergeschichte zurückblicken, die schon in der Kolonialzeit begonnen hatte, als die Enteignung der Katholiken durch den englischen Lordprotektor Oliver Cromwell bei der Rückeroberung Irlands 1649 eine erste Auswandererwelle auslöste. Der angesehene Status irischer Einwanderer wurde im Laufe des 19. Jahrhunderts durch das Erscheinungsbild verarmter Iren abgelöst, die Mitte des Jahrhunderts nach dem Ausfall der Kartoffelernten in Irland vor der großen Hungersnot flohen und sich in den Hauptstädten der Ostküste niederließen. Zwischen 1850 und 1860 betrug die Zahl der Iren fast eine Million, und sie stellten fast 50 Prozent aller Einwanderer dar. Die meisten von ihnen, etwa 275.000, lebten in New York City. Die über das ganze Jahrhundert kontinuierliche Einwanderung ermöglichte eine leichtere Eingliederung in die amerikanische Gesellschaft. Die Ablehnung ihrer katholischen Religion durch Puritaner und andere protestantische Konfessionen konnte durch ihren Bildungsgrad, insbesondere durch die weitgehend vorhandene Lese- und Schreibfertigkeit im Englischen, kompensiert werden. Dies wirkte sich vor allem in der 2. Generation aus, die zunehmend im Dienstleistungsgewerbe tätig wurde, wobei vor allem junge Frauen – wie in Al Capones Schule – den Lehrberuf ergriffen. Gleichzeitig engagierten sich die irischen Einwanderer im politischen Leben, im Kampf für die Situation der Arbeiter, in der Gemeindeverwaltung und der Parteipolitik. Als Wähler der Demokratischen Partei kamen sie in New York mit den Machenschaften der Sons of Tammany-Gesellschaft in Kontakt, die sich eigennützig der Anliegen der Einwanderer annahm, um sie für ihre Zwecke zu missbrauchen. Den Höhepunkt erreichten diese korrupte Parteipolitik und Instrumentalisierung der Einwanderer in der zweiten Hälfte des 19. Jahrhunderts unter dem berüchtigten Boss der Gesellschaft William M. Tweed. Natürlich versuchten auch politisch interessierte Iren, die Kollusion zwischen der Geschäftswelt und der Politik für ihre eigenen Zwecke zu nutzen, und imitierten das ihnen von den Amerikanern vorgeführte Boss-System.

Der 1822 als Sohn irischer Einwanderer in New York geborene John Kelly (1822–1886) entwuchs seiner irischen Nachbarschaft und entwickelte sich zu einem Führer der Tammany Hall, der als Sheriff in New York fungierte und schließlich als erster Katholik Abgeordneter im Repräsentantenhaus wurde (1855–58). Die Wahl des Namens Tammany, eines den Weißen freundlich gesonnenen Häuptlings des Lenni Lenape-Stammes, für die Organisation und seines Titels „Sachem" für den Boss sollten Kelly wohl eine unangefochtene Stellung verleihen und seine illegalen Aktivitäten verklären. Mit Sicherheit kann angenommen werden, dass die Rivalität zwischen den Iren und Italienern einen harten Wettbewerb um alternative Geschäftsmodelle beinhaltete, der durch die ethnische Komponente einer weißen Einwanderergruppe gegenüber den dunkelhäutigen Süditalienern noch verschärft wurde. Die von den verfeindeten Jugendgruppen ausgefochtenen Straßenkämpfe waren eine Art Stellvertreterkrieg um die Diskriminierung und bestehende Vorurteile des amerikanischen Mainstreams gegenüber Einwanderern. Besonders betroffen von der Ablehnung waren die Süditaliener und Sizilianer, die für die Etablierung krimineller Vereinigungen verantwortlich gemacht wurden. Dazu gehörten die schon in Sizilien bestehenden Verbrecherorganisationen der Mafia, der Camorra sowie der Mano Nera, deren berüchtigtes Erkennungszeichen eine schwarze Hand war und die als Black Handers in den USA Karriere machten. Der im Mafia-Zentrum Corleone auf Sizilien aufgewachsene Ignazio Saietta war um 1890 nach New York gekommen und hatte dort die Praktiken der „Schwarzen Hand" eingeführt, die mit Drohbriefen Geld erpresste und ihre Forderungen mit Repressalien wie Entführung oder Mord durchsetzte. Sie wurde zum Vorläufer des nach dem sizilianischen Vorbild in Amerika etablierten Zusammenschlusses verschiedener mafiöser Familien unter dem Namen Cosa Nostra. Im Konflikt mit irischen Einwanderern um illegale Einnahmequellen war ihnen mit den 1900 gegründeten White Handers eine Konkurrenzorganisation erstanden. Die irische

Antwort der „Weißen Hände“ auf die süditalienischen „Schwarzen Hände“ muss auch im Kontext der virulenten Schwarz-Weiß-Konfrontation und den Menschen anderer Hautfarbe in den USA gesehen werden. Diese historischen Vorgänge ebenso wie Al Capones Leben wurden in den 1960er- und 1970er-Jahren mit aufwändigen Hollywood-Produktionen einem breiten Publikum wirkungsvoll präsentiert, wobei die Nachfahren italienischer Einwanderer, die Regisseure Francis Ford Coppola und Brian de Palma sowie Al Pacino in der Hauptrolle in der Verfilmung von Mario Puzos Romanen, das Genre des Mafiafilms zur Unterhaltungskultur ausbauten.

Kriminelle Karriere und der amerikanische Traum

Ein bedeutender historischer Vertreter der in den Mafiafilmen vorgeführten Bilderbuchkarrieren war sicherlich Johnny Torrio. Er wurde wie Al Capones Eltern südlich von Neapel in Irsina 1882 geboren und war mit seiner verwitweten Mutter 1884 nach Amerika ausgewandert, wo sie in Brooklyn ein neues Leben aufbauten. Im Verständnis der traditionellen amerikanischen Gesellschaft galt er wie viele andere Süditaliener und Sizilianer als Überträger krimineller Machenschaften nach Amerika. Der stets tadellos gekleidete, für seine Nachbarn als ehrenhafter Ehemann auftretende Torrio sollte schließlich einer der wichtigsten kriminellen Köpfe der Vereinigten Staaten werden. Al Capones zuerst bei den Navy Street Boys, dann bei den Garfield Boys entwickeltes Talent und seine effektive Durchsetzungskraft fielen bei der Begegnung mit Torrio auf fruchtbaren Boden und der geistige Ziehvater konnte der wichtigste Einfluss auf Capones kriminelle Karriere werden. Es war für Al leicht, mit Johnny Torrio in Kontakt zu treten, der vor seinem Haus Jugendliche ansprach und für Botengänge anwarb. Das bei diesen Tätigkeiten erzielte Taschengeld besserte die Haushaltskasse der Familie Capone auf, ohne dass die Eltern, bei denen Al nach wie vor im Reihenhaus in der Garfield Place wohnte, die Einnahmequelle hinterfragten. Dies mag für die Eltern auch eine unbewusste Kompensation für den offensichtlich ohne Weiteres akzeptierten, in ihren Kreisen nicht ungewöhnlichen Schulabbruch gewesen sein. Kinderarbeit war erlaubt und wurde praktiziert.

Man kann nicht davon ausgehen, dass vor allem die nicht-englischsprachigen Einwanderer die durch kritische Journalisten und Autoren der Muckraking-Bewegung in der ersten Dekade des 20. Jahrhunderts eingeleiteten Reformen für das öffentliche Leben verfolgen konnten. Das 1904 gegründete National Child Labor Committee setzte sich für die Abschaffung der Kinderarbeit ein, was 1916 zu einer ersten Gesetzgebung führte. Sicher waren auch die nach Gabriele Capones Einbürgerung durchgeführten Veränderungen der wirtschaftlichen Verhältnisse des Landes, wie die Zerschlagung der Monopolkonzerne oder die Einführung von Gewerkschaften wie die der sozialistischen Industrial Workers of the World (1905), bei diesen Einwanderern unbekannt. Hierzu gehörten die durch die sozialistische Partei verfolgte Umgestaltung des demokratischen Systems, zu der die linken Schriftsteller Upton Sinclair und Jack London wesentlich durch ihre Schriften und öffentlichen Auftritte beitrugen – wie etwa bei der großen Veranstaltung der Intercollegiate Socialist Society 1906 in der Grand Exhibition Hall in New York vor 4.000 Zuhörern – sowie Veränderungen im politischen Wahlsystem durch die Einführung der Direktwahl der Senatoren im 17. Verfassungszusatz (1912). Ähnlich wie bei der Wahl des Präsidenten waren die Gründerväter auch bei der Wahl der Senatoren davon ausgegangen, dass solche wichtigen Entscheidungen nicht dem leicht beeinflussbaren

Wahlvolk überlassen werden könnten, und hatten als Regulativ ein Wahlkollegium vorgesehen, das in letzter Instanz den Präsidenten und die Senatoren in gesonderten Sitzungen wählt. Für den Präsidenten gilt das heute noch. Welche Auswirkungen die oft mit der Finanzkrise 2009 verglichene massive Erschütterung des Finanzwesens im Jahr 1907 auf das Leben der Einwanderer hatte, lässt sich nur spekulativ beantworten. Es ist davon auszugehen, dass die öffentliche Wahrnehmung einer allgemeinen Krise in der durch Masseneinwanderung sprunghaft angestiegenen Bevölkerung kriminelle Machenschaften provoziert hat. So entstand eine ökonomische Parallelwelt mit Schutzgelderpressung, Prostitution, Drogenhandel und illegalen Wettbüros. Unter dem Schutzmantel seiner wohlsituierten bürgerlichen Existenz war Johnny Torrio der geniale Organisator dieser einträglichen Aktivitäten, Al Capone wurde sein kongenialer Exekutor, zunächst in Brooklyn und Manhattan, dann in Chicago mit Auswirkungen auf das ganze Land. Möglicherweise wurde diese Entstehung einer kriminellen Unterwelt durch die offene Diskriminierung italienischer Einwanderer seitens der ansässigen angelsächsischen Amerikaner befördert. Stellvertretend dafür steht der Bericht des früheren New Yorker Staatsanwalts Arthur Train nach seinem Aufenthalt in Neapel im *McClure's Magazine*: „Italiener aus dem tiefen Süden pflegen ignorant, faul, mittellos und abergläubisch zu sein. … Die Zahl der Süditaliener, die jetzt ehrenwerte Positionen in New York einnehmen und die auf der anderen Seite Vorstrafen haben, würde selbst ihre Mitbürger überraschen" (Train, 1912, S. 83). Die hier insinuierte, faktisch nicht zutreffende häufige Straffälligkeit der Italiener widerspricht allen Bestrebungen der ersten Dekade des Jahrhunderts nach dem Entwurf neuer Gesellschaftsmodelle für die USA, die der multikulturellen Zusammensetzung des Einwandererlandes entsprechen sollten. Vor allem jüdische Intellektuelle der 1906 an der Harvard

University gegründeten Menorah-Gesellschaft haben dem von Präsident Theodore Roosevelt im gleichen Jahr proklamierten Schmelztiegel-Modell und der Kampagne des exklusiven Standards der „100-prozentigen Amerikaner" mit angloamerikanischem Stammbaum widersprochen. Der aus Deutschland mit seinen Eltern als Fünfjähriger 1887 in die USA eingewanderte Horace Kallen entwickelte – auch inspiriert von der Konzeption eines modernen „Pluriversums" anstelle des konventionellen Universums seines Harvard-Professors, des bedeutenden Philosophen und Psychologen William James – die Idee des „Kulturellen Pluralismus", die eine neue Orchestrierung aller aus Europa eingewanderten Menschen propagierte. In „Democracy *versus* the Melting Pot: A Study of American Nationality" schrieb er 1915: „Demokratie bedeutet nicht die Eliminierung von Unterschieden, sondern die Perfektionierung und Konservierung von Unterschieden". Anders als die monokulturellen europäischen Staaten sah er die USA nicht als einen Nationalstaat, sondern als ein „Mosaik von Menschen" und die amerikanische Kultur als eine „Vielheit in der Einheit, eine Orchestrierung der Menschheit" mit dem Hauptziel der Verwirklichung nicht der Einheit der Union, sondern der Harmonie der Vielen (Kallen, 1924, S. 58, S. 124). Nur ein Jahr später, als in Europa schon der 1. Weltkrieg entbrannt war, und kurz vor dem heftig umstrittenen Kriegseintritt der USA, lancierte der von Kallens Ideen beeinflusste Randolph Bourne 1916 in New York die Idee eines „Trans-National America". An die Stelle der Nationalität sollte der Gedanke der Transnationalität treten, eine Verknüpfung mit anderen Ländern, wobei wie auf einem Webstuhl viele Fäden unterschiedlicher Größen und Farben miteinander verwoben werden (Bourne, 1992, S. 262). Im Kontext dieses demografischen Wandels gehen die wegen der Einwanderung orthodoxer Juden aus Osteuropa durch ihre sichtbare Ethnizität weitgehend diskriminierte jüdische Gemeinde und die afroamerikanische Minderheit einen gegenseitigen Unterstützungspakt ein, der in die Gründung der National Association for the Advancement of Colored People 1909 in New York mündet. Grundlage dieser konzertierten Aktion der Selbstbestimmung im amerikanischen Mainstream ist die gemeinsame Erfahrung der Diaspora nach der an die biblische Flucht der Israeliten aus Ägypten erinnernden Vertreibung aus dem russischen Zarenreich bzw. der Entführung der Afrikaner aus ihrer Heimat und ihre Versklavung in Amerika. Man kann sich fragen, ob ein besseres Management der Akkulturation der Immigranten über die bürokratische Verwaltung hinaus nicht möglich gewesen wäre. Damit hätte idealiter die den gefeierten amerikanischen Industriekapitänen vergleichbare wirtschaftliche Energie der Italiener in die gemeinsame Entwicklung eines egalitären und prosperierenden Amerika auf weitgehend legalem Weg überführt werden können.

Am Beispiel des jugendlichen Al Capone und seiner Entwicklung zeigt sich eindrucksvoll, wie aus der Rivalität ethnischer Gruppen um die gesellschaftliche Akzeptanz und die professionelle Anerkennung durch die Amerikaner im Neuen Land eine Energie entfaltet werden konnte, die den gleichzeitig erfolgreichen Karrieren der amerikanischen Wirtschafts- und Politikbosse nahekommt. Die beiden Quellen des Antriebs sind hierbei jeweils die Idee des amerikanischen Traums und die Ideologie des Sozialdarwinismus. Der Begriff des amerikanischen Traums wurde von dem amerikanischen Historiker James Truslow Adams in seiner Abhandlung *The Epic of America* 1931 geprägt. Für ihn bedeutet der amerikanische Traum

> … den Traum eines Landes, in dem das Leben für alle besser, reicher und voller sein sollte, mit der Gelegenheit für alle gemäß ihren Fähigkeiten und Leistungen. Es ist schwer für die euro-

> päische Oberschicht, diesen Traum angemessen zu interpretieren, und zu viele von uns selbst sind seiner überdrüssig und misstrauisch geworden. Es ist nicht nur ein Traum von Autos und hohen Löhnen, sondern ein Traum über eine gesellschaftliche Ordnung, in der jeder Mann und jede Frau das erreichen können, wozu sie von Geburt an fähig sind, und von anderen dafür anerkannt werden, ohne Rücksicht auf die zufälligen Umstände ihrer Geburt oder Stellung. ... Der amerikanische Traum, der viele Millionen aus allen Nationen im letzten Jahrhundert an unsere Küsten gelockt hat, war nicht nur ein Traum für materiellen Reichtum, obwohl das zweifellos ein wichtiger Grund war. Es ist immer mehr als das gewesen. Es ist der fortwährende Traum für die Möglichkeit als Mann und Frau sich voll zu entwickeln, ungehindert durch Grenzen, die in den alten Zivilisationen errichtet wurden, ungebunden durch gesellschaftliche Rangordnungen, die zum Vorteil von Klassen entwickelt worden waren, anstatt für das einfache menschliche Wesen von jedweder Klasse. (Adams, 1931, S. 404–405)

Die auf dem Höhepunkt der modernen Entwicklung eines technologischen Industriestaates konzipierte Idee findet retrospektiv Anwendung für alle aus Europa nach Amerika eingewanderten Gruppen, die sich in der Neuen Welt eine Verbesserung ihrer politischen und wirtschaftlichen Lage erhofften. So glaubten die Puritaner 1630, in Neuengland das verheißene Land zu finden und dort ein exemplarisches Modell einer christlichen Gemeinde für alle Welt zu etablieren, verbunden mit wirtschaftlichem Erfolg. Die Gründerväter der Vereinigten Staaten von Amerika übertrugen diese religiösen Wunschvorstellungen in ein weltliches Aufstiegsmodell, wie es durch Benjamin Franklins Karriere im 18. Jahrhundert repräsentiert wurde, und machten es zur Grundlage der amerikanischen Staatengründung. Der zweite Absatz der Unabhängigkeitserklärung lautet: „Wir halten diese Wahrheiten für ausgemacht, dass alle Menschen gleich erschaffen worden, dass sie von ihrem Schöpfer mit gewissen unveräußerlichen Rechten begabt worden, worunter sind Leben, Freiheit und das Bestreben nach Glückseligkeit". Im 19. Jahrhundert werden diese Ideale zum Credo der Einwanderer im sprichwörtlichen „Land der ungeahnten Möglichkeiten", das noch viel Raum zur Gestaltung und individuellen Verwirklichung bot. Der große Freiraum des noch weitgehend unbesiedelten Landes verstärkte diese Vorstellungen. Viele der Neuankömmlinge haben in autobiografischen Darstellungen ihrer Hoffnung auf ein besseres Leben in Freiheit Ausdruck verliehen und die Verheißungen des neuen Landes nach der Einbürgerung bestätigt. So nimmt die aus Russland eingewanderte jüdische Autorin Mary Antin die Botschaft bereits im Titel ihrer Autobiografie *The Promised Land* (1912) auf, die in der schon ein Jahr später erfolgenden deutschen Übersetzung den Aufstieg *Vom Ghetto ins Land der Verheißung* (1913) beschreibt. Der aus Dänemark eingewanderte Jacob Riis, der als Journalist die prekären Wohnverhältnisse in den Armenvierteln New Yorks beschreibt, hatte schon 1901 den Prozess der Amerikanisierung in *The Making of an American* nachgezeichnet. Dass auch die nach dem Bürgerkrieg emanzipierten Afroamerikaner sich mit autobiografischen Schriften in die amerikanische Gesellschaft einschreiben, wie in Booker T. Washington in *Up from Slavery* (1901; *Ich war ein Sklave*, 1958) spricht für ihr neues Selbstbewusstsein und die multiethnische Veränderung der Gesellschaft. Nicht von ungefähr hat 100 Jahre später der erste afroamerikanische Präsident der USA in seiner autobiografischen Essaysammlung *Hoffnung wagen: Gedanken zur Rückbesinnung auf den American Dream* (2008) den mit der Besiedlung des Landes und der Gründung der

Nation verbundenen Aufstiegsmythos des amerikanischen Traums für alle Amerikaner reklamiert. Für seinen 2020 erschienenen ersten Memoirenband hat er den Titel *A Promised Land* (*Ein verheißenes Land*) gewählt, der als Folie für seine Biografie von der Kindheit in bescheidenen Verhältnissen über den durch kontinuierliche Anstrengungen erreichten Aufstieg bis in das Präsidentenamt dient und exemplarisch die Erfolgsleiter des amerikanischen Traums abbildet. Sein Glaube an die Macht des Gründungsmythos und an die persönlich durchlaufenen Stadien dieses Motivationspotenzials für Neuankömmlinge hatte ihn in seiner Regierungszeit bewogen, den Kindern von illegal eingewanderten Lateinamerikanern einen rechtlichen Status zu verleihen und den sogenannten „Dreamers" ihren Traum der Einbürgerung zu erfüllen. Die Politik seines Nachfolgers Donald Trump wiederum bestand demgegenüber in einer Abschottung der amerikanischen Nation von der Außenwelt und dem Ansturm Not leidender Familien, die eine Besserung ihrer Lage im Glauben an den amerikanischen Traum erhofften. Dass Trumps Zurückweisung auch der Position seiner meist weißen Wähler entsprach, wurde durch das Verhalten seiner Fangemeinde deutlich belegt. Die sich in Barack Obamas und Donald Trumps Verhalten spiegelnden unterschiedlichen Einstellungen stehen für die heutige Polarisierung der amerikanischen Gesellschaft, die schon die gesellschaftspolitischen Veränderungen um die Jahrhundertwende 1900 bestimmt hatte.

Durch die rapide zunehmenden Einwandererzahlen 1900 wurde zunehmend deutlich, dass die Idee des amerikanischen Traums zwar noch als Motivationspotential für sozialen Aufstieg diente, aber auch an ihre Grenzen stieß und gegenteilige, albtraumartige Effekte zeitigte. Nicht alle in Amerika lebenden Menschen konnten auf den Erfolg ihrer Bemühungen hoffen. Für diese Unterscheidung zwischen erfolgreichen und gescheiterten Existenzen wurden die in der zweiten

Hälfte des 19. Jahrhunderts entwickelten biologischen und soziologischen Theorien, vor allem die in den USA praktizierte und offiziell sanktionierte Ideologie des Sozialdarwinismus genutzt. 1859 war das bedeutende Werk des britischen Evolutionsbiologen Charles Darwin erschienen, in dem er dem Kreationismus, der göttlichen Schaffung der Welt, eine biologische Entwicklung aller organischen Lebewesen gegenüberstellte. In seinem epochemachenden Werk *Über die Entstehung der Arten im Tier- und Pflanzenreich durch natürliche Züchtung oder Erhaltung der vervollkommneten Rassen im Kampfe um's Dasein* hatte er die wissenschaftliche Grundlage für eine naturgegebene Auswahl und den Erhalt der favorisierten Rassen im Überlebenskampf geliefert. Ihre Anwendung auf gesellschaftliche Entwicklungen durch den englischen Soziologen Herbert Spencer fiel vor allem in den USA auf fruchtbaren Boden. Es war das Verdienst des amerikanischen Soziologen William Graham Sumner an der Yale University, Darwins Prinzip der „natürlichen Selektion", des „survival of the fittest", als das Überleben der am besten angepassten Individuen auf die ideologische Machtkonstellation von Politik, Kapital und Arbeit in den USA zu übertragen. Deutlich formuliert Sumner den Gegensatz zwischen der Wirtschaftselite an der Spitze der Gesellschaft und den Armen und Mittellosen als „Bodensatz" der Gesellschaft:

> Lasst uns darüber klar werden, dass wir uns nicht außerhalb dieser Möglichkeit bewegen können: Freiheit, Ungleichheit, survival of the fittest; Unfreiheit, Gleichheit, survival of the unfittest. Ersteres bringt die Gesellschaft vorwärts und bevorzugt alle seine besten Mitglieder; letzteres bringt die Gesellschaft herunter und bevorzugt alle seine schlimmsten Mitglieder. (Persons, 1963, S. 76f.)

Die schon verschiedentlich erwähnten Industriebosse John D. Rockefeller, Andrew Carnegie, J. P. Morgan, Cornelius Vanderbilt, Leland Stanford und Philip D. Armour haben sich diese Ideologie zu eigen gemacht und rigoros ohne Rücksicht auf Verluste verwirklicht. Die von der Muckraking-Journalistin Ida M. Tarbell in ihrer Studie über John D. Rockefellers *The History of the Standard Oil Company* (1904) als Motto zitierte Aussage exemplifiziert die Verbindung zwischen dem biologischen und soziologischen Entwicklungsmodell:

> Die amerikanische Beauty Rose kann in ihrer Pracht und ihrem Duft, die dem Betrachter Freude macht, nur produziert werden, indem man die um sie herum wachsenden frühen Knospen abschneidet. Das ist keine schlechte Tendenz im Geschäftsleben. Es ist nichts anderes als der Ablauf eines Gesetzes der Natur und eines Gesetzes Gottes. (Rede von John D. Rockefeller, Jr., vor Studierenden der Brown University, 1902; Tarbell, 1904)

Sicher stellt dieses sozialdarwinistische Konzept mit allen Konsequenzen auch eine extreme Form des amerikanischen Traums dar, der allerdings nur wenigen in der Gesellschaft vorbehalten ist, primär den WASPs (White Anglo-Saxon Protestants = weiße angelsächsische Protestanten). Dennoch repräsentierten diese erfolgreichen Wirtschaftsführer gleichzeitig ein erstrebenswertes Modell, empfohlen zur Nachahmung für alle anderen. In der populären Kultur der Zeit finden sich zahlreiche Beispiele dafür. Am besten illustrierten die „Dime Novels“ (Groschenromane) des Bestsellerautors Horatio Alger (1832–1899) solche Aufstiegsmöglichkeiten für Angehörige der Arbeiterklasse und der Unterschicht. Die für wenig Geld (dime = 10 cents) erwerbbaren und ungefähr 60 Seiten langen Kurzromane handeln jeweils von armen Jugendlichen in der Großstadt, meist

New York, und ihrem von energischem Durchsetzungswillen und einigen glücklichen Umständen geprägten allmählichen Aufstieg zu Reichtum und Glück. Diese fiktionalen Vorlagen wurden auch Ausgangspunkt erster innovativer literarischer Versuche von und mit Einwanderern. Begünstigt wurden diese kreativen Entwürfe durch neue Verfahren in der Produktion und dem Druck von Zeitschriften, sodass eine Reihe von bedeutenden Comics erschienen, die Aufstiegsmöglichkeiten gegen alle Widerstände thematisierten. Besonders illustrativ waren die als „Funnies“ in den Sonntagsausgaben von Zeitungen abgedruckten Comics, wie die von Richard Felton Outcault (1863–1928) gezeichnete, in den 1890er-Jahren erscheinende *Yellow Kid*-Serie, die das Leben von Afroamerikanern und irischen Einwanderern am Rande der Gesellschaft thematisierten. Den großen Erfolg dieser Serie wollte der Medienmogul William Randolph Hearst für sein *New York Journal* imitieren und engagierte den deutschstämmigen Rudolph Dirks, der in Anlehnung an Wilhelm Buschs *Max und Moritz* die *Katzenjammer Kids* entwarf, eine Serie über zwei Englisch mit deutschem Akzent sprechende Kinder Hans und Fritz, die ab 1897 erschien und als humoristische Akkulturation für (deutsche) Einwanderer gelten konnte. Natürlich war diese Form des Humors auch ein beliebtes Medium für die irischen Einwanderer, die wesentlich zur Gründung der neuen humoristischen Literaturgattung beitrugen. Der in Chicago als irischstämmiger Journalist arbeitende Finley Peter Dunn (1867–1936) stand mit seinen investigativen Beiträgen unter anderem für die *Chicago Tribune* der Muckraking-Bewegung nahe und begründete mit seiner Figur des Mr. Dooley ein neues Medium der Kritik an nationalen und internationalen Ereignissen, die humorvoll aus der Sicht eines den Dialekt irischer Einwanderer sprechenden Barbesitzers in einem Vorort Chicagos vorgetragen wurde. Diese regelmäßig in den Zeitungen

(1893–1915) erscheinenden Episoden waren allgemein beliebt, auch beim späteren Präsidenten Theodore Roosevelt, der den irischen Satiriker trotz der Kritik an Roosevelts Teilnahme am Krieg gegen Spanien auf Kuba (1898) wiederholt ins Weiße Haus einlud. Zweifellos hat diese Präsenz irischer Sichtweisen auf amerikanische Verhältnisse wesentlich zur Akzeptanz dieser Einwanderer bei den Amerikanern beigetragen und gleichzeitig ihre ethnische Identität gestärkt. Ähnliche literarische Beispiele von italienischen Einwanderern waren in dieser Zeit nicht vorhanden und konnten so kein Vorbild für die nachwachsende Generation sein. Stattdessen scheinen die mit mafiösen Organisationen verbundenen negativen Vorstellungen das Italienbild geprägt zu haben.

Für Al Capone hätten die jungen Helden in Horatio Algers „Dime Novels" ebenso wie ein auf die italienische Situation eingehender Comic sicher Anleitungen für eine andere Karriere sein können, auch wenn ein ähnlich steiler Aufstieg mit vergleichbar großem finanziellem Erfolg wohl kaum realisierbar gewesen wäre. Al verfolgte jedoch einen anderen Weg und identifizierte sich auf dem Höhepunkt seiner Macht später mit John D. Rockefeller, dessen wirtschaftlichen Erfolg er – nach eigener Aussage – unter Anwendung seiner Mittel auf andere Gebiete erreicht habe. Der für die Einwanderer durch die erfolgreichen Wirtschaftsbosse verkörperte amerikanische Traum wurde damit zur Grundlage für die Verlagerung der sozialdarwinistischen Mechanismen auf das organisierte Verbrechen. Vorstufen dazu existierten in den italienischen Organisationen der Mano Nera, der Camorra und der Mafia. Unter der Anleitung von Johnny Torrio sollte Al Capone einen Weg einschlagen, der neue Akzente setzte. Er begann schon mit einer Art Doppelleben in seiner Kindheit in der Navy Street und der Park Avenue. Das Leben in seiner italienischen Familie mit einer kontinuierlich wachsenden Geschwisterzahl wurde durch seine Streetgang-Familie auf den Straßen rund um das Hafengelände der Brooklyn Docks ergänzt. Der häuslichen Geborgenheit stand die relative Sicherheit im Verbund gleichgesinnter Jugendlicher gegenüber, die sich über ihre ethnische Herkunft identifizierten und gegen rivalisierende Straßengangs mit anderem Migrationshintergrund definierten. Die Gruppenidentität beinhaltete automatisch eine auf Opposition angelegte Weltsicht, die in Straßenkämpfen ausagiert wurde. Dieses jugendliche Parallelleben fand in der Überschreitung der ethnisch etablierten Grenzen zwischen italienischen, irischen, jüdischen und teilweise deutschen Wohnvierteln statt. Der als Junge mit seinen Eltern aus Russland eingewanderte jüdische Schriftsteller Daniel Fuchs fasste seine Erinnerung an seine Jugendzeit in Brooklyn in einem Zeitungsbeitrag mit Bezug auf Al Capone „Where Al Capone Grew Up“ zusammen:

> Die bösartigste aller Gangs waren leicht die Italiener, ob von der Metropolitan Avenue oder anders woher. Sie waren knallhart in ihren Methoden, kaum bereit mit der Faust oder mit Steinen zu kämpfen, sondern benutzten unmoralisch Messer und Schusswaffen. Eigentlich konnte man sagen, dass die Iren fast aus Spaß gekämpft haben; die Juden ihrerseits kämpften immer zur Selbstverteidigung. Aber die Italiener waren immer darauf aus, zu verletzen oder zu töten. (Fuchs, 1931, S. 96)

Die Streiche von Daniel Fuchs' jüdischen Gangs bezeichnete er dagegen als harmlos. Sie ließen die während der Woche gesammelten Milchflaschen von Dächern auf die gegnerischen Angreifer herabregnen. Als einen der wildesten Schauplätze für Auseinandersetzungen beschrieb er die belebte Kreuzung von Broadway und Flushing Avenue, wo sich Fuchs zufolge auch Al Capone herumtrieb:

> Seltsamerweise war Capone damals kaum der typische Bösewicht („bad man“) in seiner Ausbildungsphase. Man erinnert sich an ihn als eher etwas Unscheinbares, freundlich, mit sanfter Stimme und in allem sogar mittelmäßig außer im Tanzen. Capone, immer ein sehr gut angezogener Kerl, war wie viele andere Italiener ein ausgezeichneter Tänzer. Er verkehrte in einer Tanzhalle namens Broadway Casino, die jetzt elegant restauriert und als Lorraine umbenannt wurde. Alles in allem, als dieser Brooklyn Junge seinen Weg in der Welt ging, waren seine alten Freunde und Bekannten allgemein überrascht. (Fuchs, 1931, S. 97)

Als Daniel Fuchs diesen Bericht 1931 schrieb, stand Al Capone gerade in Chicago vor Gericht, wo ihm der Prozess wegen Steuerhinterziehung gemacht wurde. Es ist nicht bekannt, ob Fuchs mit der relativ freundlichen Beschreibung des italienischen Jugendlichen als galantem Tänzer seine eigene Verwunderung über dessen kriminelle Karriere zum Ausdruck bringen wollte, oder ob er auf die Unfähigkeit der amerikanischen Strafverfolgungsbehörden anspielen wollte, Beweise für Capones eigentliche Kapitalverbrechen zu finden. In jedem Fall machte er seine Leser auf die Unterschiede zwischen den ethnischen Gruppierungen und der die amerikanische Wertewelt vertretenden weißen Bevölkerung aufmerksam.

Zu Kontakten mit dem amerikanischen Mainstream der angelsächsisch-protestantischen Gesellschaft kam es für die neuen Bindestrich-Amerikaner nicht, es sei denn durch das öffentliche Ordnungswesen der Polizei und der Behörden, was man tunlichst vermied. An die Stelle des bestehenden Rechts trat die jeweils von ethnischen Wortführern und Gruppierungen definierte und ausgeübte Rechtsauffassung. Die Überzeugung von Al Capones erster Straßengang, den Navy Street Boys, sich für die Durchsetzung des von ihnen verstandenen Rechts zu engagieren, speiste sich aus Ideen der italienischen Gemeinde. Die mit allen Mitteln geführte Durchsetzung solcher ethnischer Wertsetzungen rückte sie in die Nähe krimineller Machenschaften, ohne dass dies von den jugendlichen Straßenkämpfern so empfunden wurde. Inwiefern die im Hafenviertel angesiedelten illegalen Gewerbe wie Prostitution, Schutzgelderpressung und Glücksspiele den Kindern auf der Straße bekannt waren, kann nicht abschließend beantwortet werden. Beim Umzug der Capone-Familie aus dem Hafenviertel in die bessere Wohngegend in der Garfield Place 1907 war Al erst 8 Jahre alt, war bei den Navy Street Boys aber schon als Anführer akzeptiert worden. Dies waren gute Voraussetzungen für das Treffen mit Johnny Torrio.

Das in der Kindheit im Hafenviertel eingeübte Doppelleben mit seiner Familie zu Hause und der Alternativfamilie auf der Straße setzte sich durch den Kontakt mit Johnny Torrio und dessen Organisation auf neue Weise fort. Die Kontaktnahme begann mit den schon erwähnten einfachen Botengängen, mit deren Ausführung die Tauglichkeit der angeworbenen Jungen für die Geschäfte Torrios überprüft werden sollte. Al bestand diese Tests mit Bravour und trat nach dem Verlassen der Schule in jungen Jahren einen nicht näher definierten einträglichen Job an. Verglichen mit dem konventionellen Friseurberuf und -geschäft seines Vaters erschien Al das neue, noch weitgehend unbekannte Geschäft von Torrio um vieles attraktiver. Während er zu Hause mit seinem leiblichen Vater das Billardspiel im Nachbarhaus in der Garfield Place perfektionierte und zum Billardmeister avancierte, verfestigte sich die faszinierende Ausstrahlung von Johnny Torrio zu einem Idol, das schließlich zu einer alternativen Vaterfigur wurde. Zuträglich war diesem sich entwickelnden neuen Profil Al Capones Tätigkeit in einer Waffenfabrik in Brooklyn, wo er den Umgang mit

Waffen erlernte. Weniger interessant war die eher langweilige Tätigkeit in einer Papierfabrik mit geringem Einkommen, das er – ebenso wie den Verdienst bei Torrio – zu Hause abgab. Den Berichten von Zeitgenossen zufolge führte Al Capone eine Art bürgerliches Leben, war gut gekleidet und als exzellenter Tänzer und Billardspieler bekannt, der noch bei seiner Familie wohnte. Dagegen blieb in den publizierten Erinnerungen sein in den Straßengangs und mit Torrio verbundenes Leben weitgehend unerwähnt. Andere Quellen berichten von seinen Besuchen im Broadway Casino und in dem berüchtigten, vorwiegend von Italienern frequentierten Adonis Social Club, in dem regelmäßig gewaltsame Auseinandersetzungen stattfanden und in dessen Keller man auf leere Bierflaschen schießen konnte. Hier lernte Al Capone den Umgang mit Schusswaffen.

Das nächtliche Vergnügen in den Bars teilte Al mit seinem älteren Bruder Raffaele, der – wie andere der Brüder – inzwischen seinen Namen amerikanisiert hatte und als Ralph seinen Aktivitäten nachging. Ein anderes Vorbild für Al hätte sein ältester Bruder Vincenzo sein können. Er hatte seinen italienischen Namen durch James ersetzt und 1908 als 16-Jähriger die Familie klammheimlich verlassen, um sich eine neue Existenz im Mittleren Westen aufzubauen. Geleitet wurde er bei dieser Flucht aus dem Milieu der Großstadt Brooklyn von der in Wildwestfilmen vorgegaukelten Welt, in der der Westernheld mit Waffengewalt das Recht vertritt. Seine Identifikation mit dem diese Rolle in Stummfilmen repräsentierenden Hollywoodstar William S. Hart ging so weit, dass er den Namen Richard Hart annahm und seine italienische Herkunft leugnete. Möglicherweise wollte er sich damit auch von dem mit Italienern assoziierten kriminellen Umfeld lösen und als bewaffneter Cowboy-Held eine andere Karriere einschlagen. Unter dem Kodenamen „Two-Gun Hart“ wurde er schließlich als Sheriff in Nebraska im Kampf gegen den Alkoholhandel bekannt. Aufgrund seiner dunkleren Hautfarbe entwickelte er eine Affinität zur indigenen Bevölkerung und zu Mexikanern, was ihm bei seinen Einsätzen entgegenkam. Gelegentliche Kontakte mit der Familie in Brooklyn sind durch Briefe bezeugt, ebenso wie seine Teilnahme am 1. Weltkrieg in Frankreich und die spätere Wiedervereinigung mit Al nach dessen Aufstieg zum Boss in Chicago. Der ebenfalls in Italien geborene zweitälteste Sohn Ralph beendete die Schulzeit – wie der seinen Namen von Alphonse auf den amerikanischen Al abkürzende jüngere Bruder – nach der 6. Klasse, um Geld für die Familie zu verdienen, wobei er bei seiner Arbeit in einer Flaschenfabrik den Spitznamen „Bottles" erhielt. In häufig wechselnden Jobs brachte er es zu einem guten Verdienst, mit dem er sein extensives Nachtleben finanzierte. Dazu gehörten Bordellbesuche im Hafenviertel, bei denen er sich verschiedene Geschlechtskrankheiten zuzog, bevor er 1915 die in Salerno geborene Florence, ursprünglich Filomena Marie Carmelo Moscato, heiratete. Nach der Geburt ihres Sohnes brach die Ehe bald wieder auseinander und wurde 1920 geschieden, sodass seine Mutter die Betreuung des Kindes übernahm, das in der Großfamilie zusammen mit vier Jungen und einem Mädchen aufwuchs. Al sowie seine beiden älteren Brüder Ralph und Frank wohnten zwar noch bei der Familie, führten aber durch ihre berufliche Situation und anderweitige Beschäftigungen ein weitgehend eigenständiges Leben. Nach der Beschreibung von Mario Gomes gehörte dazu ihr Engagement für hilfsbedürftige und arme Menschen der St. Michael-St. Edward-Kirche im Jugendklub, Young Men's Civic or Catholic Club, die sie mit Essen versorgten, wie die Zeitung *The Brooklyn Citizen* vom 4. Januar 1915 berichtet: „Aiding the Poor: St. Michael's Young Men's Catholic Club Doing Good Work". Zudem waren sie eifrige Baseballspieler und spielten für halbprofessionelle Teams in Brooklyn. Ralph leitete sogar als Coach eine Jugendmannschaft. Die tatkräftige

Mitarbeit der großen Brüder für die Armen und ihre Sportbegeisterung sprechen für die gute Integration der Capone-Familie in das Kirchenleben. Dazu kamen schließlich die üblichen Abendveranstaltungen und Besuche in Tanzhallen, wo besonders Al seine Künste als Tänzer praktizieren und zur Schau stellen konnte. Allmählich nahmen diese nächtlichen Vergnügungen zunehmend mehr Raum ein.

Verständlicherweise war Al von dem offensichtlich freizügigeren Lebenswandel seines älteren Bruders beeindruckt und schloss sich ihm an. Es konnte nicht ausbleiben, dass die Aufenthalte in Bars Kontakte mit Frauen einschlossen und die Brüder mit dem Gewerbe der Prostitution in Berührung kamen. Bei Al Capones Botendiensten für Johnny Torrio ging es unter anderem um das Eintreiben von Schutzgeldern in den entsprechenden Etablissements. Zeitzeugen lokalisieren den Beginn von Al Capones das ganze weitere Leben beeinflussenden Geschlechtskrankheit auf seine ersten Bordellbesuche. Die seit dem Mittelalter in Europa auch als „Franzosenkrankheit" bekannte Syphilis erhielt durch die von der ersten Entdeckungsreise mit Christopher Columbus aus Amerika zurückkehrenden Seeleute in der Renaissance einen neuen Schub, weil sie sich mit einer schlimmeren Form der Syphilis angesteckt hatten. Die Verbreitung dieser Krankheit erreichte im Laufe des 19. Jahrhunderts einen auch in der Literatur verarbeiteten bedeutsamen Höhepunkt. Die drei Stufen des Krankheitsverlaufs haben Al Capones Karriere unterschiedlich beeinflusst und hatten letztendlich seinen vorzeitigen Tod zur Folge. Folgt man Medizinhistorikern, war das Heimtückische der Erkrankung der Wechsel zwischen virulenten und diskreten Phasen, sodass die von Syphilis Infizierten ihre Infektion vorübergehend ignorieren konnten. Die mit der dritten Stufe der Syphilis verbundene neuronale Beeinträchtigung haben einige Biografen mit megalomanen Vorstellungen in Verbindung gebracht und sie als Erklärung für Al

Capones Verhalten auf dem Höhepunkt seiner Laufbahn in Chicago genutzt. Somit ergeben sich am Ende seiner Adoleszenz in Brooklyn die Mosaiksteine seines Profils, die die Grundlage für sein sich konstituierendes zukünftiges Imperium bilden. Die doppelte Prägung durch das familiäre Umfeld zu Hause und die Gangs auf der Straße, die ein an ethnischen Kriterien festgemachtes Freund-Feind-Denken als binäre Weltsicht generierte, führte zu einer Art Doppelleben als angesehenes Mitglied einer wohlsituierten Familie und als lebensfreudig rücksichtsloser Akteur im kriminellen Milieu. Er war stolz auf seinen Vater, der als Besitzer eines gut gehenden Friseurladens und eines Billardlokals den Aufstieg geschafft hatte. Aber diese Welt war zu klein für ihn und musste durch eigene Initiativen im Milieu ergänzt werden. Diese Koinzidenz von bürgerlicher Existenz und alternativen Geschäftsmodellen lernte er bei Johnny Torrio kennen, der ihm den Eintritt in diese ‚exklusive' Welt verschaffte. Es blieb auch diesem väterlichen Mentor vorbehalten, Al Capones nächsten Karriereschritt einzuleiten, indem er ihn an den aus Kalabrien eingewanderten Francesco Ioele vermittelte, der in Brooklyn die sizilianische Gewerkschaft der Unione Siciliana anführte und als Gewerkschaftsboss über entsprechende Kanäle zur Ausübung krimineller Machenschaften verfügte. Ioeles Einflusszonen umfassten verschiedene Bars in Brooklyn unter Einschluss der beliebten Strandregion von Coney Island sowie den Bereich des Little Italy im Süden von Manhattan. Damit weitete sich der Aktionsradius von Al Capone nicht nur regional, sondern auch grundsätzlich. Ursprünglich eher harmlose Aktivitäten und zeitweilige Auseinandersetzungen wurden nun professionalisiert und intensiviert. Der damit verbundene soziale Aufstieg mithilfe von Methoden, wie sie auch die Wirtschaftsbosse anwandten, entsprach dem Handlungspotenzial des amerikanischen Traums, das schließlich zum organisierten Verbrechen führte.

Narbengesicht

Die von der Suche nach einem besseren Leben motivierte und von der Idee des amerikanischen Traums inspirierte Einwanderung verarmter oder verfolgter Europäer stellte vor allem um die Jahrhundertwende eine Herausforderung sowohl für die amerikanische Mainstream-Gesellschaft als auch für die unzähligen Neuankömmlinge dar. Der Prozess der kulturellen Anpassung begann in den Großstädten der Ostküste sowie in Chicago mit einer doppelten Isolation. Der verständliche Wunsch, sich in der unbekannten und unvertrauten Welt den Angehörigen der eigenen nationalen oder ethnischen Herkunft in der gleichen Wohngegend anzuschließen, bedeutete einerseits eine Art Selbstisolation, andererseits eine primär von der weißen angelsächsischen Mehrheit fraglos akzeptierte und vermutlich gewünschte Ansiedlung in separaten Wohnvierteln. Noch heute zeigt sich an bestehenden, sicher auch als touristische Attraktion kommerziell begründeten, ethnischen Wohngebieten der Grad der Assimilation. So spricht man etwa immer noch in New York vom deutschen Viertel in Yorkville auf der Upper East Side im Nordosten von Manhattan zwischen der 79. und 96. Straße, aber ohne dass diese historische Wohngegend heute ausschließlich von Nachfahren deutscher Einwanderer bewohnt wäre. Dies liegt trotz der sprachlichen Differenz zur amerikanischen Landessprache an der leichteren Integration weißer Immigranten ohne sichtbare ethnische Kennzeichen. Dagegen sind die von orthodoxen jüdischen Einwanderern, Chinesen oder Italienern bewohnten Gebiete immer noch ethnisch markiert. Die Lower East Side im Südosten Manhattans galt lange als jüdisches Wohnviertel, „Little Italy“ oder „Chinatown“, ebenfalls im Süden Manhattans, sind kulturelle und kulinarische Attraktionen und Teil des Besuchsprogramms für die meisten Touristen.

Im Brooklyn der Jahrhundertwende waren die nationalen und ethnischen Abgrenzungen zur emotionalen Identifizierung nötig. Dass dieser kulturelle Schulterschluss den sozialen Aufstieg beförderte, ist unstrittig. Gleichzeitig wurde er aber die Grundlage für die Rivalität zwischen den Gruppen mit Auswirkungen auf den Arbeitsplatz und das öffentliche Leben. Auch wenn die irischen Einwanderer aufgrund ihrer englischen Sprache privilegiert waren, war ihre katholische Religion im primär protestantischen Amerika ein Assimilationshindernis, das sie wiederum mit den Italienern verband, auch wenn sie unterschiedliche katholische Kirchen besuchten. Unsichtbaren Zeichen des Ausschlusses standen die sichtbaren Zeichen ethnischer Herkunft gegenüber, wie die Haartracht und Kleidung orthodoxer Juden oder die dunkle Hautfarbe der als „schwarz“ angesehenen Süditaliener. In diesem komplexen Feld des Hafenviertels in Brooklyn, das in irische, jüdische, deutsche und italienische Stadtviertel getrennt war, war Al Capone aufgewachsen, hatte seine ersten Erfahrungen mit oppositionellen Straßenbanden gemacht, sechs Schuljahre in zwei verschiedenen Schulen mehr oder weniger erfolgreich absolviert, und schickte sich nun nach dem freiwilligen Schulabbruch an, mit verschiedenen Gelegenheitstätigkeiten Geld für sich und die Familie zu verdienen. Die wenigen in der Schule erworbenen Fähigkeiten wurden durch seine auf der Straße erlernten Kenntnisse wertvoll ergänzt, wobei der für das geschäftliche Leben wichtige Umgang mit Zahlen als natürliches Talent bei ihm besonders ausgebildet war. Ähnlich komplex war auch seine Einstellung zur nationalen

Zugehörigkeit. Zwar schätzte er zeitlebens alle mit dem italienischen Familienleben verbundenen Gepflogenheiten, sicher wegen seiner engen Verbindung zur Mutter sowie als Zaungast im Friseurgeschäft des Vaters oder als Star bei gemeinsamen Freizeitvergnügen wie dem Billardspiel. Früh aber bekannte er sich *ex negativo* mit dem vielfach zitierten Ausspruch „Ich bin kein Italiener" (Kobler, 1971, S. 23) als Amerikaner, ein Status, der nach der Annahme der amerikanischen Staatsbürgerschaft durch den Vater 1906 für alle Familienmitglieder offiziell gegeben war. Somit konnte er seinen amerikanischen Traum nach den Regeln der amerikanischen Geschäftswelt weiterverfolgen. Eine erste Möglichkeit dazu bot sich ihm als Schuhputzer an der belebten Kreuzung der Union und Columbia Street in Brooklyn. Sein Vater hatte ihm, wie schon dem älteren Bruder Frank, eine Schuhbox mit den nötigen Utensilien als Startkapital geschenkt. Nach anfänglich eigenen Anstrengungen lernte er schnell von seinem Bruder die Kunst des Delegierens und ließ andere den Job für sich ausüben.

Konventionelle Lohnarbeit und kriminelle Nebenjobs

Die schon verschiedentlich konstatierte Doppelnatur Al Capones befähigte ihn zu seiner besonderen Laufbahn, in der er seine Wünsche für ein harmonisches Privatleben mit oft widersprüchlichen professionellen Interessen zu verbinden wusste und deren Diskrepanz aushielt. Konventionelle Lohnarbeiten in lokalen Betrieben in Brooklyn wurden von Anfang an durch Jobs in Bars und im Dunstkreis krimineller Milieus begleitet. Sicher war diese doppelte Beschäftigung von dem Wunsch und der Notwendigkeit zusätzlicher Einkünfte für die Familie und für sich selbst getrieben. Zudem war er mit Johnny Torrio, in dem er eine alternative Vaterfigur sah, einen auf gegenseitiges Vertrauen gegründeten Geschäftspakt eingegangen, der für seine zunehmende Verwicklung in kriminelle Aktionen bestimmend war. Das Ambiente und der Schauplatz von Bars und das damit verbundene Nachtleben in all seinen Schattierungen war ihm schon durch kleinere Aufträge und Botengänge vertraut. Dies wurde ergänzt durch seine eigenen Erfahrungen im Adonis Social Club, in dem Schießübungen und Gewaltausübung zum Programm gehörten, sowie durch das Vorbild und die Anleitung seiner älteren Brüder. So wie Al über den Bruder Frank das Delegieren des Schuhputzens auf einer der Hauptverkehrsadern Brooklyns kennenlernte, so führte ihn sein Bruder Ralph in die Halbwelt von Manhattan ein.

Solange Ralph noch bei der Familie in der Garfield Place wohnte, waren er und Al in der Jugendarbeit ihrer Kirchengemeinde aktiv, besonders als begeisterte Baseballspieler. So leitete Ralph ein Jugendbaseballteam und stellte zusammen mit Al ein eigenes halbprofessionelles Team mit dem Namen Al Capone Stars auf, in dem Al sowohl als Werfer wie als Schlagmann bis 1918 erfolgreich spielte (*The Brooklyn Citizen*, 23. Juni 1918). Seine Karriere hätte einen anderen Verlauf nehmen können – so spekuliert Mario Gomes –, wenn er zu einem professionellen Team hätte wechseln können. Stattdessen suchte er ab 1918 die Nähe von Ralphs lukrativen Geschäften, und bald orientierte er sich an dessen freizügigem Lebenswandel, wozu nächtliche Freizeitvergnügungen und Frauengeschichten gehörten. Gleichzeitig erlebte er die Brüchigkeit vorschneller familiärer Bindungen, als Ralphs Ehe kurz nach der Geburt seines Sohnes Ralphie scheiterte und er sich nach der Trennung alleine um das Baby kümmern musste, eine Aufgabe, die schließlich die Großmutter übernahm. Ralph hatte seinen Aktionsradius nach Manhattan verlagert, wo er ab 1917 im vornehmlich von italienischen und jüdischen Einwanderern bewohnten südöstlichen Teil der Insel (Lower East Side) lebte und schließlich Teil der berüchtigten Five Points Gang wurde. Entgegen populistischer Annahmen entstanden solche kriminellen Organisationen nicht erst im Zusammenhang mit der Masseneinwanderung der Jahrhundertwende. Historiker datieren die Entstehung solcher Verbindungen auf den Anfang des 19. Jahrhunderts und verknüpfen sie mit der zunehmenden materiellen Wende der USA. Besonders die während der Präsidentschaft von Andrew Jackson in den 1930er-Jahren einsetzende kommerzielle Orientierung, gegen die die Dichter der amerikanischen Romantik wie Ralph Waldo Emerson, Margaret Fuller oder Henry David Thoreau anschrieben, eröffnete das später von Mark Twain zusammen mit Charles Dudley Warner in einer gemeinsamen Publikation beschriebene „Vergoldete Zeitalter" (1873/1876), das den Aufstieg der Monopolkapitalisten einläutete mit den schon dargestellten sozialdarwinistischen Geschäftspraktiken. Neuankömmlinge, deren Status in der angloamerikanisch dominierten Gesellschaft noch nicht gefestigt war, konnten sich somit in die schon bestehenden kriminellen Strukturen integrieren und ihre Randperspektive einbringen. Für die beruflich nicht voll abgesicherten Capone-Brüder bildeten die vorhandenen Gangs eine gute Gelegenheit, ihre Außenseiterrolle abzulegen und über das kriminelle Handwerk eine Identifikationsplattform zu finden, die über die ethnische Zugehörigkeit hinausreichte.

Besuche und Aufenthalte des jungen Al bei dem älteren Bruder Ralph in Manhattan erweiterten somit nicht nur seinen persönlichen Aktionsradius, sondern auch sein gesellschaftliches Umfeld. Die gelegentlichen Einblicke, die er bei seinen Botengängen für Torrio in illegale Geschäfte in Brooklyn erhalten hatte, konsolidierten sich nun im Kontakt mit einem alternativen Wirtschaftssystem und professionellen Geschäftsgrundlagen krimineller Aktivitäten. Als er sich der

Gruppierung Forty Thieves Juniors anschloss, beteiligte er sich an der geschäftsmäßigen Diebstahlpraxis der Gang seines Bruders. Das System war so klug aufgebaut, dass eine Überwachung durch Polizei oder Strafverfolgung gewissermaßen ausgeschlossen war. Vielmehr zeigte sich nun der Vorteil eines Syndikats, das eindeutig kapitalistische Geschäftsinteressen verfolgte. Für Al trat damit neben die unter ethnischen Vorzeichen in Brooklyn durchlebte Rivalität verschiedener Gruppierungen die überregionale Verflechtung krimineller Organisationen. So brachte Al Capones kriminelles Handeln in Manhattan auch Johnny Torrio wieder auf den Plan, der für seinen Zögling ein neues Arbeitsfeld bereithielt.

Johnny Torrio hatte selbst seine Ausbildung bei der Five Points Gang in Manhattan begonnen. Es zeichnet ihn aus und spricht für seine Rolle als geistiger Kopf der kriminellen Szenerie, dass er diese vor keiner Gewalt und keinen Gewaltverbrechen zurückschreckende Gruppe rechtzeitig verließ und sein eigenes Netzwerk in Brooklyn aufbaute. Zu diesem breit gespannten Bezugsnetz gehörte auch Frankie Yale. Dass es sich dabei um rein geschäftliche Interessen zwischen den beiden handelte wird schon an den unterschiedlichen Lebenseinstellungen der aus Italien stammenden Männer deutlich. Torrio pflegte in Haltung, Stil und Umgang das Image des vornehmen Gentleman, der diesen Deckmantel geschickt für seine unsauberen Geschäfte zu nutzen wusste. Biografen haben seine damit korrespondierende Einstellung gegenüber Vertreterinnen des ältesten Gewerbes einerseits und seiner Ehefrau andererseits in die Formel – „Huren auf der Arbeit, eine Madonna zu Hause“ – gegossen (Bergreen, 1995, S. 33).

Bei Frankie war schon der gewählte Nachname Yale Teil seiner kriminellen Agenda. Selbstverständlich war die Wahl eines amerikanischen Namens Zeichen der allmählichen Amerikanisierung als Wunschvorstellung gegenüber der bestehenden Diskriminierung durch die uniforme, angelsächsisch dominierte amerikanische Gesellschaft. In Frankies Fall was dies jedoch extrem. Er war 1893 als Francesco Ioele in Kalabrien geboren und als Kind mit seinen Eltern nach Amerika gekommen. Neben dem naheliegenden Wandel von Francesco zu Frankie war der Wechsel des Nachnamens zu Yale, dem Namen einer der bekanntesten Eliteuniversitäten, nach allgemeiner Auffassung der schwierigen Aussprache des italienischen Namens im Amerikanischen geschuldet. Zudem entsprach die Wahl seinem Streben nach elitärer Anerkennung, die auch die Wahl des Namens Harvard Club, nach der ersten 1636 gegründeten amerikanischen Universität, für seine Bar am Strand von Coney Island bestimmt haben dürfte. Der im Vergleich zu Al Capone nur sechs Jahre ältere Einwanderer aus Süditalien hatte sich – ausgestattet mit diesen selbstgewählten elitären Statuskennzeichen – schon Mitte der 1920er-Jahre einen Ruf als „Prince of Darkness" erworben, den viele Zeitgenossen mit dem Teufel verbanden. Zu deutlich waren die Spuren seines Aufstiegs über Gewaltverbrechen und Leichen. Der 1916 gegründete Harvard Club sollte eine erste Adresse für die unlauteren Geschäfte im Barmilieu werden. Die Lage am Strand von Coney Island im Süden Brooklyns bot ideale Möglichkeiten inmitten einer beliebten Gegend für Freizeitvergnügen aller Art. Coney Island ist mit seinen Freizeitparks auch heute noch ein gern besuchter Ort. Es mag Teil der prophetischen Gabe Frankies gewesen sein, dass er diese Lokalität am Meer bewusst auswählte, um später für den illegalen Alkoholhandel in der Zeit der Prohibition ab 1920 gerüstet zu sein. Auf der Suche nach Personal für seinen Harvard Club wandte sich Frankie an seinen Freund Johnny Torrio, der ihm Al Capone empfahl.

Al hatte bereits verschiedene Stadien der Ausbildung durchlaufen von den Aktivitäten in weitgehend harmlosen Kinder- und Jugendbanden über kleinere Botengänge für Torrio und erste Schießübungen im Adonis Social Club in Brooklyn bis zur vorübergehenden Mitarbeit in kriminellen Banden in Manhattan, sodass er ein für Frankie Yale passgenaues Arbeitsprofil aufweisen konnte. Aufgrund seiner Größe, muskulösen Erscheinung und physischen Durchsetzungskraft setzte ihn Frankie zunächst als Rausschmeißer in seinem neuen Harvard Club ein, bevor Al schließlich mit nun 18 Jahren Aufgaben als einer der Barkeeper übernehmen durfte. Es ist nicht verwunderlich, dass diese Anstellung im Dunstkreis des Verbrechens potenziell immer mit Gefahren verbunden war. Zum einen wurde eine gerade für nicht integrierte Einwanderer entspannte Freizeitkultur angeboten, die die Basis für zwischenmenschliche Kontakte legte und für den Betreiber guten Umsatz einbrachte. Zum anderen war der Harvard Club Schaltzentrale und Ausgangspunkt für Frankies andere Geschäfte, die Schutzgelderpressungen, Frauenhandel, Wettspiele sowie Kapitalverbrechen umfassten.

Zweifellos wurden die in Amerika vor der großen Einwandererwelle der Jahrhundertwende vorhandenen kriminellen Vereinigungen und Wirtschaftsstrukturen durch die rasch ansteigende Bevölkerung in den Metropolen zusätzlich potenziert. Dazu gehörten die Veränderungen im familiären Bereich und ein mit dem Begriff der „New Woman" verbundenes neues Frauenbild. Die Literatur des 19. Jahrhunderts in Europa und den USA zeichnet die Brüchigkeit der Ehebeziehungen zwischen Mann und Frau anhand gescheiterter Frauenschicksale nach, die etwa in den Kurzgeschichten und Romanen der Südstaatenautorin Kate Chopin thematisiert sind. Es wird noch zu zeigen sein, wie sich durch die im Laufe des langen 19. Jahrhunderts zunehmenden Bemühungen von Frauenorganisationen um die Emanzipation der Frau von patriarchalischen Verhältnissen, um das Frauenwahlrecht und gegen den Alkoholkonsum radikale gesellschaftliche Veränderungen vollzogen. Gleichzeitig barg die rasche Urbanisierung durch Zuzug vom Land und aus dem Ausland neue Gefahren für alleinstehende Frauen und hatte den rapiden Anstieg von Zwangsprostitution zur Folge. Die prekäre Situation junger Frauen im ungewohnten urbanen Milieu bildete einen äußerst einträglichen Teil krimineller Geschäftsmodelle. So stand dem Kampf der Frauen aus der gehobenen Mittelschicht für eine eigenständige Stellung die sexuelle Ausbeutung unerfahrener junger Frauen durch rücksichtslose kriminelle Bosse gegenüber. Der für den florierenden illegalen Frauenhandel und seine Opfer eingeführte Begriff der „weißen Sklavin" zeigt an, wie die aus der Sklaverei auf den Plantagen des Südens bekannten Mechanismen des Freiheitsentzugs, der Unterdrückung und Zwangsarbeit nun auf Frauen im urbanen Kontext übertragen wurden. Das als Abhilfe im Juni 1910 erlassene „White-Slave Traffic Law", das nach dem Initiator auch „Mann-Gesetz" genannt wurde, bezog sich jedoch nur auf den Transport der zur Prostitution gezwungenen amerikanischen und ausländischen Frauen, egal welcher Hautfarbe, zwischen verschiedenen Bundesstaaten, um die Ausbreitung der sexuellen Ausbeutung zu verhindern. Es war Teil der von den kritischen Journalisten während der Muckraking-Bewegung und der Progressive Era verfolgten Initiativen gegen die Ausbeutung unschuldiger Menschen jeglicher Art und für die Ahndung von moralischem Fehlverhalten, das von den akzeptierten gesellschaftlichen Konventionen abwich, etwa auch hinsichtlich außerehelicher Beziehungen. Diese Unterbindung des Transports zwischen den Staaten sollte 1920 auch Teil der im Rahmen der Prohibition erlassenen Gesetzesmaßnahmen werden. Eine weitere Parallele zur Prohibition bestand darin, dass zum Schutz junger Frauen in den Städten und zur Einhaltung konventioneller moralischer Standards bestehende Bordelle und Rotlichtmilieus in den Städten geschlossen wurden – ebenso wie später die Alkohol ausschenkenden Bars, was die Entwicklung des kriminellen Gewerbes entscheidend beförderte. Selbst einvernehmliche sexuelle Beziehungen zwischen unverheirateten Partnern konnten somit nach dem „White Slave"-Gesetz verfolgt werden, ebenso wie die Beziehungen zwischen altersmäßig unterschiedlichen Partnern, wodurch auch später noch zahlreiche bekannte Personen des öffentlichen Lebens – wie der Architekt Frank Lloyd Wright 1926 oder der Schauspieler Charlie Chaplin 1944 – rechtlich belangt werden konnten.

Durch seine Botengänge für Johnny Torrio war Al Capone schon regelmäßig mit Aspekten der Prostitution und sexuellen Ausbeutung von Frauen in Kontakt gekommen. Dabei handelte es sich für ihn primär um Geldgeschäfte, das Einsammeln der Einkünfte für Torrios Kasse. Zu eigenen sexuellen Abenteuern in diesem Milieu wurde Al durch das Liebesleben seines Bruders Ralph angeregt. Gelegenheiten zu Bordellbesuchen boten sich reichlich und wurden zunehmend genutzt. Obwohl er von Ralphs leidvoller Erfahrung der bei solchen Kontakten möglichen gesundheitlichen Konsequenzen wusste, nahm Al die Gefahren sexueller Ansteckungen als Risiko in Kauf. Dass er sich bei diesen Kontakten die in Europa und in amerikanischen Großstädten grassierende Syphilis zuzog, wurde schon erwähnt. Inwiefern sich diese Erkrankung auf sein außerhalb von Bordellen stattfindendes Sexleben auswirkte, wird im Zusammenhang mit seiner Ehe noch zu behandeln sein. Festzuhalten bleibt, dass Al in dieser Phase einen neuen Lebensstandard erreicht hatte und die Anerkennung seiner Stellung beruflich und privat genoss. In der Verbindung von regulärer täglicher Arbeit in einer Papierfabrik und der gelegentlichen nächtlichen Beschäftigung als Bartender in Frankie Yales Harvard Club konnte er legaler Brotarbeit nachgehen und gleichzeitig seinen persönlichen Neigungen bei illegalen Geschäften frönen. Einerseits blieb er so der noch bei den Eltern wohnende wohlgeratene Sohn, der für seinen herzkranken Vater sorgte, andererseits baute er seinen nicht ungefährlichen Eintritt in die Welt der Gewalt und Kriminalität als sein Analogon zum amerikanischen Traum weiter aus.

Liebesleben und Vaterschaft

Frankie Yales Harvard Club am Seaside Walk in Coney Island war die ideale Bühne für die Verwirklichung von Al Capones Version des amerikanischen Traums im 20. Jahrhundert und entsprach seinem gehobenen Anspruch. Yale pflegte den eleganten Dresscode, den Al schon von Johnny Torrio kannte und der bald stereotyp zum akzeptierten Ganovenstil der Zeit avancierte. Das luxuriöse Ambiente der großzügig ausgestatteten Bar mit Live-Musik und Tanzfläche stellte eine besondere Attraktion für die Abwechslung von ihrer Arbeit suchenden jungen Menschen dar. Für sie wurde dieses Vergnügen zum Inbegriff des neuen Lebens im neuen Land und damit zur Bühne für die ersehnte Amerikanisierung. Al Capones wechselnde Rollen von Rausschmeißer, Kellner und Barkeeper erforderten ganz unterschiedliche Formen des Umgangs mit den Barbesuchern, die meist ähnlichen Verhältnissen entstammten wie er und die ähnlich wie er den amerikanischen Traum träumten. Durch seine Auseinandersetzungen in der Kindheit mit anderen Einwandererkindern und durch Kontakte während des kurzen Intermezzos als Schuhputzer auf der Union Street war Al mit dieser Klientel vertraut. Auch hatte er sich schon mit seinem Vater in der Garfield Place als Meister des Billardspiels erwiesen, das in keiner amerikanischen Bar fehlen durfte. Obwohl er den Kellnerberuf selbst nie erlernt hatte, fand er sich in diesem Milieu bestens aufgehoben. Dennoch soll ihm diese Tätigkeit durch eine verbale Entgleisung eines Tages zum Verhängnis geworden sein.

Verschiedene Versionen kursieren über die Auseinandersetzung im Harvard Club, bei der Al Capone eine bleibende Narbe im Gesicht davontrug. Sicher verbürgt ist der Anfang dieses gefährlichen Ereignisses. Eines Abends bediente Al einen etwa gleichaltrigen, später als Frank Gallucio identifizierten Italiener in Begleitung seiner gutaussehenden Schwester Lena und einer Freundin. Wiederholt machte er sich an ihrem Tisch zu schaffen, um der attraktiven Italienerin nahe zu sein. Ausgestattet mit großem Selbstvertrauen und gestützt auf seine wichtige Stellung im Club ließ er sich zu einer anzüglichen Bemerkung hinreißen: „Schatz, du hast einen schönen Hintern, und das meine ich als Kompliment." Daraufhin sprang der angetrunkene Frank Gallucio sofort auf, um sich für diese unverschämte Beleidigung seiner Schwester durch den Kellner zu rächen. Zum Entsetzen der anderen Gäste entwickelte sich ein erbitterter Kampf, bei dem Frank schließlich ein Messer zückte und damit Al mit drei Stichen im Gesicht verletzte. Daraufhin verließ er fluchtartig mit seiner Schwester und seiner Freundin das Lokal. Biografen haben diese Szene blutrünstig ausgemalt und die drei Stiche detailliert beschrieben: Ein etwa 10 cm langer Schnitt verlief auf der linken Wange, ein zweiter, etwa 5 cm langer Schnitt entlang des linken Kinns und der gefährliche dritte Schnitt vom linken Ohr zum Hals. Biografen wissen auch, dass diese blutige Szene schnell vorbei war und die Wunden ohne Komplikationen ausheilten (Bergreen, 1995, S. 47). Nach einer anderen Darstellung war die Tatwaffe nicht ein Messer, sondern der abgeschlagene Teil einer Flasche, durch den die geschilderten Wunden verursacht wurden. Diese Erklärung wird nicht nur aufgrund der besonderen Platzierung der Verletzung als wahrscheinlich angeführt, sondern auch durch den Größenunterschied der beiden Kampfhähne.

Man vermutet, dass der kleinere Frank Gallucio kaum in der Lage gewesen wäre, dreimal zuzustechen, und hält die Verletzung durch die drei Messerstiche nur dann für plausibel, wenn Al über einen ihm von Frank hingeworfenen Stuhl gestolpert wäre (Bair, 2017, S. 26). Um einen vielleicht in der Folge tödlichen Ausgang dieses für Al folgenreichen Streits zu verhindern und einen möglichen Imageschaden für seinen Harvard Club abzuwenden, nahm Frankie Yale die Sache in die Hand. Er setzte sich mit Frank Gallucios Boss in Verbindung und organisierte ein gemeinsames Treffen der im einschlägigen Milieu tätigen Beteiligten in seinem Club, bei dem sich Frank und Al gegenseitig für ihr Verhalten entschuldigten und der Streit versöhnlich beigelegt wurde. Ein möglicher Mord an Frank wäre automatisch Al zur Last gelegt worden.

Im März 2020 ist nach Recherchen von Mario Gomes eine neue plausible Version der Narben aufgetaucht. Danach fand das verhängnisvolle Zusammentreffen nicht im Harvard Club und nicht im Dezember 1917, sondern erst ein Jahr später, und zwar am 8. Dezember 1918 statt. Faktische Grundlage dieser Datierung ist ein kurzer Bericht in der Zeitung *The Brooklyn Daily Times* vom 9. Dezember 1918:

> Italienisches Opfer eines Angriffs. Alfonzo [sic] Capone, 20, ein Italiener, der in der Garfield Place Nr. 38 wohnt, wurde letzte Nacht von zwei Männern angegriffen. Einer von ihnen schlitzte seine rechte Wange mit einem Messer auf. Diese Wunde wurde von einem Arzt des Methodist Episcopal Hospital versorgt. Capone konnte der Polizei keine Beschreibung der Täter geben.

Aus dieser Nachricht und weiteren Recherchen nach Gesprächen mit Frank Gallucio schließt Mario Gomes, dass es an jenem Sonntagabend eine Schlägerei zwischen Al und Frank bei einer Tanzveranstaltung in der Columbia Hall wegen seiner Schwester gegeben habe, die später in einem Restaurant auf der 5. Avenue ihre verbale Fortsetzung fand. Im Laufe dieser hitzigen Auseinandersetzung ergriff Frank Gallucio ein auf dem Tisch liegendes Steakmesser und fügte Al Capone die Schnittwunden auf der linken – nicht wie in der Zeitung berichtet auf der rechten – Gesichtshälfte zu. Der stark blutende Al lief auf die Straße und fand im nahe gelegenen Krankenhaus einen Arzt, der seine Wunde behandelte. Diese Version der Geschichte wird von Mario Gomes dadurch gestützt, dass die Auseinandersetzung nicht im Harvard Inn stattgefunden haben kann, weil diese am Strand gelegene Bar in den Wintermonaten geschlossen war (Gomes, http://www.myalcaponemuseum.com/id108.htm).

Die lapidare Feststellung, dass die erlittenen Schnittwunden vom Messer oder der Flasche wieder gut verheilten, lässt die psychologische Auswirkung auf Al Capone außer Acht. Natürlich handelte es sich um eine reale Beeinträchtigung eines auf körperliche Unversehrtheit und gutes Aussehen bedachten jungen Mannes. Ob es nun als schlimmes Schandmal in der bürgerlichen Gesellschaft oder als heroisches Ehrenmal in kriminellen Kreisen erachtet wurde, hing von der jeweiligen Einstellung ab. Al Capone versuchte zeitlebens, bei Fotografien nur seine unverletzte rechte Seite ins Bild zu halten. Auch unternahm er immer wieder Versuche, die Stelle mit Hautmitteln und farbigen Cremes seinem dunklen süditalienischen Teint anzugleichen. Seine weitere Karriere konnte dieses Merkmal nicht beeinträchtigen, vielmehr erhielt er dadurch ein für sein alternatives Geschäftsmodell einträgliches Kennzeichen und den Namen „Scarface" – Narbengesicht. Außerdem dichtete er – wie Kobler notiert – die Narbe in eine patriotische Heldentat um und behauptete, er sei beim Krieg in Frankreich durch Bombensplitter verwundet worden

(Kobler, 1971, S. 36). Angesichts dieser imaginierten heroischen Selbsteinschätzung verwundert es nicht, dass dieses Mal und Markenzeichen auch seinen privaten Beziehungen zu Frauen keinen Abbruch taten. Jedenfalls besaß er nun ein lebenslang unverwechselbares Erkennungszeichen, das in vielfältiger medialer Bearbeitung zu dem um Al Capones Leben entwickelten Mythos in der amerikanischen Gesellschaft beigetragen hat. Noch zu Lebzeiten Al Capones erschien 1932 unter der Regie von Howard Hawkes der Film *Scarface: The Shame of the Nation* (dt. *Scarface* [BRD] und *Narbengesicht* [DDR]). Nach dem Drehbuch von Ben Hecht arbeitet der Gangster Tony „Scarface" Camonte als Leibwächter und Auftragsmörder für den Mafiaboss Louis Costillo im Chicago der 1920er-Jahre und natürlich geht es um die an Al Capone erinnernden illegalen Geschäfte während der Prohibition und die blutige Auseinandersetzung zwischen rivalisierenden Banden, die durch Tonys Erschießung seines Bosses ausgelöst wird. Im weiteren Verlauf der Geschichte, in der Tonys Mutter und seine Schwester eine Rolle spielen, wird Scarface in weitere Kapitalverbrechen verwickelt, die schließlich zu seiner Verfolgung durch die Polizei und zur gerechten Strafe führen. Die amerikanische Zensur hat die als brutale Gewaltverherrlichung empfundene Originalfassung im Sinne des amerikanischen Rechtsverständnisses in Hollywood (Hays Code) abgeändert, den Untertitel „die Schande der Nation" hinzugefügt und die guten familiären Beziehungen zur Mutter und Schwester in moralische Entrüstung über Tonys Kapitalverbrechen umgeschrieben. An die Stelle des im Schusswechsel mit der Polizei erlittenen Tods erfolgt seine Verhaftung und das Todesurteil in der Gerichtsverhandlung. Eine Neuverfilmung unter der Regie von Brian De Palma erschien 1983 mit dem Titel *Scarface* (Dt. *Scarface – Toni, das Narbengesicht*), in der Al Pacino die Hauptfigur spielt. Das nach Miami verlagerte Geschehen, in dem Florida als letzter Wohnsitz Al Capones noch an seine Karriere in Chicago erinnern könnte, behandelt die Karriere des kubanischen Einwanderers Tony Montana in der Auseinandersetzung mit Gangsterbanden im Kokainhandel. Brutale Gewaltszenen und Schießereien im Hollywood-Genre der Mafia-Filme enden ebenfalls mit dem Tod von Scarface, der erschossen im Swimmingpool seiner Villa landet. Diese Szene erinnert auch an das Ende von Jay Gatsby in F. Scott Fitzgeralds Roman *The Great Gatsby*, in dem das wilde Leben in den Zeiten der Prohibition der 1920er-Jahre zentral mit dem Thema des amerikanischen Traums verknüpft und als Albtraum realisiert ist. Die für Al Capone 1917 im Harvard Club oder ein Jahr später in einem Restaurant erlittene Gesichtsverletzung und ihre für sein Selbstverständnis bedeutende psychische Komponente spielen in diesen Verfilmungen kaum eine Rolle, in denen der ikonische Aspekt der Narbe als Identifikationsmerkmal des paradigmatischen Gangsterbosses fungiert.

Für Al Capone war die Verkörperung als Narbengesicht nicht nur durch die deutlich sichtbaren Spuren seines abenteuerlichen Lebens persönlich gravierend, sondern auch, weil die markante Zeichnung durch die erlittene Messer- oder Flaschenattacke nach der bislang bekannten Variante in die Anfangszeit der Liebschaft mit seiner späteren Ehefrau Mary Josephine Coughlin fiel. Nach Mario Gomes' neuer Datierung hätte die Verletzung nur vier Tage nach der Geburt seines Sohnes am 4. Dezember 1918 und vier Wochen vor seinem Hochzeitstermin stattgefunden. Unabhängig von der jeweiligen zeitlichen und räumlichen Einordnung des Ereignisses bleibt festzuhalten, dass die frischen Wunden oder verheilten Narben keinen Einfluss hatten auf die Eheschließung, die kurz nach der Geburt des Sohnes erfolgte. Reaktionen von Familienmitgliedern, Arbeitskollegen oder Baseballfreunden sind ebenfalls nicht bekannt.

Wo sich Al und Mae tatsächlich zuerst trafen, ob in einer Lokalität in Capones Wohngegend bei der Garfield Place oder bei seiner bürgerlichen Lohnarbeit in einer Papierfabrik, kann mit Verweis auf die Quellen beantwortet werden. Biografen verlassen sich auf die vorhandenen offiziellen Dokumente oder auf Zeitgenossen und nahe Verwandte. In der erst 2019 erschienenen Biografie von Al Capones Enkelin Diane Patricia Capone wird das Zusammentreffen in der Papierfabrik angesiedelt, in der beide einer Lohnarbeit nachgingen. Diese Biografie basiert auf persönlichen Erinnerungen an ihren immer als „Papa" bezeichneten Großvater und die Aufzeichnungen ihrer Gespräche mit der Großmutter in den 1970er-Jahren. Um ihre Authentizität zu belegen, beginnt Diane, eine von vier Töchtern aus der Ehe von Al Capones einzigem Sohn, ihren Bericht mit der Schilderung der Sterbeszene ihres Großvaters auf dem Anwesen der Capone-Familie in Florida, um dann chronologisch die verschiedenen Etappen seines Werdegangs aus der Perspektive der sich erinnernden Ehefrau im Gespräch mit ihrer Enkelin zu erzählen. Hier wird dem in den meisten Biografien über Al Capone vernachlässigten Leben seiner Frau und ihres irischen Migrationshintergrunds von der ebenfalls von einer irischen Mutter abstammenden Diane breiter Raum gegeben.

Zunächst beschreibt Diane Patricia Capone ausführlich die Situation der irischen Familie ihrer Großmutter in Brooklyn. Die Eltern, Michael Coughlin und Bridget Gorman, waren unabhängig voneinander aus der Grafschaft Cork in Irland Ende des 19. Jahrhunderts nach Amerika eingewandert. Erst in New York kamen sie zusammen, heirateten und gründeten eine große Familie mit 5 Töchtern und 2 Söhnen. Ihre Wohnung in einem eher armen irischen Viertel auf der 3rd Place in Brooklyn war nicht weit von der ersten Wohnung der Capones in der Park Street entfernt. Die Nähe zum Hafen erwies sich ebenfalls als günstig, weil der Vater als gelernter Schreiner in den Docks eine Anstellung fand. Auf der Basis seines geregelten Einkommens konnte sich somit ein harmonisches Familienleben entwickeln, das geradezu idyllisch geschildert wird. Im Unterschied zu den üblichen Verhaltensweisen der Männer, die nach der Arbeit erst noch eine Kneipe aufsuchten, ging Michael immer sofort nach Hause, um mit dem verdienten Geld den Haushalt der vielköpfigen Familie zu finanzieren. Nur am Wochenende durfte er sich ein Bier genehmigen, das eines der Kinder für den Vater nach Hause trug, sorgsam darauf achtend, dass kein Tropfen des Gerstensafts verschüttet wurde. Zu dem vorbildlichen Familienleben mit musikalischer Ausbildung der Kinder gehörten die regelmäßigen Kirchenbesuche der streng katholischen Coughlins in der St. Mary Star of the Sea Kirche. Mary Josephine, genannt Mae, wurde als zweites Kind am 11. April 1897 in Brooklyn geboren und war die Lieblingstochter der Mutter. Die Familienidylle wurde jäh durch den unerwartet frühen Tod des Vaters an Lungenentzündung und Herzversagen im April 1913 im Alter von 40 Jahren beendet. Die gerade 16 Jahre alt gewordene Mae verließ deshalb die Schule und trug zum Unterhalt der Familie bei, zunächst als Verkäuferin in einem Kleidergeschäft, dann als Zeitnehmerin in der United Paper Box Company in Brooklyn. In dieser im Hafenviertel gelegenen Papierfabrik ging auch Al Capone seiner Lohnarbeit nach. Dort fanden die beiden schließlich zusammen.

Robert Gair, der Besitzer der Fabrik an der Washington Street in einem als „Dumbo“ bekannten Distrikt (Down Under the Manhattan Bridge Over), konnte auf eine andere Einwanderergeschichte zurückblicken als Al und Mae. Gair war als 14-Jähriger von Schottland nach Amerika eingewandert und hatte nach der Beteiligung am Bürgerkrieg in den 1870er-Jahren sein Papiertütengeschäft aufgebaut. Durch einen Fehler beim Falten der Papiertüten hatte eine Maschine zufällig das Papier durchgeschnitten, wodurch die Idee der vorgefertigten Pappkartons entstand, die den Ruf seines Geschäfts begründeten und 1896 ein Verkaufsschlager im ganzen Land wurden. Robert Gair hatte damit den sprichwörtlichen amerikanischen Traum, den Mythos vom Tellerwäscher zum Millionär, mit Pappkartons auf seine Weise verwirklicht. Al Capone war diese Erfolgsstory wohl nicht bekannt, sonst hätte er nicht noch nebenbei den lukrativen Job im Harvard Club bei Frankie Yale angenommen.

Noch vor dem Aufeinandertreffen der beiden Angestellten in Robert Gairs zu Ruhm gelangter Pappkartonfabrik werden sie von Diane als stilbewusst gekleidete junge Menschen geschildert, wobei Mae eher dezente, Al eher schrille Töne bevorzugt. Es ist verständlich, dass die Enkelin als Biografin ihre Großmutter Mae besonders gut aussehen lassen möchte (Capone, 2019, S. 22f.). Es ist nicht bekannt, welche Informationen von Mae kommen und welche die Biografin hinzudichtet. Demnach ist Mae an ihrem 21. Geburtstag am 11. April 1918 eine sehr attraktive junge Frau, groß gewachsen und schlank, hat dunkelbraune, fast schwarze Haare, grüne Augen und besitzt den typisch irischen Porzellanteint. Für ihre Vorarbeiter war sie eine kluge, engagierte und gewissenhafte Mitarbeiterin und eine gute Katholikin. Dieser geradezu ideale Frauentyp widerspricht in jeder Beziehung Al Capones bisherigen Liebesbeziehungen mit jungen italienischen Frauen und Prostituierten. Wie bei anderen Gangsterbossen, vor allem seinem väterlichen Vorbild Johnny Torrio, ist Mae für ihn eine Madonna zu Hause neben seinen außerehelichen Beziehungen zu anderen Frauen im Rotlichtmilieu. Schon bei der ersten Begegnung an Maes Schreibtisch in der Papierfabrik funkt es gewaltig zwischen den beiden. Es folgen weitere Treffen zum Lunch bei der Arbeit und schließlich ein Zusammentreffen beim Tanz, zu dem Mae ihre ältere Schwester Muriel mitbringt, die als ihre Verbündete in die

Ernsthaftigkeit der Romanze eingeweiht ist. Beim innigen Tanzvergnügen kommt es schließlich auch zu einem ersten Kuss. Mae erwähnt wiederholt in ihrem Gespräch mit ihrer Enkelin die Einzigartigkeit ihres Liebhabers und die Authentizität der leidenschaftlichen Beziehung, die sich entwickelt und zur ersten sexuellen Begegnung führt. Nach ihrer genauen Erinnerung findet diese in einer Abstellkammer in der Papierfabrik an einem Spätnachmittag Ende April 1918 statt, als die meisten Arbeiter schon gegangen sind und sich Al und Mae auf der Treppe treffen. Lakonisch bemerkt die Enkelin: „Mit dem Rücken gegen eine etwas feuchte Wand gepresst, aufrechtstehend in der Abstellkammer, verlor meine Großmutter ihre Jungfräulichkeit" (Capone, 2019, S. 35). Nicht nur war diese beiderseitige leidenschaftliche Begegnung Maes erste sexuelle Erfahrung, sondern sie führte auch unmittelbar zu ihrer ersten und einzigen Schwangerschaft. Damit begann eine Serie von Komplikationen, die selbst für den einschlägig erfahrenen Al neu waren.

Am wenigsten problematisch hätte der Altersunterschied sein können. Al war neunzehn, Mae einundzwanzig, also zwei Jahre älter. Im Unterschied zu Mae war Al noch nicht im rechtlichen Sinne erwachsen, konnte aber durch seine vielfältigen Lebenserfahrungen die noch nicht erlangte bürgerliche Mündigkeit ausgleichen. Schwieriger waren zweifellos die Fragen der ethnischen Zugehörigkeit und der katholischen Moral bezüglich der vorehelichen Beziehung. Deshalb konnte nach der Gewissheit der Schwangerschaft auch der Plan einer baldigen Heirat nicht – wie von den beiden gewünscht – verwirklicht werden. Die bestehende Rivalität und Konkurrenz zwischen den in verschiedene Wohnbezirke getrennten irischen und italienischen Einwanderern verhinderte in der Regel trotz der gemeinsamen katholischen Religion zwischenmenschliche Kontakte. Unterschiedliche Auffassungen bestanden zudem bezüglich der Eheschließung

Mae Capone (Foto: John Binder Collection)

und Familienplanung. Während junge irische Männer erst nach einer erfolgreichen beruflichen Absicherung ein Eheleben eingehen wollten, drängte es junge Italiener früh in die Ehe und Familiengründung. Während die Elterngeneration Verbindungen zwischen den Gruppen prinzipiell ablehnte, waren ihre Kinder der zweiten Generation liberaler eingestellt und sahen ihre Zuneigung über ethnische Grenzen hinweg als eine Form der Amerikanisierung im Sinne einer hybriden Identität. Aus der Perspektive von Maes Mutter als alleinerziehende Witwe und strenggläubige Irin mag ihre vehemente Ablehnung eines italienischen Schwiegersohns verständlich erscheinen. Letztendlich konnte diese Haltung der Beziehung ihrer Tochter nicht schaden, weil Al von Anfang an sich unverbrüchlich zu Mae und seiner Vaterschaft bekannte. Auch die verbalen und physischen Attacken der zukünftigen Schwiegermutter, die ihn bei einem der Zusammenstöße – wie Diane notiert – mit dem Besen traktierte, mit dem sie gerade die Treppe vor dem Haus kehrte, konnte ihn nicht von seiner Heiratsabsicht abbringen (Capone, 2019, S. 36). Zum einen gründete die Ablehnung der Mutter auf dem stereotypen Klischee gegenüber Süditalienern, die durch ihre dunklere Hautfarbe ähnlich wie Afroamerikaner in der amerikanischen Gesellschaft diskriminiert wurden. Durch die Migration schwarzer Amerikaner nach der im Bürgerkrieg erreichten Emanzipation vom Süden in die Städte des Nordens, die mit der Etablierung der afroamerikanischen Gemeinde in Harlem im Nordosten Manhattans Anfang des 20. Jahrhunderts ihren Höhepunkt erreichte, hatte sich die Rassentrennung verschärft. Nicht von ungefähr betont Diane, gestützt auf die Erinnerung ihrer Großmutter, die Schwierigkeiten einer Beziehung zwischen dunkelhäutigen Süditalienern und porzellanfarbigen irischen Frauen, deren Ehe allgemein als Mesalliance angesehen wurde (Capone, 2019, S. 31). Zum anderen stellte die voreheliche Beziehung, für die die

Mutter vermutlich primär Al verantwortlich machte, eine große moralische Verfehlung und eine Sünde dar, die vor dem Priester und der katholischen Kirchengemeinde zu sühnen war. Während wesentliche Einwände oder Vorhaltungen aus Al Capones Familie oder der italienischen Kirchengemeinde nicht bekannt sind, hatten Mae und ihre Familie wegen ihrer sehr engen Beziehung zur Kirche und der persönlichen Vertrautheit mit dem Priester James Delaney weitaus größere Schwierigkeiten, die Reaktionen auf das Fehlverhalten durchzustehen. Als Erklärung für das letztlich verzweifelt ablehnende Verhalten von Maes Mutter kann ihre Situation als alleinerziehende Mutter einer großen Familie nach dem vorzeitigen Tod ihres Mannes dienen. In Maes von der Enkelin aufgezeichneten Erinnerungen an ihre Schwangerschaft wird die nur schwer verständliche abweisende Haltung der Mutter deutlich, zu der Mae als Lieblingstochter immer eine besonders gute Beziehung hatte, und deren schroffe Ablehnung des Kindsvaters sowie die Verhinderung der Heirat vor der Niederkunft Mae sehr zu schaffen machten. Bridget Coughlins rigorose Einstellung gegen eine sofortige Eheschließung, die für ihre Tochter während der Schwangerschaft psychisch sehr belastend war, hatte im Wesentlichen zwei Gründe. Einerseits befürchtete sie, dass Al finanziell nicht in der Lage sein würde, für ihre Tochter und das Kind zu sorgen. Andererseits bestand die Möglichkeit, dass sich eine Heirat mit dem ungeliebten Italiener durch eine etwaige Fehlgeburt erübrigen könnte. Damit wäre auch die Schande eines unehelichen Kindes in der irischen Glaubensgemeinde gebannt. Letztendlich erwiesen sich jedoch diese beiden Verhinderungsgründe einer Eheschließung als nichtig.

Die Leser von Diane Patricia Capones Aufzeichnungen können nachverfolgen, wie konstant Al trotz der Besuchs- und Kontaktverbote die Verbindung mit Mae in der Zeit der Schwangerschaft aufrechterhielt. Kleine Aufmerksamkeiten und Blumengeschenke hinterließ er an der Haustür bei den Geschwistern. Zudem konnten kurze Abwesenheiten der Mutter zu gelegentlichen Begegnungen genutzt werden. Al Capones unverbrüchliche Treue und Verbundenheit war für Mae psychologisch sehr wertvoll, zumal sie nach der Gewissheit über ihre Schwangerschaft ihren Job in der Papierfabrik aufgeben musste, um den zunehmend sichtbaren Skandal in der Öffentlichkeit zu mindern. Ohne seine Fürsorge und Freude über die baldige Vaterschaft wäre die häusliche Isolation nur schwer zu ertragen gewesen. Trotz des mütterlichen Verbots vereinbarte das junge Paar mithilfe der älteren Schwester Muriel einen Hochzeitstermin während der Weihnachtsfeiertage, kurz vor dem im Januar erwarteten Geburtstermin. Doch es kam anders als geplant. Der Sohn Albert „Sonny" Francis Capone wurde vorzeitig am 4. Dezember 1918 geboren unter tatkräftiger Mithilfe von Maes Mutter Bridget. Die Erfahrung der siebenfachen Mutter, ihre Fürsorge und Umsicht garantierten auch das Überleben des Frühchens in der kalten Winterzeit. Mit der Geburt ihres Enkelkindes hatte sich für Bridget alles geändert. Sie erlaubte nun dem Vater, bei Mae zu wohnen und die ersten Tage seines Familienglücks zu genießen. Allmählich gab sie auch ihren restlichen Widerstand gegen den Italiener auf und bemühte sich um einen raschen Hochzeitstermin, um den neuen Familienstand zu legalisieren. Wegen ihrer guten Beziehungen zu Pfarrer James Delaney, der schon die Beerdigung ihres Mannes begleitet hatte, war es möglich, auf die formal nötige Ankündigung in der Kirchengemeinde zu verzichten und als Termin für die Hochzeit den 30. Dezember anzusetzen. Die einzige Möglichkeit, die sich hierbei bot, war die Platzierung der Zeremonie nach dem Hochamt um 10 Uhr und vor einer Beerdigung um 11 Uhr. Nicht nur die Vorbereitung und der Zeitraum der überstürzten Trauung waren ungewöhnlich, sondern auch ihr Ablauf. Al hatte die Nacht

St. Mary Star of the Sea
(Foto: Alfred Hornung)

davor bei seinen Eltern verbracht und kam mit seiner Familie zur Kirche der Coughlin-Familie, der heute noch beliebten St. Mary Star of the Sea in der Court Street. Hier trafen sich beide Familien zum ersten Mal, eine Begegnung, die aufgrund der besonderen Umstände und sicher auch der ethnischen Vorurteile dem kalten Winterklima entsprechend eher frostig blieb. Das Ehegelübde wurde vor Pfarrer Delaney schnell abgelegt und die Zeremonie eilig vollzogen, um ein Zusammentreffen mit den Trauergästen der nachfolgenden Beerdigung zu vermeiden. Danach gingen beide Familien wieder ihre eigenen Wege. Nur Al kam später zum Hochzeitsessen, das seine neue Familie für ihn und seine Ehefrau vorbereitet hatte.

Das Zusammenleben der jungen Familie mit Maes Familie entwickelte sich harmonisch und glücklich. Maes Mutter hatte ihre anfänglichen Vorbehalte gegenüber dem vermeintlich brotlosen Italiener abgelegt und hatte ihn schätzen gelernt. Diese Wertschätzung bezog sich nicht nur auf seine fürsorgliche Einstellung seiner Frau und seinem Sohn gegenüber, sondern zunehmend auch auf seine finanzielle Unterstützung für die Großfamilie. Das mit der Arbeit in der Papierkartonfabrik verdiente Geld wurde durch die Einkünfte aus den illegalen Geschäften in Frankie Yales Harvard Club komfortabel ergänzt. In Absprache mit seinem Boss gelang es Al, seinen finanziellen Anteil zu steigern. Ob Mae und ihrer Familie zu diesem Zeitpunkt die Quellen seines Einkommens bekannt waren, ist nicht verbürgt. Nachfragen erübrigten sich zudem, da ein weiteres Unglück die Familie traf. Am 8. Juli 1919 erlag Maes Mutter der Spanischen Grippe. Nach dem frühen Tod des Vaters war nun durch den tragischen Tod der Mutter Maes Familie auf sich allein gestellt. In dieser Notsituation wurde Al zum alleinigen Ernährer der mehrköpfigen Großfamilie.

Es verwundert, dass in den vorliegenden Biografien zu Al Capone und seinen Familienangehörigen kaum auf die aktuellen historischen Ereignisse der Zeit eingegangen wird. Der 1. Weltkrieg, in den die Vereinigten Staaten 1917 nach langen Diskussionen eintraten, findet nur kurz im Zusammenhang mit der Beteiligung von Al Capones ältestem Bruder Vincenzo am Krieg in Frankreich Erwähnung. Darüber hinaus führt die von Mario Gomes erstellte Homepage Zeitungsartikel auf, die die Verbindung der Capone-Familie zur Kriegssituation belegen. So nehmen Ralph und Al in Begleitung von Mae im August 1917 an einer Gala zur Verabschiedung von Soldaten im Young Men's Civic or Catholic Club der St. Michael-St. Edwards Kirche teil (*The Standard Union,* 4. August 1917). Die Kämpfe auf italienischem Boden und die Verluste ihrer italienischen Landsleute tauchen nicht auf. Möglicherweise haben die primär in Norditalien stattfindenden Kampfhandlungen die süditalienischen Einwanderer in Amerika nicht gleichermaßen tangiert. Zumindest mussten Italiener nicht die gleiche Diskriminierung erfahren wie die deutschen Einwanderer, die für den Ausbruch des Kriegs und die hohen amerikanischen Verluste verantwortlich gemacht wurden. Das Kriegsende im November 1918 bleibt in vielen Darstellungen ebenso unerwähnt wie die bedeutende Rolle, die der amerikanische Präsident Woodrow Wilson beim Friedensschluss im Versailler Vertrag spielte. Vielleicht waren die Einwanderer und ihre in Amerika geborenen Kinder zu sehr mit der Bewältigung ihres unmittelbaren Alltags beschäftigt und stärker von konkreten Maßnahmen betroffen, wie dem Erlass der weitreichenden Prohibition, als dass sie sich mit den weltpolitischen Zusammenhängen befasst hätten.

Ebenso unerwähnt bleiben in der biografischen Bewertung die katastrophalen Auswirkungen der Spanischen Grippe, der Maes Mutter zum Opfer fiel. In Zeiten der Coronavirus-Krise im Jahr 2020 wird diese vor hundert Jahren zwischen 1918 und 1919 grassierende Pandemie immer wieder als Referenzrahmen aufgerufen. Nach heutigen Erkenntnissen ist die als Spanische Grippe bekannte Pandemie zuerst in den USA im Staat Kansas entstanden und hat sich in einem Armeelager unter Soldaten verbreitet, die zum Einsatz im 1. Weltkrieg nach Frankreich verlegt wurden. Dadurch gelangte das Virus im Frühjahr 1918 nach Europa, wo es sich rasch ausbreitete. Die drei Wellen der Pandemie im Frühjahr und Herbst 1918 sowie im Frühjahr 1919 haben insgesamt mehr als 50 Millionen Menschen weltweit das Leben gekostet und damit weit mehr Opfer verursacht als die 17 Millionen Toten des 1. Weltkriegs. Der amerikanische Präsident Donald Trump, der zur Relativierung der Fallzahlen und Todesfälle durch COVID-19 in den USA wiederholt auf die hohe Mortalität durch die Spanische Grippe verwiesen hat, vergisst zu erwähnen, dass sein aus Kallstadt in der Pfalz nach Amerika ausgewanderter und in New York als Friseur erfolgreicher Großvater Friedrich Trump in der ersten Welle der Spanischen Grippe sein Leben verlor, so wie Maes Mutter Bridget ein Jahr später in der dritten Welle. Natürlich verweist Donald Trump auch nicht auf den heute zunehmend akzeptierten Ursprung der Spanischen Grippe in den USA, ein Wissensstand, der ihm – im Unterschied zu den Menschen vor 100 Jahren – aufgrund seiner sehr guten Informationsquellen sicherlich zur Verfügung gestanden hätte. Ebenso undifferenziert spricht er vom Corona-Virus als dem „chinesischen Virus" und hält Chinesen für Versäumnisse im eigenen Land verantwortlich, so wie amerikanische Siedler in Hawaii Chinesen im 19. Jahrhundert als Überträger der Lepra-Krankheit diskriminiert hatten. Dieses als „blame game" oder gegenseitige Beschuldigung bezeichnete Zuweisung des Ursprungs katastrophaler Infektionskrankheiten an andere Länder ist, wie im Fall der schon erwähnten Geschlechtskrankheiten ersichtlich, eine in der Geschichte der Menschheit immer wieder angewandte Praxis.

Der von Medizinhistorikern berichtete Umstand, dass erste Fälle des unbekannten Grippevirus im Frühjahr 1918 aus Spanien gemeldet wurden, das als Nichtkriegsteilnehmer neutral war und keine kriegsbedingte Zensur kannte, etablierte den Zusammenhang zwischen der Krankheit und dem Land und führte zu der von den kriegführenden Parteien gerne akzeptierten Bezeichnung. Andere und zum Teil frühere Ausbruchsorte in anderen Ländern wie Russland oder China wurden durch den etablierten Namen und das Kriegsgeschehen in Europa kaschiert. Die fatalen landesweiten Auswirkungen der zweiten Welle in den großen Städten der USA, denen vor allem die 20- bis 40-Jährigen zum Opfer fielen, führten zu den in Zeiten von COVID-19 erneut praktizierten rigorosen Quarantänemaßnahmen. Öffentliche Einrichtungen wie Schulen, Bibliotheken und

Kirchen wurden geschlossen, Massenveranstaltungen verboten, die Wirtschaft heruntergefahren. Zu den strengen Hygienerichtlinien gehörte ein mit Strafe bei Zuwiderhandlung belegtes Spuckverbot in New York und die Anordnung zum Tragen von Mund- und Nasenschutz, wodurch die Todesrate um 50 Prozent gesenkt werden konnte. Die Hälfte der Verluste amerikanischer Truppen im Krieg wird auf die Grippe zurückgeführt, und die Zahl der in den USA an der Pandemie gestorbenen Bürger übertrifft mit 675.000 die der 114.000 amerikanischen Kriegstoten. Ob die für die Region Kalabrien in Süditalien, dem Herkunftsort der Capones, besonders hohen Fall- und Todeszahlen von den Italienern in Amerika zur Kenntnis genommen wurden, ist nicht ausdrücklich dokumentiert. Auch ist nicht bekannt, welche Informationskanäle in den ethnischen Wohnvierteln der Metropolen zur Verfügung standen. Sicher ist, dass die persönliche Betroffenheit großes Leid und große Not hinterließ, wie im Fall von Maes Familie. Es kann jedoch angenommen werden, dass die Pandemie damals ebenso wie diejenige 100 Jahre später neben der Suche nach medizinischen Heilmitteln und angemessenen politischen Maßnahmen auch die kriminelle Energie inspirierte.

Familienvater und Kapitalverbrecher

Al Capone war durch den plötzlichen Tod seiner Schwiegermutter zum Familienoberhaupt der Geschwister seiner Frau geworden. Das Eheleben im 2. Stock des Coughlin-Hauses war nach der Hochzeit weitgehend glücklich und harmonisch verlaufen. Problematisch erschienen lediglich Maes Verhältnis zu ihrer Schwiegermutter Teresa und die kränkliche Veranlagung des Babys. Zur Stabilisierung seiner finanziellen Lage hatte Al nach Auskunft verschiedener Quellen einen bürgerlichen Beruf als Buchhalter in Peter Aiellos Baufirma in Baltimore im Staat Maryland angenommen. Obwohl manche Biografen diese Beschäftigung Al Capones negieren und von seinem durch einen Mord motivierten abrupten Wechsel von Brooklyn nach Chicago ausgehen, bestätigte der Sohn des Baufirmeninhabers diese Anstellung und konnte sich gut an Al Capones tadellose Berufsauffassung erinnern. Demnach ging Al seiner Arbeit korrekt gekleidet in Anzug und Krawatte nach und erwies sich als gewissenhafter Rechenkünstler. Das wohl vom Vater ererbte Talent verband sich nun mit professionellem Wissen über Rechnungsführung und Bilanzen, die sich auf seine späteren Geschäfte sehr positiv auswirken sollten. In Al Capones Ausbildung als Geschäftsmann zeigt sich wiederum seine vom Geist des amerikanischen Traumes gespeiste Motivation für den mit Reichtum verbundenen Aufstieg in der Gesellschaft, zumal seine dabei erworbenen Buchhaltungskenntnisse gleichermaßen kriminell funktionalisiert und für das organisierte Verbrechen genutzt werden konnten. Verständlicherweise findet man hierzu keine Aussagen, weder von den betroffenen Personen der Zeit noch von den Historikern und Biografen. Folglich ist es nicht überraschend, dass auch die Quellen bezüglich des konkreten Zeitraums der Anstellung sowie der Wohnsituation widersprüchlich sind. Es lässt sich nicht eindeutig ermitteln, wie lange Al Capone dieser Arbeit nachging und ob seine Familie mit ihm im 300 Kilometer von Brooklyn entfernten Baltimore wohnte. Es ist wohl eher anzunehmen, dass die Familie in Brooklyn blieb. Wann genau diese Tätigkeit endete, ist nicht klar. Mae spricht in ihren Erinnerungen davon, dass Al sie im Spätherbst 1919 über eine plötzliche Geschäftsreise informierte, die er unmittelbar antreten müsse. Selbst Maes flehentliche Bitte, sie nach dem Tod ihrer Mutter nicht mit dem Kind und den Geschwistern allein zu lassen, konnten ihn nicht von der Reise und unklaren

Dauer der Abwesenheit von der Familie abbringen. Erst einige Tage später erfuhr Mae in einem Telefonat, dass er in Chicago sei und sie und Sonny bald nachholen würde. Dies geschah in Maes Erinnerung dann im Januar 1920, kurz vor Al Capones 21. Geburtstag, als sie gemeinsam mit dem Zug nach Chicago fuhren und dort ein kleines Apartment bezogen. Inwiefern Al während dieses ersten Jahres in Chicago seine Angehörigen in Brooklyn unterstützte, ist nicht bekannt. Die Zusammenführung mit dem italienischen Teil seiner Familie erfolgte schließlich nach einem weiteren traurigen Ereignis, dem Tod seines Vaters am 14. November 1920. Für Mario Gomes begann Al Capones Zeit in Chicago erst danach, Anfang 1921.

Gabriele Capones instabile Gesundheit und Herzschwäche waren schon länger bekannt. Die praktische Ausübung seines Berufs im Friseursalon hatte der 55-Jährige schon aufgegeben. Bei einem Besuch in dem in der Nähe seines Hauses gelegenen Billard-Club, in dem er einst die Kunstfertigkeit seines Sohnes in diesem beliebten Spiel gefördert hatte, brach er zusammen und starb wenig später in der eigenen Wohnung an Herzversagen. Al kehrte sofort nach Brooklyn zurück und organisierte die Beerdigung. Wie beliebt der Familienvater und Besitzer eines Friseurladens war, zeigte sich an der großen Anteilnahme der Gemeinde an der Beerdigung. Nach dem auf Mario Gomes' Webseite einsehbaren Zeitungsausschnitt aus *The Standard Union* vom 17. November 1920 war der Trauerzug einer der längsten in diesem Wohnviertel Brooklyns. Allein 10 Wagen wurden für den Transport der vielen Blumengebinde benötigt, aus denen die Darstellung einer gebrochenen Säule als Gabe von Frankie Yale herausragte. Noch erstaunlicher ist, dass dieser Bericht mit „Sieben Söhne als Sargträger beim Begräbnis des Vaters“ überschrieben ist und im Text auch die Teilnahme des ältesten Sohns James genannt wird. Der nach Auffassung vieler Darstellungen von der Familie entfremdete Sohn, der mit neuer Identität als Richard Hart im Mittleren Westen lebte, war trotz seines abrupten Weggangs zum Begräbnis erschienen, sodass die Kontakte wohl nicht vollkommen abgerissen waren und ein Wiedersehen vor der späteren familiären Wiedervereinigung in Chicago bereits aus diesem traurigen Anlass stattfand. Nach der Beerdigung übernahm Al die Rolle als Familienoberhaupt, kümmerte sich um seine Mutter und die vier noch zu Hause lebenden jugendlichen Geschwister. Natürlich war ihm klar, dass er neben der Familie seiner Frau mit ihren Geschwistern nun auch seine Mutter und die schulpflichtigen Brüder, den 14-jährigen Albert, den 11-jährigen Matthew und die 8-jährige Schwester Mafalda finanziell unterstützen musste. Zum Glück hatte der 17-jährige Erminio schon einen Job in einem Süßwarengeschäft gefunden. Aufgrund seiner innigen Beziehung zu seiner Mutter war Al das Wohl der Familie immer ein wichtiges Anliegen und er fühlte sich besonders ihr verpflichtet. Schon die Tatsache, dass er während seiner Abwesenheit in Baltimore jeden Tag mit beiden Familien telefonierte, aber immer zuerst die Mutter vor seiner Frau anrief, spricht für die Prioritätensetzung. Mae wusste von der auch später in Chicago fortgeführten Abfolge der Telefongespräche, was die frostige Beziehung zwischen ihr und der Schwiegermutter zusätzlich belastete. Das schwierige Verhältnis war sicher auf den Mentalitätsunterschied zwischen der selbstbewussten jungen irischen Frau und der an ihrem Lieblingssohn Al festhaltenden italienischen Mutter zurückzuführen. Die bekannte Rivalität zwischen den beiden Einwanderergruppen und ihren getrennten Wohnbezirken wurde noch dadurch verstärkt, dass Al Capones Mutter nie die englische Sprache erlernte und deshalb nur Italienisch mit Mae sprach. Bemühungen Maes, die Gunst der Schwiegermutter durch das Kochen italienischer Gerichte zu erlangen, waren von vornherein zum Scheitern verurteilt. Der von Al nach der Heirat favorisierte Umzug seiner jungen Familie in das Haus seiner Eltern am Garfield Place 32 kam deshalb für Mae nicht infrage. Vermutlich spielte dabei auch die Lage ihrer Geschwister eine große Rolle, die sie ohne ihre Eltern ihrem Schicksal nicht mittellos überlassen wollte. Ihren kränklichen Sohn von der Schwiegermutter pflegen zu lassen kam natürlich auch nicht infrage. Nicht grundlos muss davon ausgegangen werden, dass Al Mae unbewusst mit seiner im Verkehr mit verschiedenen Prostituierten zugezogenen Geschlechtskrankheit Syphilis angesteckt und sie diese Infektion während der Schwangerschaft an ihr Baby weitergegeben hatte. Diese latente Infektionskette konnte erst bei späteren ärztlichen Untersuchungen und neuen Anzeichen bei Al in Chicago rekonstruiert werden.

Der doppelte Verlust von Mae Capones Mutter durch die Spanische Grippe im Juli 1919 und Al Capones Vater durch Herzversagen im November 1920 und die damit für ihn gegebene Verantwortung für zwei Familien mag die radikalen Veränderungen im Leben des nun volljährigen Al Capone beschleunigt haben. Diese häufig ignorierte oder unterschätzte private Situation des sich treu um seine familiären Angehörigen sorgenden Al in seiner Rolle als Vater, Ehemann, Sohn, Bruder und Schwager muss in Relation zu der Beschaffung seiner finanziellen Mittel zum Unterhalt der Familien gesehen werden. Der anstehende, von seinem Ziehvater und kriminellen Vorbild Johnny Torrio instrumentalisierte Umzug von Brooklyn nach Chicago wird, meist einseitig verkürzt, mit Al Capones Verwicklung in Kapitalverbrechen in Verbindung gebracht, für die eine konkrete Beweislage jedoch nicht zu erbringen ist. Eine erste Verwicklung in ein mögliches Kapitalverbrechen als Racheakt nach der erlittenen Gesichtsverletzung durch Frank Gallucio wird wie beschrieben in einer der Lesarten des Geschehens durch die Vermittlung Frankie Yales, seines Bosses im Harvard Club, vereitelt. Ein Al zugeschriebener Mord muss ins Reich der Legendenbildung verwiesen werden. Hintergrund dieser Episode ist eine Auseinandersetzung in einer Billardbar, in der ein Trickbetrüger einen hohen Geldbetrag von einem Freund Capones erspielte, den Al aufgrund seines erwiesenen Billardtalents schnell zurückgewann. Nicht erfreut über diesen unannehmbaren Verlust, bedrohte der Betrüger Al mit einem Messer. Ohne lange zu zögern versetzte Al dem Gegner einen solch heftigen Schlag, dass dieser bewusstlos zu Boden ging. Die daraufhin verbreitete Nachricht, Al habe den Betrüger zu Tode geprügelt, beruht nicht auf der Wahrheit. Wahr war nach Zeitzeugen, dass der k. o. geschlagene Billardspieler einen längeren Krankenhausaufenthalt bis zu seiner Rekonvaleszenz einlegen musste.

Es ist nicht überraschend, dass solche Mordgeschichten im Dunstkreis des kriminellen Milieus schnell entstehen und möglicherweise zum Renommee innerhalb der Ganovenszene beitragen. Al Capones Tätigkeiten in Frankie Yales Harvard Club erleichterten diese Assoziation zu Kapitalverbrechen, da der Clubbesitzer sich einen entsprechenden Ruf in der Szene erworben hatte, den man leicht auf seine Angestellten übertragen konnte. Dies erklärt, weshalb Al Capones erstes Kapitalverbrechen häufig in Zusammenhang mit Frankie Yale und seinem Club gebracht wird. Wie Laurence Bergreen berichtet, hatte Frankie Yale beim illegalen Würfelspiel mit Tony Perotta 1.500 Dollar gewonnen (Bergreen, 1995, S. 49). Doch Tony wollte diese Spielschulden nicht bezahlen und brach das Spiel ab. Al bot sich an, das Geld von Tony einzutreiben, der ein leicht kalkulierbares Opfer war, weil er sich bekanntermaßen illegal im Land aufhielt und wohl kaum eine polizeiliche Untersuchung durchgeführt werden würde. Wie nicht anders zu erwarten, fand Al Tony bei einem Würfelspiel und forderte das Geld für seinen Boss zurück. Nachdem Tony Perotta dieser Aufforderung nicht nachkam, erschoss Al ihn ohne weitere

Diskussion kaltblütig. Diesem Bericht zufolge hatte Al Capone 1919 seinen ersten Mord verübt und wurde von Frankie Yale in den Kreis der Ganoven aufgenommen. Es ist jedoch nicht wahrscheinlich, dass durch dieses Kapitalverbrechen Al Capones abrupte Flucht nach Chicago ausgelöst wurde, wie manche Biografen berichten, die noch von zwei weiteren Mordfällen wissen wollen. Zum einen konnte ihm die Tat aufgrund fehlender Zeugenaussagen und der rechtlich prekären Lage des illegal eingewanderten Opfers nicht nachgewiesen werden. Zum anderen fühlte er sich für seine junge Familie und die mittellosen Geschwister seiner Frau verantwortlich, sodass ein radikaler Ortswechsel zu diesem Zeitpunkt nicht infrage kam. Wahrscheinlicher sind deshalb der vorübergehende Ortswechsel und die zeitweise Aufnahme des Buchhalterjobs in Baltimore aus ökonomischen Motiven, um für alle Familienmitglieder sorgen zu können. Natürlich erstaunt es, dass Als Kapitalverbrechen offensichtlich in der Familie nicht besprochen wurde und bei den katholischen Kirchengängern keine moralische Entrüstung auszulösen schien. Zumindest gibt es dazu weder von dem betroffenen Personenkreis noch von Biografen irgendwelche Angaben. Dass Hinweise auf diesen kaltblütigen Mord auch in Diane Patricia Capones Aufzeichnung der Gespräche mit ihrer Großmutter fehlen, deutet darauf hin, dass Mae zwar eine Ahnung von solchen Verbrechen hatte, sie aber nicht wahrhaben wollte und aus ihrer Erinnerung verdrängte. Offensichtlich zeichnet sich hier ein Muster für die Auseinandersetzung mit Kapitalverbrechen in der kriminellen Szene dieser Zeit ab. Die aufgrund mangelnder Beweise gegebene Unmöglichkeit der Behörden, Straftaten aufklären und die Täter dingfest machen zu können, entspricht der Haltung im privaten Kreis, kriminelle Taten zu ignorieren und über das Fehlverhalten von Familienmitgliedern hinwegzusehen. Diese in der Großstadt New York schon etablierte Praxis sollte in Chicago potenziert werden.

Al Capones Wechsel von Brooklyn nach Chicago mit der Familie wurde von Johnny Torrio, seinem Mentor und Taufpaten seines Sohnes, veranlasst. Im Sinne der hier verfolgten Darstellung wird durch diesen Umzug die mit dem amerikanischen Traum verbundene Sehnsucht nach Reichtum und Erfolg endgültig in den Bereich der kriminellen Machenschaften verlagert. Der Transfer der kriminellen Szene von Brooklyn nach Chicago war den in der aufstrebenden Großstadt des Mittleren Westen gegebenen besseren Bedingungen geschuldet. Johnny Torrio hatte schon frühzeitig die neuen Marktmöglichkeiten in Chicago erkannt und Al Capone schließlich als Talent für seine Geschäfte nachgeholt. Capone seinerseits hat später von der Notwendigkeit gesprochen, aus wirtschaftlichen Gründen den Karrieresprung gemacht zu haben, und weil er der Auffassung war, mehr finanzielle Mittel zu benötigen (Bair, 2017, S. 58). Die dafür vorhandene Geschäftsgrundlage war seine Komplizenschaft mit Johnny Torrio und Frankie Yale, die wiederum seit Jahren miteinander kriminell verbunden waren. Deirdre Bair hält fest, dass Torrio aufgrund verwandtschaftlicher Verhältnisse seit 1909 mit seiner Kusine Victoria Moresco und deren Ehemann, dem berüchtigten Giacomo „Big Jim“ Colosimo, in Chicago in Kontakt stand, sie regelmäßig besuchte und schließlich seine Aktivitäten nach Chicago verlegte. Torrio, dessen Spitzname „der Fuchs“ war, wird als Kopf hinter den kriminellen Machenschaften der von seiner Kusine und Big Jim geleiteten Gang bezeichnet, dem es gelang, mit ausgeklügelten Operationen führende Köpfe rivalisierender Gangs durch Morde auszuschalten. Zu seiner Unterstützung warb Torrio Frankie Yale für spezielle Aufträge an. So wurde Yale bezichtigt, Big Jim am 11. Mai 1920 in seinem Restaurant ermordet zu haben. Wie üblich gab es keine Zeugen, sodass niemand rechtlich belangt werden konnte. Aufgrund der schon bestehenden Beziehungen zwischen Yale und Torrio schien es für ihren Protegé Al Capone naheliegend, sich der inzwischen etablierten Torrio-Organisation in Chicago anzuschließen. Folgt man Bairs Darstellung, wurde dies letztendlich durch eine weitere Schlägerei ausgelöst, bei der Al sich mit einem Mitglied der von Frankie bekämpften Irish White Handers, nämlich Arthur Finnegan, prügelte. Auf die Al entrüstende despektierliche Bemerkung Arthurs über irische Frauen, die italienische Männer heiraten, schlug Al ihn krankenhausreif. Dafür wurde ihm der Tod angedroht, vor dem ihn Frankie Yale bewahren wollte und ihn deshalb zum Ortswechsel bewog. Mit dem zusammen mit Mae und dem kleinen Sonny im Januar 1920 vollzogenen Umzug nach Chicago begann ein neues Kapitel im Leben Al Capones. Für den Neustart des nun volljährigen Familienvaters mit neuen, am Ideal des amerikanischen Traums orientierten Ideen hatte ihm die amerikanische Regierung mit dem zeitgleich in Kraft tretenden 19. Verfassungszusatz der Prohibition ein besonders lukratives Geburtstagsgeschenk gemacht und eine ideale Geschäftsgrundlage für seinen phänomenalen Aufstieg geliefert.

Boss in Chicago

Al Capones Verlagerung seiner Geschäfte von New York nach Chicago war dem neuen Status dieser Metropole im Mittleren Westen geschuldet, sodass er bereitwillig dem Beispiel seines Mentors Johnny Torrio folgte, der schon seit 1909 dort seine Geschäfte betrieb. Das ursprünglich von den amerikanischen Ureinwohnern besiedelte Land, deren Sprache der Name der Stadt Chicago mit der für das amerikanische Englisch ungewöhnlichen Aussprache entstammt, war im Zuge der Besiedlung ein wichtiger Umschlagplatz zwischen Nord und Süd sowie zwischen Ost und West geworden. Die günstige Verkehrslage an einem der fünf großen Seen, dem Michigan See, und der Verkehrsknotenpunkt beim Bau der transkontinentalen Eisenbahn hatten Chicago zu einem wichtigen Drehkreuz für Newcomer werden lassen. Im Laufe des 19. Jahrhunderts hatte sich die Stadt rasant zu einer der bedeutenden Großstädte der USA entwickelt und viele Einwanderer vor allem aus Deutschland, Irland und Osteuropa angezogen. Zwischen 1880 und 1890 verdoppelte sich die Einwohnerzahl auf 1 Million und betrug 1900 bereits 2 Millionen. Es war also ein idealer Platz zur Realisierung des amerikanischen Traums für Neuankömmlinge und Einwanderer.

Die öffentliche Wahrnehmung und internationale Bedeutung als eine der Metropolen erzielte Chicago mit der erfolgreichen Bewerbung um die Ausrichtung der World‘s Columbian Exposition, die anlässlich des 400. Jahrestags der Entdeckung bzw. Eroberung Amerikas durch Christopher Columbus schließlich mit einem Jahr Verspätung 1893 stattfand und unter anderem durch die Errungenschaft der Elektrizität einen Aufbruch in die neue Zeit der Moderne markierte. Dass Chicago den Zuschlag für diese Weltausstellung im direkten Wettbewerb mit New York City erhielt, hat ihr wohl den weithin despektierlich verstandenen Namen der „windy city" eingetragen. Die sich auf die geografische Lage am Michigan See mit stürmischen Winden beziehende Bezeichnung hat früh schon zusätzlich eine moralische Bedeutung in der Rivalität mit benachbarten Städten wie Cleveland und Milwaukee erhalten. So wollte man die windige Qualität der Politiker und der Bewohner Chicagos kennzeichnen. Damit zielte der Name auf den schon um die Jahrhundertwende markanten anrüchigen Charakter der Stadt als Zentrum illegaler Aktivitäten. Korrupte Politiker besaßen Saloons, waren in kriminelle Aktivitäten verwickelt und behielten ihre Ämter oft nur durch Wahlbetrug. Der sozialkritische Schriftsteller Upton Sinclair hat in seinem naturalistischen Roman *Der Dschungel* (1906) die Ausbeutung osteuropäischer Einwanderer in den die Stadt Chicago prägenden Schlachthöfen drastisch geschildert und den von Politikern betriebenen Stimmenkauf beschrieben. Dazu wurde meist die Unkenntnis der amerikanischen Sprache und des politischen Systems osteuropäischer Einwanderer skrupellos ausgenutzt. Deutsche Einwanderer, von denen nicht wenige in den Schlachthöfen arbeiteten, beteiligten sich an den von Gewerkschaften organisierten Arbeitskämpfen. Dabei kam es im Anschluss an Demonstrationen für die Einführung des 8-Stunden Arbeitstags am 1. Mai 1886 zu gewaltsamen Auseinandersetzungen mit der Polizei und mehreren Toten nach dem Bombenwurf eines Unbekannten am Haymarket Square. Deutsche Anführer der nach dem Haymarket genannten Bewegung wie August Spies wurden dafür verantwortlich gemacht und zum Tod durch den Strang verurteilt. Bertolt Brecht hat später während der Weltwirtschaftskrise 1929 die schlechten Arbeitsbedingungen in seinem in den 1920er-Jahren spielenden Theaterstück *Die heilige Johanna der Schlachthöfe* eindrücklich dargestellt. Im finnischen Exil wählte er 1941 erneut Chicago als Schauplatz für das Stück *Der aufhaltsame Aufstieg des Arturo Ui*. Mit direktem Bezug auf die kriminelle Karriere Al Capones zielt seine Parabel auf die Verbrechen Adolf Hitlers und die Versäumnisse seiner politischen Gegner, den eigentlich aufhaltsamen Aufstieg des Diktators zu verhindern. Mehr als 75 Jahre später hat die Inszenierung der Classic Stage Company in New York im Dezember 2018 den Bezug des Theaterstücks zu den Aktivitäten von Präsident Donald Trump durch deutliche Anspielungen hervorgehoben und damit eindrücklich die Aktualität von Brechts Lesart des Lebens von Al Capone belegt.

Neben den negativen Begleiterscheinungen der rasanten wirtschaftlichen Entwicklung Chicagos hat die Weltausstellung 1893 auch einen wesentlichen kulturellen Neuanfang eingeläutet. So entstanden erste Wolkenkratzer und anspruchsvolle moderne Gebäude, wie das 1889 von dem aus Deutschland eingewanderten Dankmar Adler zusammen mit dem amerikanischen Architekten Louis Sullivan entworfene Auditorium Building mit perfekter Akustik und Klimaanlage oder das 1894 fertiggestellte Gebäude der Chicagoer Börse. Das zwischen 1890 und 1894 erbaute Reliance Building antizipierte mit seiner Glasfassade den von einem weiteren deutschen Einwanderer, dem Stararchitekten Mies van der Rohe, entwickelten internationalen Stil, der für die modernen Konstruktionen des als „Loop“ bekannten Downtown-Bezirks von Chicago prägend wurde. Bedeutende Schriftsteller bildeten zwischen den 1910er-

und 1920er-Jahren die Literarische Renaissance in Chicago, zu denen der deutschstämmige Romancier Theodore Dreiser, die Dichter Carl Sandburg und Harriet Monroe, der Kurzgeschichtenautor Sherwood Anderson sowie die Begründer des modernen amerikanischen Theaters, das Ehepaar George Cram Cook und Susan Glaspell, zählten. Eine für die 1920er-Jahre in Al Capones Chicago bestimmende Transformation des öffentlichen Lebens ergab sich durch den Zuzug von mehr als 75.000 Afroamerikanern aus dem Süden, die die Jazz-Musik und den Blues von New Orleans nach Chicago brachten. Durch renommierte Interpreten wie Louis Armstrong oder Earl Hines entwickelte sich der Chicago-Blues und die Stadt wurde zur Jazzmetropole. Die zahlreichen neuen Einflüsse auf das öffentliche Leben einer in jeder Beziehung dynamischen Stadt bilden schließlich den Geist der nun herrschenden Wilden Zwanziger, der *Roaring Twenties*. Zu der in dieser Zeit entwickelten Unterhaltungskultur gehörten auch die entsprechenden Etablissements und etwa 35.000 sogenannte Flüsterkneipen, die *Speakeasies*, in denen in der Zeit des Alkoholverbots heimlich Alkohol serviert und konsumiert wurde. Diese Szenerie ist die wesentliche Voraussetzung für Al Capones Anfänge und seinen Aufstieg zum Boss in Chicago, eine ideale Voraussetzung für die Verwirklichung seines amerikanischen Traums, allerdings mithilfe krimineller Geschäfte.

Prohibition und Verbrechen

Folgt man der Einschätzung in den Aufzeichnungen seiner Enkelin Diane Patricia Capone, war der Start der Prohibition im Januar 1920, die mit Al Capones Umzug nach Chicago und seinem 21. Geburtstag zusammenfiel, das beste Geburtstagsgeschenk (Capone, 2019, S. 49).

Denn der illegale Handel mit dem verbotenen Alkohol machte die phänomenalen Gewinne und illegalen Geschäfte überhaupt erst möglich. Wie war es dazu gekommen?

Die Entdeckung bzw. Eroberung des amerikanischen Kontinents durch Europäer war von Anfang an neben kolonialistischen Aussichten auf Macht- und Landgewinn von religiösen Motiven bestimmt. So hatte Christopher Columbus schon 1492 in seinem Schiffstagebuch notiert, „dass aller Gewinn aus dieser meiner Unternehmung zur Eroberung der Heiligen Stadt Jerusalem verwendet werden soll" (Columbus, 2016, S. 52). Diese Auffassung entsprach der Absicht der europäischen Mächte, nach der mit der Vertreibung von Arabern und Juden vollzogenen Rechristianisierung Spaniens auch Jerusalem zu befreien. Die Christianisierung der Neuen Welt wurde als Voraussetzung für die Rückeroberung Jerusalems gesehen. Der Verbreitung der katholischen Religion durch die Spanier und Franzosen im Süden und Norden korrespondierte die der protestantischen Religion in den englischen Kolonien an der Atlantikküste. Die Intention der in England verfolgten Puritaner, in Neuengland einen neuen Gottesstaat zu errichten und streng nach den religiösen Vorschriften zu leben, hat die geistige Entwicklung der amerikanischen Gesellschaft bis in unsere Zeit bestimmt. Der Übergang von einer theokratischen Orientierung zu einem demokratischen Weltverständnis erfolgte unter dem Einfluss der Aufklärung im 18. Jahrhundert. Der Verlust der puritanischen Vorherrschaft führte mit der Gründung der amerikanischen Republik zu einer Verlagerung religiöser Werte in politische Rechte im Sinne einer Zivilreligion. An die Stelle der Bibel als Lebensgrundlage treten nun die politischen Dokumente der Unabhängigkeitserklärung und der Verfassung der USA. Die zahlreichen Veränderungen in der amerikanischen Gesellschaft im Laufe des 19. Jahrhunderts durch die räumliche Ausdehnung bei der Eroberung des Westens, die Abschaffung der Sklaverei im Bürgerkrieg, rapide zunehmende Einwandererzahlen und die Urbanisierung haben eine materialistische Orientierung eingeleitet und kommerzielle Interessen geweckt, die sich allmählich zum Konzept des amerikanischen Traums verdichteten und zum Motivationsschub für Einwanderer wurden.

Der sich aus diesen Veränderungen ergebenden „moralischen Wildnis" versuchten ab den 1830er-Jahren idealistisch gesinnte Dichter und Denker sowie engagierte Frauen, mit religiösen Vorstellungen entgegenzutreten, um politische Gegenmaßnahmen einzuleiten. Ihr Einsatz erinnert an die von den Puritanern im 17. Jahrhundert verfolgte Mission eines „Auftrags in der Wildnis" („errand into the wilderness"). Es überrascht nicht, dass der Alkoholkonsum schon in der Kolonialzeit als ein gesellschaftliches Übel und als Sünde angesehen wurde. Den moderaten Genuss von Alkohol oder Enthaltsamkeit hatte die in Boston 1826 gegründete Amerikanische Temperenzgesellschaft („American Temperance Society") schon früh propagiert. Ihre Aktivitäten wurden übrigens bald von dem den Maspee-Indianern angehörenden Geistlichen William Apess sekundiert, der den verhängnisvollen Einfluss des „Feuerwassers" auf die Ureinwohner beklagte und 1833 eine indianische Gesellschaft zur Propagierung der Abstinenz in Massachusetts gründete. Nach dem Bürgerkrieg hatten sich die gesellschaftlichen Probleme durch die oben skizzierten Entwicklungen auf allen Ebenen verschärft, und die Temperenzbewegung erhielt einen neuen Auftrieb durch den Einsatz der Frauen. Die 1873 in Ohio gegründete Vereinigung Christlicher Frauen für Alkoholabstinenz („Woman's Christian Temperance Union") wurde zu einer besonders schlagkräftigen Bewegung zur Einführung der Prohibition, weil sie einerseits religiös motiviert pragmatisch vorging und andererseits geschickt die Frage der Temperenz mit dem Frauenwahlrecht verband. Diese politische Wende hatte zugleich eine ethnische Komponente, da die Frauen der weißen Mittelschicht sich mit den afroamerikanischen Frauen verbündeten, die im Unterschied zu den afroamerikanischen Männern weiterhin wie alle Frauen in den USA nicht wahlberechtigt waren. Die Kombination des Kampfes für Abstinenz, für das Frauenwahlrecht und gegen rassistische Diskriminierung erwies sich als eine große gesellschaftliche Kraft, aus der schließlich durch die Gründung der Anti-Saloon League 1893 in Ohio eine wichtige Interessenvertretung für den Erlass nicht nur der Prohibition, sondern auch des Frauenwahlrechts entstand. Sie wurde Teil der schon erwähnten Reformbemühungen der Muckraking-Bewegung und des Progressivismus seit der Jahrhundertwende und trug zur Veränderung der politischen Landschaft der USA bei. Diese Temperenz-Bewegung wurde auf dem kulturellen Sektor durch Bühnenwerke und Romane unterstützt. Die Verrohung der Sitten und die Zerstörung von Familien durch Trunksucht war ein beliebtes Thema melodramatischer Bearbeitungen auf den Bühnen in Philadelphia, New York, Boston und Chicago. *The Drunkard, or, The Fallen Saved* wurde ab 1844 erfolgreich in New York aufgeführt, bevor es von *Ten Nights in a Bar-Room* 1858 abgelöst wurde. Populäre Romane einer zunehmenden Anzahl von Schriftstellerinnen zeichneten die Situation in den Familien und die Zerstörung der häuslichen Gemeinschaft durch die Trunksucht der Männer. Die Auseinandersetzung mit dem Schicksal der Sklaven und der Stellung der Frau in einer patriarchalischen Gesellschaft war der Gegenstand des Erfolgsromans *Onkel Toms Hütte* (1852) von Harriet Beecher Stowe. Nur ein Jahr nach der erfolgreichen Publikation eroberte eine dramatisierte Fassung die Bühnen des Landes und blieb dort über 50 Jahre als Theaterhit präsent.

An der in religiösen, politischen und kulturellen Aktivitäten manifesten veränderten Einstellung zum Alkohol und zur Stellung der Frau um die Jahrhundertwende lassen sich die komplexen Verhältnisse einer rapid anwachsenden Bevölkerung ablesen, die sich aus verschiedenen ethnischen Gruppen zusammensetzte. Die für die Integration der verschiedenen Bevölkerungsgruppen postulierte Metapher des Schmelztiegels zeigte sich gerade in Bezug auf Alkohol als nicht haltbar. Historiker sprechen zu Recht von einem Kulturkampf, der Ende des 19. Jahrhunderts im Zuge der stark zunehmenden Bevölkerungszahl zwischen den verschiedenen Einwanderern entbrannte. Schon 1855 kam es in Chicago zum *Lager Beer*-Aufstand, als deutsche Einwanderer dafür kämpften, auch am Sonntag Bier ausschenken und trinken zu dürfen. Exemplarisch hat dies die Amerikanistin Sabine N. Meyer in ihrer Studie *We Are What We Drink* (2015) anhand der Auseinandersetzung zwischen der irischen und der deutschen Gemeinde im mittleren Westen in St. Paul, Minnesota, dargestellt. Der unerbittlich ausgetragene Kampf zwischen irischem Whiskey- und deutschem Bierkonsum, der das politische und kulturelle Leben über Jahre bestimmte, war auch ein Kampf um die Dominanz im Hinblick auf Geschlecht und ethnische Zugehörigkeit im Prozess der Amerikanisierung und der Repräsentation in den politischen Institutionen. Gleichzeitig wurde der Einsatz für die Temperenz von der angelsächsischen Mainstream-Gesellschaft genutzt, um gegen die unliebsamen Einwanderer Stimmung zu machen. In diesem Sinne war die evangelikale Anti-Saloon League ein patriotisches Unternehmen weißer Amerikaner, die den öffentlichen Alkoholgenuss von osteuropäischen, irischen und italienischen Einwanderern in den großen Städten der Ostküste anprangerten. Unter der Leitung des Anwalts Wayne Wheeler entwickelte sich die Anti-Saloon League ab 1904 zu einer schlagkräftigen Truppe, die sich für die Einführung der Einkommenssteuer einsetzte. Diese mit dem 16. Zusatzartikel der Verfassung erlassene Steuer war eine wichtige finanzielle Kompensation für den Wegfall der Alkoholsteuer nach der Einführung der Prohibition. Den wichtigsten Faktor für den schließlichen Erlass des Alkoholverbots stellte jedoch die lange anhaltende Diskussion um den Eintritt der USA in den 1. Weltkrieg dar und die damit einsetzende Diskriminierung der deutschen Einwanderer, die für den Ausbruch des Krieges gebrandmarkt wurden. Denn es waren ja die deutschen Bierbrauer, die für den Löwenanteil des Alkoholkonsums in den USA verantwortlich waren. Für Deutsche zu arbeiten, wurde als unpatriotisch erachtet, ebenso wie Biertrinken als direkte Unterstützung für den Kaiser galt. Auch in dieser Beziehung spielten Chicago und seine Umgebung eine besondere Rolle, denn noch heute sind die meisten dieser ehemals deutschen Brauereien im mittleren Westen angesiedelt. So werden die beliebten Biersorten von Pabst, Schlitz, Miller, Stroh, Ruppert und Anheuser-Busch vor allem in Milwaukee, etwa 140 Kilometer nördlich von Chicago, am Michigan See gebraut.

Schon kurz nach dem Eintritt der USA in den 1. Weltkrieg im April 1917 nahm die politische Diskussion um den Erlass des Alkoholverbots Fahrt auf. Die Schnelligkeit, mit der die Verabschiedung des 18. Verfassungszusatzes im Dezember 1917 durch eine Zweidrittelmehrheit im Kongress und die darauffolgende Ratifizierung durch drei Viertel aller Bundesstaaten im Januar 1919 erfolgten, mag durch die Nachrichten vom Kriegsgeschehen in Europa oder die Meldungen über die Verluste motiviert gewesen sein. Kontaktreduzierende Schutzmaßnahmen gegen die gleichzeitig grassierende Spanische Grippe, die mehr Opfer als der Krieg kostete, waren vermutlich ein weiterer Grund für das Verbot des Alkoholausschanks. Erstaunlich ist in jedem Fall, dass nach Abschluss des Gesetzgebungsverfahrens noch ein ganzes Jahr verging, bis die Prohibition tatsächlich am 17. Januar 1920 in Kraft trat. Das damit bestehende Verbot für die Herstellung, den Verkauf, den Transport sowie die Ein- und Ausfuhr aller berauschenden Getränke wurde durch das im Oktober 1919 erlassene, nach dem Vorsitzenden des Justizausschusses im Repräsentantenhaus benannte Volstead-Gesetz spezifiziert. Als berauschendes Getränk galt somit jedes Getränk, das mehr als 0,5 Prozent Alkoholvolumen enthielt. Davon waren auch Bier und Wein mit geringem Alkoholgehalt betroffen. Beide Parteien, die Alkoholkonsumenten sowie die Temperenzler, hatten also ein Jahr lang Zeit, sich je nach Perspektive auf die unerfreuliche alkohollose Ära einzustellen oder sich auf den Aufbruch in eine neue, nicht alkoholisierte Gesellschaft zu freuen. Während die sogenannten „nassen" Alkoholiker noch üppige Partys feierten und Vorräte anlegten, hielten ihre Gegner, die sogenannten „trockenen" Abstinenzler, vorausschauend Freudenfeste ab. Ein besonders charismatischer Vertreter der Temperenzgemeinde war der aus dem Mittleren Westen stammende Billy Sunday (1862–1935). Seine ungewöhnliche Karriere führte ihn vom erfolgreichen Baseballspieler der Chicago White Stockings zum Wanderprediger evangelikaler Gemeinden, der einen wesentlichen Anteil an dem Erlass der Prohibition trug. In seinen leidenschaftlichen Auftritten vor großem Publikum in den Großstädten der Ostküste stimmte er seine Glaubensgenossen auf die neue Zeit ein mit der Brandmarkung des „Mr. Booze" (Herr Alkohol) als Hauptübel und beliebten Sentenzen wie: „Um zu wissen, was der Teufel tun will, braucht man nur zu schauen, was im Saloon geschieht" oder: „Wenn es je eine Jubiläumsfeier in der Hölle gegeben hat, dann an dem Tag, als Lager Bier erfunden wurde." Am Tag des Inkrafttretens des neuen Prohibitionsgesetzes wurden Begräbnisfeiern abgehalten, auf denen „John Barleycorn", ein Spottname für Alkohol, als teuflische Verkörperung aller alkoholischen Getränke in der Gestalt einer übergroßen Flasche von den „Trockenen" zu Grabe getragen wurde. Eine der größten dieser

Feiern hielt Reverend Billy Sunday vor 10.000 Anhängern in Norfolk, Virginia, am 17. Januar 1920 ab, auf der er „John Barleycorn" als Ausgeburt der Hölle für immer verabschiedete:

> Goodbye John, du warst der schlimmste Feind Gottes. Du warst der beste Freund der Hölle. Ich hasse dich mit perfektem Hass. Die Herrschaft der Tränen ist vorbei. Die Slums werden bald Erinnerung sein. Wir werden unsere Gefängnisse in Fabriken verwandeln und unsere Haftanstalten in Lagerhäuser und Vorratskammern. Männer werden jetzt aufrecht gehen, Frauen und Kinder werden lachen. Die Hölle wird für immer leer stehen.
> (Zit. nach Lee, 1963, S. 193)

„Wie willst du deinen Durst löschen, wenn die ganze verdammte Welt trocken ist?" (Foto: Alfred Hornung)

Natürlich musste Billy Sunday klar gewesen sein, dass seine Botschaft nicht von allen Amerikanern geteilt wurde. Vielmehr bildeten sich nun die beiden Lager von gesetzestreuen „trockenen“ Temperenzlern und von „nassen“ Gesetzesbrechern, die für ihren Alkoholkonsum auf die Dienste der illegalen Organisationen hofften. Der fruchtbare Boden für Al Capones Gewerbe war damit bereitet.

Aufbau eines Imperiums

Al Capone verdankte also seinen Aufstieg zu einem der Größen der kriminellen Geschäftswelt im Chicago der Wilden Zwanziger der Prohibition und den im Zusammenhang damit entstehenden Geschäftszweigen. Seine gesamte Karriere entwickelte sich im Rahmen dieser Dekade und endete folgerichtig mit dem Ende der Prohibition, das seit der Wirtschaftskrise 1929 diskutiert und schließlich 1933 mit dem 21. Verfassungszusatz in der Regierungszeit von Präsident Franklin D. Roosevelt vollzogen wurde.

Wie seine Karriere in Brooklyn, so war auch Al Capones Aufstieg in Chicago der Mitarbeit in Johnny Torrios erfolgreich operierender Organisation zu verdanken. Torrio hatte 1909 seine Geschäfte von Brooklyn nach Chicago verlagert und nach ursprünglicher Zusammenarbeit mit dem berüchtigten Boss Big Jim Colosimo, der häufig als sein Onkel bezeichnet wird, seine eigene Organisation aufgebaut. Er schätzte Al Capones wertvolle Tätigkeiten für die Organisation, war von seinem großen unternehmerischen Talent überzeugt und wusste, dass die Operationen seines sich ständig vergrößernden Geschäfts durch ihn verstärkt und optimiert würden. Es ist sicher davon auszugehen, dass der nun 41-jährige kinderlose Torrio in Al einen Wunschsohn und seinen Nachfolger sah und ihn deshalb nach Chicago holte. Seit 1919 war Capone bei verschiedenen Stippvisiten in die ihm zum Teil schon bekannten Geschäftsbereiche in dem noch unbekannten Milieu der aufstrebenden Großstadt Chicago eingeführt worden. Im Wesentlichen handelte es sich dabei um die schon in Brooklyn ausgeübten Hilfsdienste im Personenschutz, als Barkeeper, Chauffeur oder Geldeintreiber in Bordellen. Natürlich war ihm klar, dass seine anfänglich vorübergehenden Aufenthalte in Chicago unliebsame Trennungen von seiner Frau und dem geliebten Sohn bedeuteten, und dass Mae, umgeben von ihren eltern- und mittellosen Geschwistern, sehr unter seiner Abwesenheit litt. Somit erschien der Auslöser für den endgültigen Abschied aus Brooklyn als willkommene Lösung für die unbefriedigende familiäre Situation. Die brachiale Auseinandersetzung mit Arthur Finnegan, den Al wegen einer ethnischen Beleidigung irischer Frauen in Frankie Yales Harvard Club krankenhausreif geschlagen hatte, hatte die Rache der irischen White Handers provoziert und Capone musste als Sympathisant der Black Handers um sein Leben fürchten. Der vor diesem Hintergrund erfolgende plötzliche Aufbruch aus Brooklyn, der in vielen Berichten fälschlicherweise als Flucht vor Strafverfolgung nach einem ersten Mord beschrieben wird, war für die junge Familie eine glückliche Fügung. Nach Diane Patricia Capones Schilderung fuhr Al mit Frau und Kind im Januar 1920 mit dem Zug nach Chicago, wo er schon sehnlichst erwartet wurde. Torrio hatte den Start in der neuen Stadt logistisch vorbereitet, sodass Al mit seiner Familie in ein kleines Apartment in der Wabash Avenue einziehen konnte. Nicht von ungefähr lag diese Wohnung im Operationsfeld von Torrios Organisation und nahe bei dessen Hauptquartier im Gebäude The Four Deuces, dessen Name sich auf die Hausnummer 2222 (viermal 2) der Wabash Avenue bezog.

Für Mae bedeutete dieses gemeinsame familiäre Leben im neuen Domizil in Chicago eine Glücksperiode. Zum ersten Mal konnte sie alleine mit ihrem Mann und Sohn zusammenleben, ohne die Sorge um ihre noch minderjährigen Geschwister oder die Bevormundung durch ihre Schwiegermutter mit deren oft unfreundlichen Kindern. Das für Mae traute Familienglück wurde allerdings schon bald durch den Einzug ihres Schwagers Ralph beeinträchtigt. Al hatte seinen älteren, im Milieu einschlägig erfahrenen Bruder um Unterstützung bei seinen vielfältigen neuen Aufgaben gebeten und ließ später noch seinen Bruder Frank nachkommen. Stärker als in Brooklyn musste Mae das doppelte Leben ihres Mannes durch die vorübergehende Wohngemeinschaft mit Ralph und Frank zur Kenntnis nehmen und die in der Folge eher wenigen gemeinsamen Zeiten in der Familie wertschätzen. Die zunehmende Verwicklung Al Capones in die kriminelle Welt, die Mae bewusst ignorieren wollte, machte sich gegen ihren Willen immer deutlicher bemerkbar. So war der Auszug der beiden Brüder aufgrund der zunehmend stärkeren Beanspruchung ihrer Dienste im Milieu zwar willkommen, verstärkte aber zugleich Maes Befürchtungen. Auch konnte es ihr nicht verborgen bleiben, dass sie nicht die einzige Frau im Leben ihres Mannes war. Obwohl Al selbst an der strikten Trennung zwischen den Momenten des privaten Glücks als liebevoller Ehemann sowie hingebungsvoller Vater und seinen zahlreichen Liebesaffären als Bestandteil seiner kriminellen Existenz festhielt, war das Doppelleben nicht völlig geheim zu halten, sodass Mae zunehmend am kriminellen und amourösen Verhalten ihres Mannes litt. Im Unterschied zu seinem Mentor Johnny Torrio, der trotz seiner Geschäfte in der Prostitution seiner Ehefrau immer treu blieb, folgte Al Capone dem in diesen Kreisen üblichen Verhaltensmuster, das Torrios vorgeblicher Onkel Jim Colosimo pompös zelebriert und vorgelebt hatte. Dessen 1910 eröffnetes Café in der Wabash Avenue, das als das beste italienische Restaurant galt, wurde gewissermaßen das Zentrum des Nachtlebens in Chicago mit Big Jim als Hauptdarsteller. Alle Stars der Musikszene traten bei ihm auf. Neben den aus New Orleans stammenden Jazzinterpreten gehörte auch der international bekannte italienische Opernsänger Enrico Caruso aus Neapel während seines Engagements an der Metropolitan Opera in New York dazu. Mit diesem Etablissement profitierte Colosimo von der schon etablierten Vergnügungsszene in dem als „Levee" bekannten Rotlichtviertel Chicagos. Als Vorbild galt ihm wohl der schon 1900 aufgebaute Everleigh Club zweier Schwestern, die nach ersten Erfahrungen mit der Leitung eines Bordells in Omaha, der größten Stadt Nebraskas, ihre Kompetenz auf ein vielfältige Dienste anbietendes Prostitutionsgewerbe in der Levee anwandten und durch Schutzgeldzahlungen an die Polizei keine Razzien befürchten mussten. In Kooperation mit Zuhältern und Betreibern des weißen Sklavenhandels konnten sie die große Lust auf ungewöhnliche Sexabenteuer stillen, die durch freizügige erotische Aufführungen sowie anregende Musik- und Tanzeinlagen afroamerikanischer Frauen geweckt wurden. Die Praxis des illegalen Gewerbes zog zwangsläufig andere kriminelle Aktivitäten nach sich, die von einfachem Diebstahl über Drogenhandel bis zum Auftragsmord reichten.

Das lukrative Geschäft mit der Prostitution und der Vergnügungsszene brachte Jim Colosimo mehr als 600.000 Dollar (heute 15 Millionen) pro Jahr ein. Das Ausmaß dieses praktisch ungehinderten kriminellen Netzwerkes im Nachtleben war nur möglich, weil das politische System ebenfalls korrupt war und an diesen Einnahmen mitverdiente. Die Wahl des Republikaners William Hale Thompson, besser bekannt als „Big Bill", zum Bürgermeister von Chicago 1915 garantierte nicht nur die Fortdauer des Geschäftsmodells, sondern eine Steigerung. Die im kriminellen Milieu praktizierten Mechanismen fanden Eingang in das politische Handeln. Dem illegalen Treiben des Ganovenbosses „Big Jim“ entsprach die Missachtung der Gesetze durch den politischen Boss „Big Bill“. Viele Kritiker haben in dem Republikaner den korruptesten Politiker Amerikas gesehen, dessen laxe Handhabung der Gesetze und ab 1920 der Prohibition in seiner Amtszeit von 1915 bis 1923 die Rivalität unter den kriminellen Bossen beförderte und schließlich den vernichtenden Bandenkrieg auslöste. Wegen der gegen ihn eingeleiteten Betrugsverfahren musste Bill Thompson 1923 das Amt dem demokratischen Reformkandidaten William Emmett Dever überlassen, nur um 1927 mithilfe von Al Capone für die Fortsetzung seiner Allianz mit dem kriminellen Verbrechen wiedergewählt zu werden. Am Ende seiner dritten Amtszeit 1931, die mit dem Ende von Al Capones Aktivitäten in Chicago zusammenfiel, rechnete die *Chicago Tribune* in einem ungeschminkten Beitrag mit ihm ab:

> Für Chicago hat Thompson Dreck, Korruption, Obszönität, Idiotie und Bankrott bedeutet. Er hat der Stadt den internationalen Ruf für schwachsinnige Clownereien, barbarische Verbrechen, triumphales Gangstertum, unumschränkte Gaunerei und mutlose Bürgerschaft eingebracht. Er ruinierte nahezu den gesamten Grundbesitz und zerstörte völlig jeden Stolz der Stadt. Er hat Chicago zum Inbegriff für den Kollaps der amerikanischen Zivilisation gemacht. (Zit. nach Binder, 2017, S. 59)

Ein erstes Opfer der während Bill Thompsons desaströser Amtsführung einsetzenden und tolerierten tödlichen Auseinandersetzungen war Torrios genussfreudiger Geschäftspartner Big Jim. Möglicherweise hatte Jim auf dem Höhepunkt seiner Karriere die seine Geschäfte treibenden kriminellen Kräfte unterschätzt und die Mechanismen von

Rivalität und Wettbewerb in ihren fatalen Auswirkungen missachtet. Der von ihm aus Brooklyn zu Hilfe gerufene Johnny Torrio konnte das ausufernde Geschäft zeitweilig stabilisieren, jedoch den vom lebensfreudigen Genussmenschen Big Jim geführten Kampf gegen die als Schwarze Hand der Mafia agierenden Konkurrenten im Handel nicht ausschalten. Dieser inneritalienische Konflikt zwischen Neapolitanern und Anhängern der aus Sizilien eingewanderten Mafia war wesentlicher Bestandteil der kapitalistischen Profitmaximierung. Bei diesem Kampf hatte Big Jim jedoch die heimliche Konkurrenz mit dem zur Unterstützung seiner Geschäfte angeheuerten Torrio übersehen. Dieser hatte als Mastermind die Geschäfte verwaltet und gleichzeitig seine eigene Organisation aufgebaut, für die er seinerseits Al Capone angeworben hatte. Zu den marktwirtschaftlichen Strategien gehörte auch die psychologische Einschätzung der Geschäftspartner, die Torrio möglicherweise aufgrund seiner strikten Trennung der Bereiche als kluger Manager und rechtschaffener Privatmann in besonderem Maße besaß. Nach den Gesetzen des Marktes bedeutete sein Aufstieg notwendigerweise den Niedergang eines schwächelnden Wettbewerbers. Das von Big Jim in dessen Café zur Schau gestellte Imponiergehabe musste Torrio zunehmend als degeneriert erschienen sein. Letzter Stein des Anstoßes war wohl Jim Colosimos Affäre mit der 19-jährigen Dale Winter. Diese aus Ohio stammende junge Frau hatte ihre musikalische Ausbildung in einem Kirchenchor erhalten und wurde Big Jim als Sängerin für sein Café empfohlen. Glaubt man den Zeitzeugen, dann hat sie sogar bei Enrico Caruso vorgesungen, den Colosimo vor der Anstellung um die fachkundige Bewertung ihrer Stimme bat. Zum Entsetzen ihrer Kirchengemeinde machte Big Jim die hübsche Choristin zur Hauptattraktion des abendlichen Unterhaltungsprogramms in seinem Café. Leidenschaftlich war er der jungen Frau verfallen, ließ sich von seiner schon getrennt von ihm lebenden italienischen Frau scheiden und heiratete Dale. Das Eheglück währte jedoch nicht lange, weil nach Aussagen von Biografen Johnny Torrio aus den schon genannten professionellen und persönlichen Erwägungen das despektierliche Verhalten des Lebemanns nicht goutierte und deshalb seine Ermordung plante. Der aus Brooklyn angereiste Frankie Yale erledigte diesen Job am 11. Mai 1920 gerüchteweise für 10.000 Dollar (heute 137.000 Dollar; Binder, 2017, S. 61). Natürlich hatte ein Mitarbeiter des Cafés, in dem der Mord stattfand, den Revolverschützen gesehen und konnte eine ungefähre Täterbeschreibung abgeben, die auf den Besitzer des Harvard Club am Strand von Coney Island in Brooklyn passte. Bei einer kurze Zeit später in New York stattfindenden Gegenüberstellung bei der Polizei verließ den aus Chicago herbeizitierten Mitarbeiter der Mut und er konnte sich nicht länger an den Täter erinnern. Johnny Torrio und Al Capone, die in Chicago ebenfalls als Verdächtige von der Polizei befragt wurden, hatten sich sicherheitshalber stichhaltige Alibis besorgt. Dieses immer wieder praktizierte Muster bei der Liquidierung von Gangsterbossen durch Rivalen führte in den seltensten Fällen zu einer Überführung der meist allen bekannten Täter, weil sowohl die ausgemachten Zeugen als auch die Polizei aus Angst vor Repressalien oder vor dem Versiegen der Bestechungsgelder nicht an einer Strafverfolgung interessiert waren. Solche Aktionen wurden als Teil der kriminellen Szene akzeptiert. So machte man im Fall von Jim Colosimos Ermordung persönliche Rachemotive seiner düpierten Frau geltend, obwohl sie sich schon längst mit einem anderen Mann getröstet hatte. Gewissermaßen als Kompensation für den gewaltsamen Tod wurde eine aufwändige Trauerfeier für den verstorbenen Kollegen organisiert, bei denen meist die verantwortlichen Hintermänner das große Wort über den Verlust führten und mit üppigen Blumengebinden ihre geheuchelte Anteilnahme zum Ausdruck brachten. Zu den ehrenwerten Sargträgern gehörten Opernsänger, Richter, Politiker und selbstredend Johnny Torrio.

Dieser aufsehenerregende Fall eines vermeintlich unangreifbaren Bosses auf dem Höhepunkt seiner Macht ereignete sich kurz nach Al Capones Umzug nach Chicago und muss für den 21-jährigen Jungunternehmer ein warnendes Beispiel für seine weitere Karriere gewesen sein. Auf der Basis seiner weitgehend verbürgten professionellen Ausbildung als Buchhalter waren seine nicht geringen Ambitionen an den Wirtschaftsgrößen der Stadt orientiert, wie dem Besitzer der Schlachthöfe Philip Armour und den allgemein bekannten Millionären. In der Ausgabe der *Washington Herald* vom 11. März 1932 wird sein diesbezügliches Credo so zitiert: „Als ich nach Chicago kam, hatte ich nur $ 40 in der Tasche. Ich habe ein brachliegendes Geschäft ergriffen, ohne jemanden zu schädigen. … Mindestens 300 junge Männer verdienen nun zwischen $ 150 und $ 200 in der Woche. … Ich habe ihnen Arbeit gegeben, die so manchen von ihnen von Raubüberfällen oder Bankeinbrüchen ferngehalten hat" (zit. nach Bergreen, 1995, S. 83).

Dieses Bild eines rechtschaffenen Geschäftsmannes und Wohltäters der Gesellschaft bestimmte Al Capones Selbsteinschätzung zu Beginn seiner Karriere in Chicago. Dazu gehörte, dass er sich eine neue seriöse Identität verschaffte, Visitenkarten als Möbelverkäufer drucken ließ und verteilte. Bereitwillig stieg er bei Johnny Torrio ein, dessen Organisation nun das neue Machtzentrum in der Wabash Avenue bildete, nur eine Straße von Colosimos Café entfernt. Sein eigenes Moonlight Café hatte Capone in Chicago Heights, dem italienischen Wohnviertel im Süden der Stadt, eröffnet. Al war nun nicht mehr nur ein billiger Angestellter, sondern Geschäftspartner mit einem für die damaligen Verhältnisse ansehnlichen Jahresgehalt von 25.000 Dollar, das heute ca. 376.000 Dollar entspricht. Bald avancierte er zum Manager und übernahm das Geschäft in der Wabash Avenue. Zugleich unterhielt er ein eigenes Büro in der feudalen Wohngegend der South Michigan Avenue, das mit einem Türschild als die Arztpraxis von Dr. A. Brown getarnt war. Auf keinen Fall wollte er als Zuhälter und Betreiber seiner kleinen Bordelle identifiziert werden. Wurde er darauf angesprochen, antwortete er mit Wutausbrüchen. Viel lieber wollte er in der Rolle als kluger Geschäftsmann mit innovativen Ideen und großem Reichtum gesehen werden statt als Gangsterboss im kriminellen Milieu. Seine ständig wachsenden Einkünfte aus illegalen Geschäften mit Alkoholhandel, Glücksspiel und Prostitution erlaubten ihm, seine neue Identität mit den nötigen Accessoires auszustatten. Immer war er akkurat mit Anzug und Krawatte gekleidet, legte sich eine Nobelkarosse mit Chauffeur zu und war von Bediensteten und seinen Bodyguards umgeben, deren Zahl im Laufe der Zeit wuchs. Es wird auch berichtet, dass er mit Geld um sich warf und großzügig 1.000-Dollar-Scheine verteilte. Seinem Gewerbe entsprechend war er ein feierfreudiger Nachtmensch und kein Kostverächter. Gerne organisierte er rauschende Partys und nahm am Nachtleben ausgiebig teil. Wenn er wegen seines Alkoholkonsums straffällig wurde, konnte er sich immer freikaufen. Aktenkundig ist ein Autounfall im August 1922, bei dem er im betrunkenen Zustand als Fahrer eines von Torrios Luxusautos mit einem geparkten Taxi zusammenstieß. Der Unfallbericht in den Chicagoer Tageszeitungen identifizierte den erheblich alkoholisierten Fahrer als Mitglied von Torrios Organisation in der Wabash Avenue, der erbost den Taxifahrer mit einer Waffe bedrohte und sich mit einer Dienstmarke als Hilfssheriff ausgab. Obwohl Al kurzfristig wegen Alkohols am Steuer, Waffenbesitz und Amtsanmaßung verhaftet wurde, erhob die Polizei wegen der durch Bestechung garantierten guten Beziehungen keine Anklage. Abgesehen von diesem offiziell registrierten Konflikt mit dem Gesetz blieben alle anderen Gesetzesübertretungen wegen seiner korrupten Verflechtung mit der Politik, vor allem in Gestalt des

Bürgermeisters Bill Thompson, ohne Folgen. Al konnte sich auf einem ersten Höhepunkt seiner Macht als erfolgreicher Geschäftsmann fühlen, der allseits beliebt und geschätzt wurde. Dies schien ein guter Zeitpunkt, um diese Wertschätzung und den Erfolg nicht nur mit seiner Frau und seinem Sohn, sondern mit der ganzen Familie zu teilen. Al beschloss als ultimatives Zeichen seines Erfolgs, ein Haus für die Großfamilie zu kaufen, und bereitete ihren Umzug von Brooklyn nach Chicago vor.

Natürlich war Al Capone sehr stolz, dass er sich nach knapp drei Jahren in Chicago mit seinem eigenen Geld eine respektable Immobilie für zwei Familien in einer gutbürgerlichen Wohngegend leisten konnte. In das auf den Namen seiner Mutter und seiner Frau als Eigentümer eingetragene Haus zogen sie am 8. August 1923 ein. Für ihn war dies sicher ein wichtiges Zeichen des Aufstiegs, verglichen mit den beschränkten Wohnverhältnissen bei den Eltern in Brooklyn. Für die Lage hatte er bewusst eine ruhige Nachbarschaft ausgesucht, in gebührendem Abstand von seinen Geschäftsräumen im Rotlichtmilieu der Levee sowie vom Business-Zentrum des Loop. Dieses Domizil an der 7244 South Prairie Avenue sollte ein Rückzugsort für sein privates Familienleben sein und Al für die Zeit mit der Familie die Möglichkeit einer bürgerlichen Existenz erlauben. Um diese Familienidylle zu garantieren, ließ er verschiedene Sicherheitsvorrichtungen einbauen wie Gitter vor den Fenstern und einen Tunnel vom Wohnhaus zur großen Garage, in der er seine Nobelkarossen unterstellen und geschützt vor der Außenwelt erreichen konnte. Diese Maßnahmen sollten ihn und seine Familie vor Übergriffen seiner Rivalen im kriminellen Gewerbe schützen. In der Tat konnte das Gebäude seine Familie während seiner aktiven Zeit in Chicago sicher beherbergen. Unterschiedliche Angaben bestehen bezüglich der Aufteilung der Etagen für die beiden Familien. Es ist wahrscheinlich, dass Al Capones Mutter Teresa mit ihren vier jüngeren Kindern im Erdgeschoss wohnte, gewissermaßen als Zentrum für Familienfeste und große Einladungen. Al bezog mit Mae und Sonny – wohl aus Sicherheitsgründen – den 1. Stock, wo man von einem Balkon aus die Vorgänge auf der Straße gut einsehen konnte. Abgesehen von dem erstgeborenen Sohn und ältesten Bruder Vincenzo, der als Teenager die Familie verlassen hatte, waren nun alle Mitglieder der Capone-Familie in Chicago angekommen. Unzweifelhaft übernahm Al die Rolle seines verstorbenen Vaters als Familienoberhaupt. Wie schon erwähnt, hatte Vincenzo nach Bergreens Recherchen im Mittleren Westen eine neue Identität als Richard Hart angenommen und war auf der Seite des Gesetzes als Sheriff in Nebraska sowie in einem Reservat von Ureinwohnern tätig. Ralph und Frank, die schon früh in die Geschäfte ihres Bruders Al eingestiegen waren, behielten ihre eigenen Wohnungen bei, nahmen aber an den regelmäßigen Familienzusammenkünften in der South Prairie Avenue teil. Die jüngeren Brüder, der 22-jährige John und der 18-jährige Albert, gingen unregelmäßigen Beschäftigungen nach. Bei den jüngsten Geschwistern, dem 15-jährigen Matthew und der 11-jährigen Mafalda, legte Al Wert darauf, dass sie eine gute Schulausbildung erhielten. Sie sollten als erste Capones später auf ein College gehen.

Diese unscheinbare bürgerliche Existenz von Al Capone als treusorgender Familienmensch wurde von den ebenfalls gutbürgerlich situierten Nachbarn in seiner Wohngegend geschätzt. Zudem erwies er sich zusammen mit der Familie als sehr gesellig und gastfreundlich. Viele Darstellungen berichten von gegenseitiger Nachbarschaftshilfe, Einladungen zu gemeinsamen Essen und italienischer Lebensfreude. Bei den aus verschiedenen Ländern eingewanderten, vor allem deutschen und irischen Nachbarn sowie Bekannten waren besonders Al Capones eigene Kochkünste berühmt. Seine kreativen

Spaghetti-Gerichte, die mit gutem Chianti serviert wurden, fanden großen Anklang. Offensichtlich erregte der große Alkoholvorrat in Zeiten der Prohibition keinen Argwohn. Diese harmonischen Familienfeste mit den Nachbarn halfen auch, die in der Großfamilie, vor allem zwischen Mae und ihrer Schwiegermutter, bestehenden Zwistigkeiten zu überdecken.

Die schon in der Wohngemeinschaft in Brooklyn deutlichen Dissonanzen zwischen der italienischen Patriarchin und der irischen Schwiegertochter setzten sich auf einer anderen Ebene fort, zumal die pubertierende Mafalda die Differenzen verstärkte. Glücklicherweise für Mae gab es zwei durch ein Stockwerk getrennte Wohnbereiche, sodass sie zeitweilig ein eigenes Leben mit ihrem Mann und Sohn genießen konnte. Dennoch konnten die grundsätzlichen Unterschiede zwischen den beiden Immigrantengruppen, die sich schon in Brooklyn in der gesellschaftlichen Stellung zwischen den englischsprechenden, besser situierten Iren und den in weniger attraktiven Verhältnissen lebenden Italienern manifestiert hatten, nicht nivelliert werden. Nun hatten sich die Verhältnisse durch Al Capones Umsetzung des amerikanischen Traums und seine Geschäftserfolge in Chicago umgekehrt. Seine italienische Familie mit seiner irischen Frau besaß ein Haus in einer nicht-italienischen Wohngegend und hatte den wichtigen sozialen Aufstieg gemeistert. Die geselligen Familienfeste mit den Nachbarn waren ein sichtbares Zeichen dafür. Getrübt wurde das private Zusammensein durch die anhaltenden Krankheiten des Sohnes Sonny. Die gemeinsame Sorge um die zunehmenden Ohrenschmerzen wurde von der Großmutter geteilt, die sich um das Kind ihres erfolgreichen Lieblingssohnes kümmerte. In diese Phase des wirtschaftlichen Aufstiegs fiel auch der Wunsch nach weiteren Kindern, zumal Al und Mae beide in kinderreichen Familien aufgewachsen waren. Ob die von der Enkelin nach Gesprächen mit Mae notierten Hinweise auf verschiedene Fehlgeburten sowie die Totgeburt eines Sohnes (Capone, 2019, S. 53) in dieser Zeit auf anhaltenden Kummer wegen der außerehelichen Liebschaften zurückzuführen sind oder eher Folgen der Infektion mit Syphilis durch Al waren, ist nicht eindeutig festzustellen. Vermutlich kam beides zusammen und verdichtete sich allmählich im Zusammenhang mit den Krankheiten Sonnys zur Gewissheit der Infektionskette. Al Capones intensive Geschäfte im Prostitutionsgewerbe sowie seine persönlichen Kontakte zu Lieblingsfrauen ließen eigentlich keinen anderen Schluss zu.

Firmensitz in Cicero

Neben dem Prostitutionsgewerbe waren der illegale Alkoholvertrieb und das Glücksspiel die Hauptquellen der Einkünfte in der Torrio-Capone-Organisation. Der Handel und die Geschäfte blühten, weil der korrupte Bürgermeister Bill Thompson an den Geschäften mitverdiente und kein Hehl aus seiner indirekten Unterstützung der kriminellen Geschäftsleute machte. In seinen zwei Amtszeiten von 1915 bis 1923 gab es so gut wie keine Verfolgung der Straftaten der Gaunerbosse. Deshalb regte sich in der Bevölkerung allmählich politischer Widerstand gegen die zunehmende Gewaltausübung rivalisierender Gruppen und die Kollusion der Polizei mit den kriminellen Akteuren. In dieser gefährlichen Lage des öffentlichen Lebens kandidierte der aus Boston stammende Demokrat William E. Dever für das Amt des Bürgermeisters der Stadt Chicago, um den von Al mit 200.000 Dollar unterstützten korrupten Republikaner Thompson abzulösen, und er gewann die Wahl. Als Richter hatte er den Einsatz für die Rechtsstaatlichkeit auf sein Panier geschrieben. In seiner von dem Biografen Kobler zitierten Proklamation verkündete Dever als

Maxime seines Handelns die Wiederherstellung von Recht und Ordnung: „Dieser Guerillakrieg zwischen Entführern, Rumhändlern und illegalen Bierverkäufern wird niedergeschlagen werden. Ich bin ganz sicher, dass dieser elende Handel mit seinem Tribut an menschlichem Leben und Moral ausgelöscht werden kann, wenn ich Bürgermeister bin“ (Kobler, 1971, S. 111). Es ist erstaunlich, dass Devers Amtsantritt unmittelbare Auswirkungen auf die Operationen der kriminellen Organisationen hatte. Die strikte Durchsetzung der Auflagen der Prohibition mit den in seinem Dunstkreis angesiedelten Gewerben erschwerte den Alkoholhandel im Zentrum von Chicago ungemein, sodass sich Torrio und Capone nach neuen Absatzmärkten umschauten. Schon der Erlass des Horace Mann-Gesetzes gegen den weißen Sklavenhandel, mit dem die zwangsweise Prostitution unerfahrener junger Frauen, die aus Europa eingereist oder vom Lande in die Stadt gezogen waren, verboten wurde, hatte zu einer Säuberung des Stadtzentrums und Verlagerung der Bordelle in Vorstädte geführt. So war gewissermaßen ein Ring von Bordellen der Capone-Brüder mit Torrios Unterstützung um die Stadt herum entstanden. Ähnlich plante man nun, den unstillbaren Wunsch nach Alkoholkonsum in den Vorstädten geschäftsmäßig zu bedienen. Dafür bot sich der Vorort Cicero im Westen Chicagos an, der sich nach Auffassung von Historikern zum „nassesten Ort der Vereinigten Staaten“ entwickelte.

Torrio und Capone hatten Cicero nach genauen Marketing-Konzepten für die Erweiterung ihrer Geschäfte in die Vorstädte ausgewählt. Obwohl sich auch hier irische, deutsche und jüdische Einwanderergruppen niedergelassen hatten, war die Mehrzahl der Bewohner des industriellen Vororts aus Böhmen eingewandert und bestimmte das kulturelle Leben. Das Torrio-Capone-Management hatte richtig erkannt, dass die böhmischen Arbeiter die Vorliebe für ihre besondere Biersorte aus der Heimat mitgebracht hatten und dass das tägliche Bier Teil ihres Lebens war. Unternehmer, die die von ihnen abgelehnte Prohibition umgehen und ihnen ihr Lebenselixier liefern konnten, waren mehr als willkommen. Mit der Unterstützung dieser Arbeiter konnte das Torrio-Capone-Team seinen Plan umsetzen, den politischen Apparat zu übernehmen. Nach einem gewaltsam verhandelten Arrangement mit den schon angesiedelten kriminellen Gruppen konnte Al Capone eine neue Stufe auf seiner Leiter des amerikanischen Traums erreichen, den die europäischen Einwanderer potenziell mit ihm teilten. Die Aufnahme dieses neuen Geschäftszweigs im Oktober 1923 fiel mit der schon lange geplanten Italienreise Johnny Torrios zusammen. Dabei ging es ihm darum, seine betagte Mutter in die Heimat zurückzubringen sowie seine Millionengewinne in Sicherheit zu bringen und für ein neues Geschäft anzulegen. Dies war die Gelegenheit für Al Capone, aus dem Schatten seines Mentors zu treten und das Geschäft in Cicero zu übernehmen. Der Aufstieg zum Boss konnte an dem zunehmend genutzten Namen „Outfit" festgemacht werden, der die als anrüchig geltende Bezeichnung des Syndikats ersetzte. Dieser unter Ganoven gängige Name einer Clique für ihre Organisation als eine Art Geheimbund sollte ihre eigentlichen Aktivitäten kaschieren (Lombardo, 2013, S. 119). Als Zentrale für die Outfit wählte Al das Hotel Anton, von dem aus er seine Operationen leitete und mit dessen griechischem Besitzer er befreundet war. Tatkräftig wurde er dabei von seinen Brüdern Ralph und Frank unterstützt.

Es war Franks besonderes Geschick, die Politiker Ciceros mit ins Boot zu nehmen, um ungehindert den Geschäften nachgehen zu können. Seine Manipulation der anstehenden Wahlen übertraf das bisher aus Chicago bekannte Ausmaß. Anstelle der üblichen Falschwähler, die aus anderen Bezirken herbeigeschafft wurden, errichtete er vor den Wahllokalen Kontrollsperren, die nur die Capone genehmen Wähler passieren konnten. Wahlurnen mit Stimmen der Opposition wurden mit den Stimmen der eigenen Kandidaten ausgetauscht, sodass am Ende nur die den Plänen Capones nicht im Wege stehenden Politiker gewählt wurden. Folglich konnten die verschiedenen Geschäftszweige ungehindert etabliert werden. Ralph eröffnete ein neues Bordell, dessen Name „Stockade" an berüchtigte frühere Etablissements in Chicago erinnerte. Die Bevölkerung sprach von „Caponeville". Al seinerseits übernahm das Wettspielgeschäft mit Pferderennen auf dem bekannten Hawthorne Race Track (Bergreen, 1995, S. 114). Einnahmen aus diesen Geschäften wurden mit 90 Millionen Dollar für 1925 (heute 1,3 Milliarden) und 105 Millionen für 1927 (heute 1,6 Milliarden) beziffert, wobei der Umsatz mit Bier am höchsten war (Binder, 2017, S. 70). Teil der Kalkulation der neuen Geschäfte war die durch die Autoproduktion in Detroit zunehmende Mobilisierung, sodass die Kunden aus Chicago die Vororte bequem erreichen konnten. Die Anfahrt im eigenen Wagen (Ford-T-Modell) lässt interessante Rückschlüsse auf die Kunden zu, für die die Lokalität am Stadtrand den zusätzlichen Vorteil bot, in dieser Umgebung unerkannt bleiben zu können. Alles lief für die Capone-Outfit nach Plan und Al fühlte sich auf einem ersten Höhepunkt seiner neuen Macht, dem er demonstrativ durch die Organisation einer Parade in Cicero Ausdruck verlieh. Konkreter Anlass dazu war der Besuch seines Arbeitgebers Aielo aus Baltimore, bei dem er – nach verschiedenen Quellen – das Buchhalterwesen erlernt hatte und der an einem Kongress in Chicago teilnahm. Die erlernten Fähigkeiten hatten sich bereits voll ausgezahlt.

Neuer Widerstand erwuchs Al Capone in der mutigen Person eines jungen Journalisten, Robert St. John, der wie die Bevölkerung auf die zunehmende Gewalt mit kritischen Artikeln in der 1922 gegründeten Zeitung *Cicero Tribune* reagierte. Im Stil der investigativen Muckraking-Journalisten prangerte er unerschrocken die politischen Missstände und Capones kriminelle Machenschaften an. Al hatte inzwischen das Hawthorne Hotel in Cicero zu seiner Operationszentrale gemacht und versuchte, den Anschuldigungen St. Johns entgegenzuwirken. Zum einen wollte er durch Infrastrukturmaßnahmen, konkret sichtbare Veränderungen wie im Straßenbau, die meist im Elektrowerk Ciceros beschäftigten Bewohner für sich gewinnen. Zum anderen unterstützte er das Konkurrenzblatt zu St. Johns Zeitung, die *Cicero Life*, die von seinen geplanten Wohltaten für die Bewohner berichtete. Im Glauben an seinen Allmachtanspruch mischte er sich massiv in die Vorwahlen zur Präsidentschaftswahl des Landes ein und manipulierte die Stimmabgabe am 1. April 1924. Aus seinen guten Erfahrungen mit dem in Chicago wegen Korruption abgewählten republikanischen Bürgermeister Bill Thompson unterstützte Capone die Kandidaten der republikanischen Partei und verhinderte die Wahl der demokratischen Bewerber. Der sozialkritische Autor Upton Sinclair hatte schon in seinem Roman *Der Dschungel* über die Chicagoer Schlachtmärkte die in der ersten Dekade des Jahrhunderts vorgenommenen Manipulationen geschildert, für die besonders Einwanderer aus Osteuropa eingesetzt wurden. Ohne wahlberechtigt zu sein, erhielten die noch nicht Englisch sprechenden und mit dem politischen System unvertrauten Arbeiter einen geringen Geldbetrag und Alkohol als Gegenleistung für die Abgabe von Wahlzetteln für die republikanischen Kandidaten Capones, ein Vorgang, der mehrmals zur Sicherstellung des Wahlergebnisses wiederholt werden konnte. In Cicero ging Al Capone über diesen für die willigen und unbedarften „Wähler" harmlosen Einsatz hinaus, indem die Wähler der Kandidaten der demokratischen Partei eingeschüchtert und an der Wahl gehindert wurden. Es soll sogar zu vorübergehenden Festnahmen und körperlichen Misshandlungen der gegnerischen Wähler durch Capones Leute gekommen sein. Diese massiven Beeinträchtigungen der Wahlen, verbunden mit der Zunahme von Gewalttätigkeiten zur Stabilisierung von Capones Machtzentrum, hatten weitreichende Auswirkungen, die in der inzwischen demokratisch regierten Stadt Chicago Befürchtungen vor einem Übergreifen hervorriefen. Folglich beschlossen die aufrechten Stadtväter, dem kriminellen Tun Einhalt zu gebieten. So kam es, wie es kommen musste, zum ersten empfindlichen Einschlag in das Capone-Kontor.

Das Unglück schlug um die Mittagszeit am Tag der Vorwahlen zu. Al Capones Bruder Frank hatte im eleganten Business-Anzug gerade ein Haus in der Nähe des Elektrokonzerns in Cicero verlassen, als ein Konvoi von 9 Limousinen auf ihn zuraste und die Insassen sofort das Feuer auf ihn eröffneten. Franks Versuch, sich mit seiner eigenen Pistole zu wehren, ging in dem Feuerhagel unter, der seinen ganzen Körper durchsiebte. Durch die Berichterstattung in der *Cicero Tribune* stellte sich heraus, dass Robert St. John zufällig Zeuge dieser brutalen Exekution geworden war. Offensichtlich hatte seine Aufdeckung der von den Capone-Brüdern ausgeübten Geschäfte die Polizei von Chicago auf den Plan gerufen, die in Zivil und in nicht gekennzeichneten Fahrzeugen ihre Vendetta durchführte und ihre Magazine auf den kriminellen Boss abfeuerte. Diese heimtückisch inszenierte Ermordung war ein schwerer Schlag für Al Capone, den der Sieg seiner Kandidaten in der Vorwahl nicht kompensieren konnte. Es war klar, dass er zum Gegenschlag ausholen würde. Zunächst ging es aber um das würdige Begräbnis, das alle bisher bekannten Dimensionen übertreffen sollte. Ausführlich beschreiben Historiker und Zeitzeugen die Aufbahrung des Leichnams im Haus der Capones in der South Prairie Avenue in Chicago mit der trauernden Familie, dem kostbaren Sarg und dem Meer von Blumengebinden.

Frank Capones Begräbnis vor dem Haus in der South Prairie Avenue
(Foto: John Binder Collection)

Dean O'Banion, einer der Gangsterbosse Chicagos, der sein Geschäft aus einem Blumenladen heraus führte, hatte Blumenschmuck im Wert von 20.000 Dollar (heute 300.000 Dollar) mit einem 1,80 Meter großen Herzstück aus roten Nelken arrangiert (Bergreen, 1995, S. 128). Es ist bezeichnend, dass es sich bei O'Banion eigentlich um einen irischen Rivalen der Torrio-Capone-Organisation im Norden der Stadt handelte, der aber das gute Geschäft gerne mitnahm und zugleich Mitgefühl heuchelte. Den Trauerzug zum Friedhof säumten viele neugierige Gaffer, die durch den Pomp des kriminellen Milieus angezogen wurden. Natürlich führte die Polizei auch Untersuchungen zu dem Vorfall durch. Den im Polizeibericht behaupteten Ausgangspunkt der tödlichen Auseinandersetzung durch Franks Abgabe von zwei Pistolenschüssen konnte der Augenzeuge St. John nicht bestätigen. Den Versuch, den Tod des Bruders in den Kontext der von den Capone-Brüdern ausgeübten Straftaten zu stellen, wies Al im Verhör zurück, indem er sich als Al Brown und Gebrauchtwarenhändler von Möbeln ausgab.

Ähnlich ergebnislos verlief eine Verhandlung kurze Zeit später im Mai, als Al Capone in einen Mordfall verwickelt war. Sein mit ihm geschäftlich verbundener Partner, der jüdische Einwanderer Jake Guzik, war in einer Bar in der Nähe von Torrios Hauptquartier Four Deuces in der Wabash Avenue von einem ebenfalls im gleichen Geschäft tätigen jungen Mann, Joe Howard, wegen seiner jüdischen Abstammung beleidigt worden. Statt die Angelegenheit selbst zu regeln, holte Guzik Al zu Hilfe. In der kurzen verbalen Auseinandersetzung beging der junge Mann den Fehler, Al als Zuhälter zu bezeichnen, was sein Todesurteil bedeutete. Al streckte ihn mit vier Schüssen nieder und verließ den als Flüsterkneipe mit illegalem Alkoholausschank bekannten Tatort. Natürlich hatten der Wirt und andere Gäste den Vorfall gesehen und vermutlich Al Capone erkannt. In der Untersuchungskommission gaben sie an, den Täter während der tödlichen Schüsse gerade nicht im Blickfeld gehabt zu haben, sodass das Verfahren gegen den angeblichen Möbelhändler Al Brown eingestellt wurde.

Franks gewaltsamer Tod im Alter von 28 Jahren hatte viel Unruhe im Zusammenspiel der verschiedenen Kräfte ausgelöst und zu Veränderungen geführt. Dies betraf vor allem das Verhältnis zu den meist mit dem kriminellen Milieu kooperierenden Ordnungskräften, aber auch das friedlich vereinbarte Miteinander der verschiedenen kriminellen Organisationen in Cicero. Durch den Inkognito-Einsatz des Chicagoer Polizeikommandos in Cicero war das ganze Einzugsgebiet der Metropole involviert. Zusätzlich zu dem Hauptsitz von Capones Outfit im Hawthorne Hotel erstand Al in der Nähe ein eigenes Domizil, das er angesichts der aggressiven Atmosphäre zu einer sicheren

Schutzburg ausbauen ließ. Ein zweiter Effekt der verschärften Situation war Al Capones vollständiges Eintauchen in die nächtlichen Exzesse der Partyszene, die er in vollem Maße auskostete. Mehr als 100 Kneipen, Wettbüros und ein Ring von Bordellen boten zahlreiche und abwechslungsreiche Vergnügungen an. Zusätzlich zu den schon bekannten Alkoholexzessen und Sexaffären stieg Al nun in den Drogenhandel und Drogenkonsum ein. Sein nicht in allen Quellen bestätigter Kokaingenuss war angeblich so exzessiv, dass Ärzte später ein Loch in seiner Nasenscheidewand diagnostizierten. Mario Gomes widerlegt die vom Biografen Laurence Bergreen propagierte Drogengeschichte und gibt einerseits Capones frühe Syphilis-Erkrankung, andererseits seine chronische Nasennebenhöhlenentzündung, die 1929 operativ behandelt wurde, als andere Gründe für die Beschädigung des Septums an. Strafverfolgung für sein illegales und die eigene Gesundheit schädigendes Verhalten brauchte er allerdings nicht zu fürchten, weil Cicero nun fest in seiner Hand war. Einzig der hartnäckige Investigativ-Reporter Robert St. John hatte seinen Widerstand noch nicht aufgegeben. Seit er zufällig Zeuge des Anschlags auf Franks Leben geworden war, wollte er das Innenleben des Al-Capone-Imperiums ausleuchten. Also verkleidete er sich und besuchte eines von Capones Bordellen. Als potenzieller Freier wurde er für 5 Dollar einer Dame zugeteilt, mit der er nach eigenen Aussagen keinen Sex hatte, sondern ein langes Gespräch über die Vorgänge in dem Etablissement führte. Ausführlich berichtete er in der *Cicero Tribune* über den Besuch und die Interna des Gewerbes ebenso wie über das Schicksal der mehr als 100 im Sexgeschäft freiwillig oder als „weiße Sklavinnen“ tätigen Frauen. Al war zwar einerseits nicht glücklich über die Veröffentlichung der schlüpfrigen Geschichten, nahm sie aber andererseits als kostenlose Werbung für seine Geschäfte hin. Wie zu erwarten, hatte die in St. Johns Autobiografie *This Was My World* (1953) geschilderte Geschichte noch eine Fortsetzung. Die Auseinandersetzung zwischen dem für Recht und Moral sich einsetzenden Reporter und dem Capone-Imperium wurde schließlich gewalttätig. Al Capones Bruder Ralph und Komplizen lauerten St. John auf und schlugen ihn krankenhausreif. Zwei dabei zusehende Polizisten griffen nicht ein. Fast gleichzeitig wurde St. Johns Bruder Archer, der ebenfalls einen Enthüllungsartikel über Capone schreiben wollte, von Capone-Leuten gewaltsam entführt und in einem Waldstück ausgesetzt. Natürlich konnte auch ein gemeinsames Verhör von Al und Robert zu diesen Vorgängen bei der Polizei später keine Lösung bringen. Robert St. John lehnte alle Bestechungsversuche mit viel Geld standhaft ab. Er konnte allerdings dennoch nicht verhindern, dass sein Verleger nicht das gleiche moralische Rückgrat hatte. Kurzerhand kaufte Al die *Cicero Tribune* und erstickte damit die in der amerikanischen Verfassung garantierte Meinungsfreiheit und freie Presse. Das investigative Journal wurde zur Hauspostille von Al Capone. Desillusioniert von dieser korrupten und kriminellen Welt, in der Al Capones Geld der Maßstab aller Dinge war, zog sich der ausmanövrierte Journalist nach Vermont an der Nordostküste zurück. Dort fand er eine neue Anstellung und verglich später als Auslandskorrespondent Al Capones Operationen mit denen Adolf Hitlers.

Die Nachrichten von den kriminellen Geschäften in Chicago, von Al Capones führender Rolle bei den illegalen Operationen und von Franks Tod verbreiteten sich schnell in die umliegenden Staaten. Sie wurden auch in Nebraska mit Interesse von dem verlorenen Sohn der Capone-Familie, Richard Hart, gelesen. Die neue Identität des erstgeborenen Sohns kam ihm nun in seinem Beruf als Vertreter des Gesetzes im Kampf gegen die Prohibition zupass. Ohne seine Frau und Kinder über die Details seiner Reise nach Chicago zu informieren, kam es in der South Prairie Avenue zu einem neuen Treffen mit der Familie, die er zuletzt beim Begräbnis des Vaters in Brooklyn gesehen hatte. Für Vincenzo alias Richard Hart war es schwer, die Welt des Verbrechens seiner Brüder aus seiner eigenen Welt der Gesetzestreue heraus zu verstehen. Die Besichtigung der von den Brüdern erfolgreich geführten Flüsterkneipen widersprach dem Ethos seines Berufs. Ebenso erstaunt war er über deren freizügigen Umgang in der respektablen Gesellschaft, die ihrerseits die als Gesetzesbrecher bekannten Nachbarn ohne erkennbare Skrupel zu akzeptieren schien. Neidlos erkannte er die ihm vertrauten Triebkräfte des amerikanischen Traums an und die damit gekoppelte, die Geschäftswelt allgemein kennzeichnende Energie, die den ungeahnten Aufstieg ermöglicht hatten. Die gemeinsame Erfahrung der italienischen Einwandererfamilie, die sich gegen alle Widerstände der angloamerikanischen Mainstream-Gesellschaft durchsetzen musste, war das über dem Gesetz stehende verbindende Element. Aus dieser Familienperspektive konnte der Bruder Al Capones Erschießung von Joe Howard als eine Affekthandlung nach ethnischer Beleidigung nachvollziehen und mit seiner eigenen Verarbeitung für eine im Dienst begangene Tötung auf einem Reservat in Beziehung setzen. Auf dieser Basis konnten die auf gegensätzlichen Seiten des Gesetzes stehenden Brüder ihre jeweilige Tätigkeit fortsetzen und vereinbarten, sich einmal jedes Jahr inkognito zu treffen.

Ähnlich wie Vincenzo müssen sich die weiblichen und heranwachsenden Mitglieder im Capone-Haushalt in der South Prairie Avenue gegenüber den außerhalb des Hauses stattfindenden Machenschaften der Männer gefühlt haben. Die private Welt des Familienhaushalts kontrastierte mit der professionellen Beschäftigung der Capone-Outfit. Wie die bei den Familienfesten eingeladenen Nachbarn und Freunde musste auch die Familie über die Differenz der beiden Welten hinwegsehen und die Facetten der gewonnenen Prominenz als positiv verbuchen. Ungemein schwieriger gestaltete sich diese Diskrepanz jedoch für Al Capones Kernfamilie, seine Beziehung zu Frau und Sohn. Sonnys fortgesetzte Krankheiten machten ihm Sorgen und er befürchtete schwerwiegende psychische Belastungen nicht nur für den Sohn, sondern für die ganze Familie. Für Mae war er immer ein liebevoller Mann und Familienvater. Standhaft versuchte sie, als Frau und Mutter die private und öffentliche Seite zu trennen und Capones Frauengeschichten auszublenden. Allerdings musste sie zur Kenntnis nehmen, dass mit der Ausweitung der Geschäftsbereiche ihres Mannes die Zeiten seiner Abwesenheit von der Familie immer länger wurden. Die Verlagerung der Torrio-Capone-Organisation nach Cicero und die Übernahme der Geschäfte während Torrios Italienaufenthalt verkürzten die privaten Momente radikal. Zudem hatte sich Al neben dem Hauptsitz der Zentrale einen zusätzlichen privaten Rückzugsraum in Cicero geschaffen, in dem er sein ausschweifendes Leben führte. Zum Glück war Mae nicht allein und wusste sich trotz aller Differenzen von Familienmitgliedern umgeben, an die sie sich wenden konnte. Mit der Schwiegermutter teilte sie den Trost der katholischen Religion und ging regelmäßig mit ihr zum Gottesdienst. Teresa war auch eine große Hilfe im Umgang mit Sonnys zu diesem Zeitpunkt noch unerklärlichen Krankheiten. Er war noch zu klein, um über die eigentlichen Tätigkeiten seines Vaters Bescheid zu wissen, und freute sich, wenn er mit ihm im Garten Ball spielen konnte. Bewusst wurde Capones Geschäftswelt von dem Sohn ferngehalten. Solange beide Bereiche klar getrennt blieben, gab es eigentlich keine Konflikte. Man hatte sich arrangiert. Das zufällige oder bewusst forcierte Eindringen in den anderen Bereich hatte jedoch weitreichende Folgen.

Von einer solchen absichtlichen Transgression berichtet Maes Enkelin Diane ausführlich. Die breite Schilderung deutet darauf hin, dass dieses Ereignis einen festen Platz in Maes Erinnerung eingenommen hat. Al Capones immer länger werdende Abwesenheiten von der Familie ohne die sonst üblichen Familienbesuche an Sonntagen machten Mae zunehmend skeptisch im Hinblick auf seine außerehelichen Beziehungen. Weitere Indizien waren entsprechende Andeutungen der Brüder im Familienkreis, sodass Mae spontan entschied, sich selbst ein Bild zu machen. Wild entschlossen bat sie ihren Schwager, sie zum Einkaufen zu fahren, und zwang ihn dann unterwegs, sie zu ihrem Mann ins Hawthorne Hotel in Cicero zu bringen. Gegen den Widerstand seiner Bodyguards drang sie in das Privatgemach ihres Mannes ein, der durch den gebieterischen Ton ihrer Stimme schon gewarnt war. In der Tat erwischte Mae Al bei einem Schäferstündchen in flagranti. Selbst der schnelle Abgang der Liebhaberin mit ihren in aller Eile zusammengerafften Kleidern über die Feuerleiter konnte Maes Entrüstung und Wut gegenüber dem Ehebrecher nicht beschwichtigen. In der Erinnerung zeigt sie sich ihrer zuhörenden Enkelin gegenüber erfreut, dass dies wohl einer der wenigen Momente in ihrem Leben war, in dem sie die Angst im Gesicht ihres allmächtigen Mannes sah, der wohl persönliche Konsequenzen und eine folgenschwere Trennung befürchtete. Ohne weitere Aussprache steigerte sich die Wut über die nun erlangte Gewissheit und die gravierende Verletzung der intimen Vertrauensbasis. Der Konflikt eskalierte noch weiter bei Al Capones nächstem Familienbesuch mit einem Wutausbruch Maes in Anwesenheit von Sonny, den Al kommentarlos ertrug und perplex mit einer Spuckattacke beendete. Wenige Tage später erhielt Mae ein Paket, in dem sie einen großen Diamanten und einen Platinarmreif zusammen mit einem Entschuldigungsbrief und ewigen Liebesschwüren fand. Lakonisch kommentiert die Enkelin die damit offensichtlich beendete Affäre: „Als Al wieder auftauchte, war die Angelegenheit erledigt. Sie tat, was sie zunehmend in ihrem Leben zu tun lernte. Sie kehrte ihren Herzensschmerz unter den Teppich und machte weiter. Er war wieder da, und nur das war ihr wichtig" (Capone, 2019, S. 63).

Trotz der stattlichen Schmuckkompensation gab es noch eine weitere Stufe in Maes Auseinandersetzung mit den sexuellen Eskapaden ihres Mannes. Wieder waren es zufällig mitgehörte Gespräche von Al Capones Leuten im Familienhaus, die Maes wütende Reaktion provozierten. Offensichtlich wussten alle aus seinem Umfeld von seiner neuen Liebschaft, einer attraktiven Blondine, nur sie nicht, die Ehefrau. Für ihre Rache suchte sie sich den nagelneuen Cadillac aus, mit dem Al zusammen mit zwei Bodyguards zum Sonntagsessen erschienen war. Während das von der Mutter vorbereitete, weithin gerühmte Essen für alle Familienmitglieder und Al Capones Entourage serviert wurde, verschwand Mae und machte sich an dem Cadillac zu schaffen. Zwar hatte sie nie Fahrstunden genommen, hoffte aber dennoch, das Fahrzeug in Gang zu setzen und losfahren zu können. Dabei folgte sie den Handlungsschritten, die sie bei ihren Fahrern beobachtet hatte. Es gelang ihr, das Auto zu starten und zu bewegen. Aber sie kam nicht weit und knallte gegen die Garage, wo Al mit den Bodyguards bald eintraf und Mae mit dem Kopf auf dem Lenkrad vorfand. Seine Angst, Mae sei verletzt oder gar tot, wurde schließlich durch Maes unbändiges Lachen aufgelöst. Auf ihre Weise hatte Mae auf die Untreue ihres Mannes reagiert und ihre emotionale Verletzung mit einem für Al unbedeutenden materiellen Schaden beantwortet. Der Cadillac und die Garage konnten leicht repariert werden. Lebenslang blieb für Mae der emotionale Schaden, dem sie sichtbaren Ausdruck verlieh, indem sie sich die Haare blond färben ließ. Immerhin jedoch hatte man sich kurz vor dem Ausbruch der Bandenkriege im Großraum Chicago privat auf ihre Weise arrangiert.

Gnadenloser Wettbewerber

Für die Bewohner der Ostküste Amerikas galten Chicago und seine regionale Umgebung, die in der offiziellen Bezeichnung zum geografischen Mittleren Westen gehören, lange Zeit als ein Außenposten des gesetzlosen Wilden Westens. Die seit der Kolonialisierung als „Frontier“ bezeichnete Grenze zwischen der von europäischen Siedlern vermeintlich repräsentierten Zivilisation und der angeblich in wilder Natur lebenden indigenen Bevölkerung hatte sich sukzessive nach Westen verschoben und war mit dem Erreichen der Westküste 1890 offiziell durch das für Volkszählungen zuständige US Census Bureau geschlossen worden. Dennoch schien die von individuellem Waffengebrauch ausgehende Gewalt weiterhin im westlichen Teil des Landes und vor allem in Chicago vorzuherrschen. Der Kampf der die westlichen Gebiete besiedelnden Pioniere mit gesetzlosen Banditen und den ihren Lebensraum verteidigenden Ureinwohnern schien nun in die aufstrebende Metropole von Chicago verlagert zu sein und fand zwischen rivalisierenden ethnischen Einwanderern und der angelsächsisch geprägten amerikanischen Mainstream-Gesellschaft statt. Die schon in Manhattan und Brooklyn zwischen den verschiedenen Einwanderergruppen ausgetragenen Kämpfe auf dem Weg der Anpassung an die neuen Verhältnisse im neuen Land waren Teil des Wettbewerbs um die Verwirklichung des amerikanischen Traums. Abgesehen von lokal begrenzten kriminellen Gruppen, die meist von Typen wie etwa Frankie Yale in seinem Harvard Club in Brooklyn geführt wurden, verliefen diese Rivalitäten oft gewaltfrei. In der Boom-Stadt Chicago mit den ungeahnten Gewinnmöglichkeiten vollzog sich dagegen die Anverwandlung des amerikanischen Traums an das organisierte Verbrechen seit der Jahrhundertwende exponentiell. Für diese Instrumentalisierung des amerikanischen Traums im Kontext des organisierten Verbrechens können zwei Gründe angeführt werden. So kann vermutet werden, dass die von den Verlockungen des amerikanischen Traums getriebenen jungen Einwanderer eine erfolgreiche Operationsbasis für ihre Ziele des schnellen Reichtums suchten, die sich ihnen in den vorhandenen, von WASP-Amerikanern dominierten, oft von Kapitalmonopolisten geführten Konzernen und Industriezweigen nicht boten. Möglicherweise sollten auch die von ihnen erfahrenen Diskriminierungsmechanismen kompensiert werden, die ihrer Auffassung nach den Zugang zu den Geschäftsmöglichkeiten der dominanten Mainstream-Gesellschaft verwehrten oder durch lange Wartezeiten den Einstieg erschwerten. In diesem Kontext war der Erlass der Prohibition die ideale Plattform für die Erschließung neuer Finanzquellen, die zwar illegal waren, aber weitgehend von den Aufsichtsbehörden toleriert und von den Konsumenten honoriert wurden. Dass verbrecherische Aktivitäten den Aufstieg Chicagos seit dem 19. Jahrhundert begleitet hatten und zahlreiche Etablissements für Prostitution und illegale Wettspiele Anfang des 20. Jahrhunderts florierten, hatte den Ruf der Stadt mitgeprägt. Nach der auf Schätzungen beruhenden Statistik des Sittendezernats gab es 1910 etwa 15.000 Prostituierte in Chicago, die jährlich 27 Millionen Freier bedienten (Mappen, 2013, S. 11). Doch erst durch die Prohibition wurden – entgegen dem vom Volstead-Gesetz beabsichtigten Alkoholverbot – die flächendeckenden und landesweiten Voraussetzungen für die Produktion, den Vertrieb und den Konsum von Alkohol geschaffen. Das Alkoholgeschäft hatte wiederum weitere Gesetzesübertretungen zur Folge, die von harmlosen Vergehen einzelner bis zu brutalen Gewaltausübungen konkurrierender Syndikate reichten.

Der große Anteil verschiedener Einwanderergruppen in der ökonomischen Boom-Stadt multiplizierte das dem amerikanischen Traum entsprechende Streben nach Reichtum und begünstigte die Geschäftsmodelle der nach ethnischer Zugehörigkeit gegliederten Organisationen. Iren, Deutsche, Polen und Italiener stellten die größten Gruppen dar, die sich in unterschiedlichen Rollen als Produzenten oder Konsumenten illegaler Produkte erwiesen und insbesondere dem Alkohol zusprachen. Der amerikanische Historiker John J. Binder hat in seiner umfangreichen Geschichte zum organisierten Verbrechen während der Prohibition in Chicago eine Liste der in der Stadt angesiedelten Gangs erstellt und deren Verteilung über die Stadt abgebildet (Binder, 2017, S. 86). Danach existierten kurz nach Beginn der Prohibition zwölf große kriminelle Vereinigungen, die über das ganze Stadtgebiet flächendeckend verteilt waren und weitgehend ihre jeweiligen Einsatzgebiete respektierten. Diese gegenseitige Anerkennung beruhte auf dem von Al Capones Kompagnon Johnny Torrio in weiser Voraussicht 1920 am Anfang der Prohibition vereinbarten Abkommen, in dem die Bereiche geografisch festgelegt wurden. Abgesehen von einzelnen Abweichungen hielt diese Absprache bis 1923, als durch die Wahl von Bürgermeister William E. Dever von der Demokratischen Partei Veränderungen in der politischen Landschaft in der Stadtverwaltung Chicagos die Ausweitung der Geschäfte in die Vororte nötig machte und damit neue Bedingungen schuf. Zwangsläufig kam es zu Auseinandersetzungen, die das Arbeitsklima empfindlich störten und schließlich in einen blutigen Bandenkrieg ausarteten. Al Capone und seine Organisation schienen dafür gut gerüstet.

Bandenkriege

Hauptträger der durch das Alkoholverbot ausgelösten kriminellen Geschäfte in Chicago waren irische, osteuropäische und italienische Einwanderer. Es spricht für die mit dem Einwandererstatus verbundene Zusammengehörigkeit der verschiedenen nationalen Abstammungen, dass die meisten Gangs primär ihre Landsleute als Mitglieder rekrutierten, die strategisch durch andere eingewanderte Neu-Amerikaner ergänzt wurden. Die nach Marketing-Gesichtspunkten der Prohibitionszeit ausgewählten Märkte konnten in den Wohnvierteln der jeweiligen Einwanderergruppen liegen oder in den Wohngebieten ihrer Konsumenten. Drei der wichtigsten Gangs wurden von Mitgliedern der in Chicago am stärksten vertretenen Einwanderergruppe der Iren geleitet. Sie hatten ihre hauptsächlichen Geschäftsgebiete im Norden, Süden und Westen der Stadt. Die sogenannte North Side Gang wurde von Dean O'Banion angeführt, der 1892 als Kind irischer Einwanderer in Illinois geboren wurde und mit seinem verwitweten Vater 1901 nach Chicago gekommen war. In der Organisation seiner Geschäfte wurde er von dem aus Polen stammenden Hymie Weiss und George Moran, dem in St. Paul, Minnesota, geborenen Sohn französischer Einwanderer, unterstützt. Die Gang von O'Banion, Weiss und Moran war eine schlagkräftige Truppe und konnte die Wünsche verschiedener Ethnien bedienen. Zudem konnten Hymie Weiss und George Moran mit ihren amerikanisierten Namen zugleich ihren Status als Amerikaner reklamieren. Die West Side O'Donnell Gang operierte im Westen der Stadt und den westlichen Vororten und war im Valley Distrikt angesiedelt, wo die aus Irland 1885 eingewanderten Eltern mit den drei Söhnen William, Bernard und Myles wohnten. Nach kurzer Lehrzeit bei der einschlägig tätigen Valley Gang machten sie sich als die O'Donnell Gang selbstständig und unterhielten zahlreiche Kneipen zum Konsum der verbotenen alkoholischen Getränke. Die South Side O'Donnell Gang wurde von dem 1889 in Chicago als Mitglied einer großen irischen Familie geborenen James Edward „Spike" O'Donnell geführt. Mit Ausnahme der jüngsten Geschwister waren viele seiner insgesamt acht Brüder und zwei Schwestern ins Geschäft involviert. Spike O'Donnell war schon vor der Prohibition kriminell geworden und musste wegen eines Banküberfalls eine Gefängnisstrafe teilweise absitzen, bevor er 1922 voll in das Alkoholgeschäft einsteigen konnte und in kurzer Zeit mit seinen Brüdern zu einem der erfolgreichsten Bierschmuggler wurde. Schnell machte er sich einen Namen als Kopf eines illegalen Biersyndikats und besaß mit Billigung der Polizei ein Monopol im Bierhandel (Binder, 2017, S. 117). Flächenmäßig umfasste diese Gang vollständig den Süden Chicagos und nahm im Vergleich mit den Konkurrenten den größten Raum ein. An kleineren Alkoholgeschäften waren auch deutschstämmige Geschäftemacher beteiligt, wie die Schultz-Horan Gang, die im Nordwesten der Stadt arbeitete, oder die Cook-Vogel Gang, die im Westen unabhängig von der O'Donnell Gang ihren Geschäften nachging. Albert Schultz und George Vogel hatten im Zuge der Amerikanisierung ihre deutschen Namen der neuen Sprache angepasst. Aus Schütz wurde Schultz, aus Georg wurde George. Unter seinem neuen Namen war George Vogel als Taschendieb und Einbrecher bekannt, dem man nie ein Verbrechen nachweisen konnte. Albert Schultz seinerseits sollte bei einer Schießerei 1922 eines der ersten Opfer in dem bald beginnenden Bierkrieg werden.

Die hauptsächlichen italienischen Profiteure der Prohibition waren die Genna Gang und die Torrio-Capone Gang. Im Unterschied zu den anderen Verbrecherbanden zeichneten sich die italienischen Syndikate durch straffe autokratische Führungsstruktur und familiäre Bindung aus. Die Einbindung der männlichen Familienmitglieder sorgte in der Regel für größere Loyalität und engere Kollaboration als in anderen, divers strukturierten Organisationen. Zudem konnte man auf Traditionslinien zurückgreifen, die aus dem Heimatland mitgebracht wurden. Dies traf vor allem auf die Genna Gang zu. Die Eltern der sechs am Geschäft beteiligten Brüder waren aus Marsala in Sizilien eingewandert und wohnten im italienischen Bezirk in Chicago. Offensichtlich war es nicht schwer, gute Beziehungen zu den Polizisten des Distrikts zu etablieren, sodass sie gegen entsprechende Bezahlung den Schutz der Polizeiorgane für ihre illegalen Operationen beim Alkoholtransport genießen konnten. In der lokalen Presse galt James Genna als Führungsfigur, in anderen Quellen werden die Brüder Angelo, Mike und Tony genannt. Der Historiker Binder hat für das letztgenannte Trio verschiedene Funktionen recherchiert. Demnach zeichnete sich Angelo durch seine Beteiligung an den politischen Grabenkämpfen der frühen 1920er-Jahre aus, die 30 Personen das Leben kostete. Mike führte den Beinamen der „Teufel" und war für die Gewalttaten des Teams zuständig. Tony hielt sich dagegen von den Niederungen des Gewerbes fern. Von den verbleibenden beiden Brüdern kümmerte sich Salvatore um die politischen Beziehungen und Pete unterhielt eine Kneipe (Binder, 2017, S. 101). Zudem weist Binder auf die enge Verbindung zur Unione Siciliana hin, eine Gewerkschaft, die in verschiedenen Städten der USA offiziell als eine wohltätige Organisation registriert war, deren Führer aber Beziehungen zum organisierten Verbrechen pflegten. Jim Colosimo hatte beim Aufbau seines Imperiums in den ersten beiden Dekaden diese Unterstützung in Anspruch genommen. Über diese Organisation konnten die Genna-Brüder ihre italienischen Mitbürger dazu bewegen, Alkohol in ihren privaten Räumen zu Hause mit eigenen Destillierapparaten zu kochen („alky cooking"). Für die angeblich schon in Sizilien praktizierte und nun in ganz Chicago sowie im Land verbreitete Produktion dieses übelriechenden, industriellen und eigentlich ungenießbaren Fusels erhielten die Landsleute 15 Dollar pro Tag. Wie ungesund dieser von den Genna-Brüdern gemixte und in Umlauf gebrachte Whiskey war, wurde nachdrücklich durch die Polizei bewiesen, als sie tote Ratten in konfiszierten Whiskeyfässern fand (Binder, 2017, S. 102). Nach Binders Berechnung setzten die Genna-Brüder mit Alkohol jährlich 4,2 Millionen Dollar um, wobei sie einen Profit von 1,8 Millionen Dollar erzielten. 1925 belief sich der Wert ihres Geschäfts auf 5 Millionen Dollar (Binder, 2017, S. 102). Damit gehörten sie zur Geldelite der Stadt und hatten finanziell ihren amerikanischen Traum Wirklichkeit werden lassen. Eine finanzielle Stellung, die es erlaubte, mit den Millionären in den noblen Villen der Chicagoer High Society gleichzuziehen, war auch das Ziel von Al Capones amerikanischem Traum. Realisiert werden sollte er durch die Transaktionen der Torrio-Capone Gang.

Al Capones steile Karriere seit seinem Umzug von Brooklyn nach Chicago, zunächst als Kompagnon seines Mentors Johnny Torrio, dann begünstigt durch Torrios Italienreise als Boss der Organisation in Kooperation mit seinen Brüdern, hatte ihn zum unangefochtenen Herrscher in Cicero, dem westlichen Vorort Chicagos, gemacht. Die Wahl des rechtschaffenen Bürgermeisters William Dever hatte die Verlagerung des Geschäfts nach Cicero und andere Vororte bedingt, eine Veränderung, die letztlich Al Capones neue Machtstellung erst ermöglichte. Mit den infrastrukturellen Veränderungen hatte Al der nun als „Caponeville" bekannten Stadt seinen Stempel aufgedrückt. So besaß seine Organisation im Laufe der Zeit mehr als 100 Kneipen und 150 Spielhallen. Zudem kontrollierte er die politischen Organe und die Presse der Stadt. Seine möglicherweise von seiner Syphilis-Krankheit genährten Allmachtfantasien waren bislang lediglich durch die gezielte Ermordung seines Bruders Frank durch ein getarntes Polizeikommando getrübt worden. Dennoch gab es genügend Anzeichen dafür, dass durch radikale Veränderungen in der politischen Struktur und den Absatzmärkten auch das von Torrio ausgehandelte Abkommen einer gegenseitigen Anerkennung der Marktgrenzen Risse bekommen hatte und nicht mehr haltbar war. Zu heterogen und ständigen personellen Wechseln unterlegen waren die an der gemeinsamen Absprache beteiligten Organisationen, und es war eigentlich nicht zu erwarten, dass der bislang geltende Verhaltenskodex zwischen den rivalisierenden Gangs auf Dauer sich bindend erweisen würde. Vor allem der zunehmende Wettbewerb und die Herausforderung der etablierten durch neue unabhängige Gangs mussten bewältigt werden. Kleinere Übergriffe hatten gewaltsame Auseinandersetzungen zur Folge einschließlich des geplanten Einsatzes von Auftragsmorden. Letztendlich ging es Al Capone mit seinem Unternehmen um nichts weniger als die Realisierung eines Monopols, wie es ihm die als „Räuberbarone" apostrophierten Rockefellers, Vanderbilts oder Stanfords als akzeptierte Wirtschaftsgrößen der Mainstream-Gesellschaft vorgemacht hatten. Nicht von ungefähr stellte Al Capones erster Biograf Fred Pasley schon 1930 den Bezug zu diesen Wirtschaftsgrößen her, indem er Capone als „den John D. Rockefeller von ca. 20.000 Anti-Volstead-Tankstellen" bezeichnete, der „auf der Spitze der Alkoholschmugglerwelt saß" (Pasley, 1930, S. 144). Die Szene für den Bandenkrieg über die geschäftlichen Einflusssphären war bereitet.

Die schon für 1923 registrierte Anzahl von 54 Todesopfern in dem beginnenden Bierkrieg fand einen weiteren dramatisch inszenierten Höhepunkt im November 1924 mit der minutiös geplanten Ermordung von Dean O'Banion, dem Führer der North Side Gang. Zwar hatte es immer schon kleinere Streitigkeiten wegen Nichtbeachtung der territorialen Grenzen zwischen Konkurrenten gegeben, die aber jeweils schnell beigelegt werden konnten. Dem tödlichen Anschlag auf den eigensinnigen und machtbewussten Dean O'Banion ging eine sechsmonatige Geschichte voraus, die sich vom Mord an Al Capones Bruder Frank im Mai 1924 bis in den Spätherbst des Jahres entwickelt hatte. Ausgangspunkt des Konflikts waren die von den Genna-Brüdern aus ihrem Territorium im Westen in den Norden der Stadt transportierten Whiskeyfässer, die von O'Banions Männern der North Side Gang gekapert wurden. Dabei spielte sicher die gesundheitsschädigende Qualität des von der Genna Gang produzierten Whiskeys eine wichtige Rolle und befeuerte die bestehende Rivalität zwischen dem Selbstverständnis der sizilianischen und irischen Gangs. Sizilianischer Fusel konnte sich nicht mit exquisitem irischem Whiskey messen. Der über diese Missachtung der Grenzen in regionaler und qualitativer Hinsicht erboste Dean O'Banion war zudem der Auffassung, dass das mit ihm kooperierende Torrio-Capone Syndikat hätte einschreiten und den Bruch der Absprache über die Absatzgebiete bestrafen müssen. In dieser Phase reifte Al Capones Entschluss, den ungeliebten Iren loszuwerden, zumal O'Banion selbst seinen Ausstieg aus dem Business und seinen Rückzug nach Colorado plante. Deshalb wollte er seinen Anteil an der gemeinsam mit Torrio und Capone betriebenen Sieben Brauerei an die Geschäftspartner verkaufen, nicht jedoch ohne gleichzeitig die beiden italienischen Amerikaner für ihre laxe Haltung den Genna-Brüdern gegenüber zu bestrafen. Bewusst legte er den Termin für die finanzielle Transaktion auf den 19. Mai, für den gleichzeitig eine Polizeirazzia in der Brauerei geplant war, von der er durch seine Mittelsmänner erfahren hatte. Wie von ihm erhofft, traf nach der Auszahlung und seinem schnellen Abgang die Polizei ein und konnte gegen die düpierten Geschäftspartner Torrio und

Capone ein Verfahren einleiten. Während Al wie bisher schon immer bei Verhören unbehelligt blieb, wurde Johnny Torrio wegen seines zweiten Verstoßes gegen das Alkoholgesetz zu neun Monaten Gefängnis verurteilt, eine Strafe, die er später auch verbüßte, um befürchteten Anschlägen seiner Gegner auf sein Leben zu entgehen. Es konnte nicht überraschen, dass dieses hinterhältige Verhalten Konsequenzen für Dean O'Banion haben würde.

Die von den Genna-Brüdern im Verbund mit Torrio und Capone beabsichtigte sofortige Vergeltung wurde allerdings durch den Einspruch von Mike Merlo zunächst verhindert. Merlo war der mächtige Vorsitzende der Unione Siciliana und auf einen gedeihlichen Umgang aller Profiteure der Prohibition untereinander bedacht. Möglicherweise war seine konziliante Haltung durch seine Krebserkrankung bestimmt, der er am 8. November 1924 erlag. Danach ging jedoch alles sehr schnell. Schon tags darauf holte Dean O'Banion seine aufgeschobene Strafe ein. Der Anschlag sollte am helllichten Tag ausgeführt werden, um für alle Chicagoer sichtbar ein Exempel im Bandenkrieg zu statuieren. Wie gewohnt suchte O'Banion seinen im Stadtzentrum gelegenen Blumenladen in der State Street gegenüber der Gothic Holy Name Cathedral auf, um in seinem Hauptquartier seinen vorgeblich seriösen Geschäften nachzugehen, die vor allem bei der Zusammenstellung des Blumenschmucks für Begräbnisse der Ganoven gefragt waren. Den Nachweis seiner exquisiten Dekoration hatte er schon bei Frank Capones Beerdigung im Mai geliefert, nun bereitete er die Kränze für Mike Merlo vor. Um die Mittagszeit wurde er dabei jedoch jäh unterbrochen und von drei gedungenen Killern mit sechs Schüssen exekutiert. In den Quellen findet man verschiedene Identitäten für die Auftragsmörder. Wie bei früheren Attentaten wurden die üblichen Verdächtigen, darunter Al Capone und Johnny Torrio sowie der in solchen Aufgaben erfahrene Frankie Yale, von der Polizei verhört. Yale, auf dessen Konto unter anderem die Ermordung Jim Colosimos ging, war tatsächlich von Brooklyn nach Chicago gekommen, um als Vertreter der mächtigen Gewerkschaft Unione Siciliana an der Auswahl des neuen Vorsitzenden nach dem Tod Merlos mitzuwirken. John Binder vermutet, dass Yale zusammen mit zwei Mitglieder der sizilianischen Genna Gang, John Scalise und Albert Anselmi, der Haupttäter war (Binder, 2017, S. 151). Bergreen schreibt diese Rolle Mike Genna zu und erklärt die Tat als eine sizilianische Vendetta (Bergreen, 1995, S. 159). Wie üblich war die Polizei letztendlich nicht wirklich an einer Aufdeckung der Täter interessiert, sondern froh über die Liquidierung eines weiteren Schwerverbrechers. Capone und Torrio verwiesen auf ihre ungemein üppigen Blumengeschenke für O'Banions Beerdigung als Beleg für ihre Unschuld. In der Tat stuft Bergreen diese Beerdigung als die größte ein, die Chicago je gesehen hatte. Wie er ausführt, bestand der für den 32-jährigen Boss gefertigte Sarg aus Silber und Bronze im Wert von 10.000 Dollar und wurde von seinen engsten Kameraden getragen. Mehr als 25 Autos transportierten den immensen Blumenschmuck inklusive eines großen Rosenkorbs mit der Aufschrift „von Al". Das Chicagoer Symphonieorchester begleitete die Beerdigung mit getragener Musik. Der Trauerzug umfasste mehr als 20.000 Gäste, von denen viele über den Weggang des Verstorbenen eher erfreut als ergriffen waren. Bergreen spricht von einer Karnevalsveranstaltung, die an die bewegenden Beerdigungsrituale in New Orleans erinnerte und im ganzen Land Aufmerksamkeit auf sich zog. Dass der katholische Kardinal der gegenüber dem Blumenladen gelegenen Kathedrale Holy Name einem katholischen Begräbnis des stadtbekannten Gangsters nicht stattgab, verwundert nicht. Es ist auch nicht überraschend, dass dies wenige Jahre später revidiert und die katholische Zeremonie nachgeholt wurde (Bergreen, 1995, S. 160ff.).

Auf der Suche nach Spuren der Bandenkriege und ihrer Protagonisten in Chicago kann man heute an einer der vielen angebotenen „Crime and Gangster"-Touren teilnehmen, ohne allerdings einen wirklichen Eindruck der historischen Vorgänge zu erhalten. Die italienische Gemeinde in Chicago möchte nicht mit den blutigen Geschichten ihrer Vorfahren in den 1920er- und 1930er-Jahren in Verbindung gebracht werden. Die Bustouren führen zwar an den entscheidenden Schauplätzen vorbei, vermitteln aber kaum einen Eindruck von der gewaltsamen Zeit, auch weil die meisten historischen Gebäude nicht mehr existieren. An die Ermordung Dean O'Banions sollen nach Aussagen der Stadtführer einige Löcher im Mauerwerk der Holy Name Kathedrale erinnern, die als Spuren von Einschüssen deklariert werden, obwohl es keine Schießerei auf der Straße gegeben hat. Den Blumenladen, in dem nach historischen Quellen 6 Schüsse gefallen sind, gibt es nicht mehr. Jedoch könnten die Spuren im Mauerwerk von Schüssen aus einer Maschinenpistole stammen, die im Auftrag von Al Capone im Oktober 1926 auf den nach dem Tod O'Banions für die North Side Gang verantwortlichen Führer Hymie Weiss und seinen Kumpanen Patrick Murray abgefeuert wurden und beide töteten (Binder, 2017, S. 170).

Schon beim nach außen hin friedvollen Zusammentreffen der wichtigsten Gangster Chicagos ohne Waffen auf dem letzten Weg Dean O'Banions zu seiner Begräbnisstätte war allen klar, dass die gewaltsamen Auseinandersetzungen weitergehen würden und die Ermordung des Bosses der North Side Gang nicht ungesühnt bleiben würde. Dabei ging es nicht nur um die Übernahme von Marktrechten, sondern primär um persönliche Animositäten. Sowohl Johnny Torrio als auch Al Capone wussten um die tödliche Gefahr, die von Hymie Weiss und George Moran als verbliebenen Führern der North Side Gang ausging. Al hatte Hymie schon früh im Alkoholhandel als seinen Todfeind erkannt und ging mit der drohenden Gefahr proaktiv um. Er verstärkte die Sicherheitseinrichtungen im geschäftlichen und häuslichen Bereich, war stets von Bodyguards begleitet und wurde ausschließlich von einem vertrauenswürdigen Fahrer in einem kugelsicheren Cadillac chauffiert. Der Mastermind Johnny Torrio dagegen entging möglichen Attentätern, indem er öffentliche Auftritte vermied und sich vorübergehend durch Reisen nach Arkansas, New Orleans, Kuba, die Bahamas und Florida wortwörtlich aus der Schusslinie nahm. Letztendlich konnten alle diese Vorsichtsmaßnahmen ihre Gegner nicht von dem Vorhaben abbringen, ihnen nach dem Leben zu trachten. Und die Einschläge kamen immer näher.

Zunächst traf es am 12. Januar 1925 Al Capone. Im Unterschied zu früheren Einsätzen, bei denen die Attentäter ihre Opfer direkt mit Pistolenschüssen attackierten, nutzte die Verbrecherwelt nun eine im 1. Weltkrieg entwickelte neue Waffe, die nach ihrem Erfinder benannte Thompson-Maschinenpistole. Im Gespräch mit Journalisten schwärmte Al Capone von der hohen Schusszahl dieser Waffe pro Minute, deren Feuerkraft nun allerdings seine eigene Limousine mit Fahrer und Begleitpersonal traf. Zum Glück war Capone schon kurz vor dem im Vorbeifahren mit der neuen Schnellfeuerwaffe ausgeführten Anschlag in einem Restaurant verschwunden, sodass er selbst nicht getroffen wurde. Weniger Glück hatte sein Fahrer Sylvester Barton, der angeschossen wurde, aber nach einem Krankenhausaufenthalt seinen Job später wieder aufnehmen konnte. Dies war der erste von insgesamt zwölf Anschlägen, die nach Bergreen die auf Rache sinnenden Führer der O'Banion Gang, Hymie Weiss, George Moran und Vincent Drucci, auf ihre schlimmsten Konkurrenten und Erzfeinde ausübten. Schlimmer als Al Capone traf es jedoch seinen Mentor Johnny Torrio. Kurz nach seiner Rückkehr von den zum Schutz vor Verfolgung unternommenen Reisen wollten Weiss und Moran ihn nach alter Ganovensitte mit gezielten Pistolenschüssen erledigen. Als Torrio am 24. Januar 1925 von einer Einkaufstour mit seiner Frau nach Hause zurückkehrte, gaben sie mehrere Schüsse auf ihn ab, konnten aber den tödlichen Kopfschuss nicht platzieren, weil das Magazin leer war. Glücklicherweise blieb seine Frau unverletzt und konnte Rettungsmaßnahmen einleiten, sodass Torrio nach einem längeren Krankenhausaufenthalt wiederhergestellt war. In der Zeit seiner Rekonvaleszenz muss der Entschluss in ihm gereift sein, endgültig aus dem Gangsterleben auszuscheiden. Freiwillig trat er die wegen des Alkoholhandels in der Sieben Brauerei verhängte neunmonatige Haftstrafe an, weil sie ihm maximale Sicherheit garantierte und er aufgrund seiner guten Beziehungen luxuriöse Haftbedingungen sicherstellen konnte. Auf der Suche nach den Attentätern verschwieg Torrio in Polizeiverhören die Identität der ihm bekannten Gegner. Al Capones Verhör zum gleichen Fall gleicht einer langen Lügenliste, die die Biografin Deirdre Bair zusammengestellt hat. Al Capones während aller Aktivitäten in Chicago beibehaltenes Ziel bestand darin, sich stets als harmloser Geschäftsmann und treusorgender Familienmensch darzustellen, der keinerlei Beziehungen zum kriminellen Milieu unterhält. Zu den einfach als Lügen zu entlarvenden Aussagen gehörten die Angaben seines Berufs als Verkäufer antiker Möbel, seine angeblich erst drei Jahre bestehende Bekanntschaft mit Torrio, den er beim Pferderennen kennengelernt habe. Am dreistesten war wohl die Leugnung der Kenntnis seiner Hauptkonkurrenten im kriminellen Geschäft, wie etwa der Genna-Brüder oder Weiss und Drucci, mit denen zusammen er noch kurz zuvor an der Beerdigung von O'Banion teilgenommen hatte. Es ist kaum nachzuvollziehen, warum in diesen Polizeiverfahren die Behörden so naiv agierten und angeblich keine Kenntnis der Verbrecherszene in der eigenen Stadt besaßen. Vermutlich wurden diese Vernehmungen so lasch geführt, weil es den

Behörden gleichzeitig darum ging, die eigenen finanziellen Kanäle zu den Gangs nicht zu gefährden. Al Capones Verhalten bei dieser Befragung und die entlastende Einschätzung durch die Polizei können auch als Erklärung für die öffentliche Wahrnehmung seiner Person als gefeierter Held in Chicago gesehen werden.

Nachdem Torrio nun endgültig ausgeschieden war und sich nach seiner Haftstrafe in New York niederließ, war Al Capone mit 26 Jahren zum allgemein geschätzten Ganovenkönig aufgestiegen. Geschickt nutzte er die Medien mit allerlei falschen Aussagen, um ein positives Image herzustellen. Die Palette dieser Selbstdarstellungen reichte von der des generösen reichen Erfolgsmenschen, des Wohltäters der Menschheit als moderner Robin Hood, der sein Geld für die Armen ausgibt und deshalb wie ein Held verehrt wird, bis zum Profil des ingeniösen Geschäftsmannes, der die Klaviatur des Wirtschaftsmanagements souverän beherrscht. Im Prinzip hatte Capone alle Anforderungen des amerikanischen Traums erfüllt und mithilfe seines den Wirtschaftsbossen der Zeit abgeschauten Verhaltens im kriminellen Bereich erreicht. Es kann kaum überraschen, dass viele aus verschiedenen Ländern eingewanderte Neu-Amerikaner in Chicago ähnlich wie er motiviert waren, ihn wegen seines zur Schau gestellten Reichtums bewunderten, und ohne jeden Skrupel über sein moralisches Fehlverhalten hinwegsahen.

In der amerikanischen Geschichte gibt es bis heute viele Beispiele solcher blinden Wertschätzung. Die Capones und ihre Bewunderer wurden durch die jeweiligen kulturellen und politischen Kontexte befördert. Zweifellos sind die Wilden Zwanziger durch viele verschiedene Stimmungen und Einstellungen gekennzeichnet. Das Ende des 1. Weltkriegs und die verlustreich überstandene Pandemie der Spanischen Grippe waren zugleich ein Gefühl der Desillusionierung über den von Katastrophen begleiteten Fortschritt der Menschheit sowie die Verdrängung der erlittenen Opfer durch ausgelassene Feiern und Vergnügungen. Durch den Siegeszug der neuen Jazzmusik und die Einführung neuer Tänze wie des Charleston entstand im Dunstkreis der illegalen Kneipen und Wettspiele eine unbeschwerte Freizeitkultur, die traditionelle Werte hinter sich ließ und erst durch den Börsencrash 1929 einen empfindlichen Dämpfer erhielt. Der amerikanische Schriftsteller F. Scott Fitzgerald hat in seinem zeittypischen Roman *Der große Gatsby* (1925) das Spannungsfeld von wirtschaftlicher Depression und überschwänglicher Lebensfreude eindrucksvoll dargestellt. In seiner Titelfigur zeigt er den ungeahnten Aufstieg zur glamourösen Größe durch illegalen Alkoholhandel, aber auch das tragische Scheitern eines eingewanderten Neu-Amerikaners in Chicago und New York, dessen privates Liebesglück unerfüllt bleibt. Die Umkehrung des amerikanischen Traums vom Wunsch- zum Albtraum ist hier bereits vorgezeichnet.

Al Capone genoss seinen Ruhm und die ihm entgegengebrachte Wertschätzung durch die Massen, die seinen Weg säumten, wenn er im schusssicheren Cadillac umgeben von Sicherheitsfahrzeugen durch die Straßen fuhr. Bergreen zitiert einen Beitrag des Journalisten Alva Johnston in der Zeitschrift *New Yorker*, der Al als „den größten Gangster aller Zeiten" beschreibt (Bergreen, 1995, S. 191). Regelmäßig besuchte er die Baseballspiele der Chicago Cubs und nahm die Ovationen des Publikums entgegen. Diese Huldigungen musste er auch als Rechtfertigung dafür empfinden, wie er seinen Reichtum verdient hatte, und als eine Art Absolution von den kriminellen Begleiterscheinungen. Vermutlich begriff er diese öffentliche Wahrnehmung als gesellschaftlich sanktionierte Akzeptanz des Geschäftsmodells des organisierten Verbrechens, das die in Politik und Wirtschaft praktizierten Formen von Korruption und betrügerischem Wettbewerb nachahmte. Die im Roman *Der große Gatsby* verdeutlichte

Gefahr eines Umschlags des Traums von Glück und Geld in den Albtraum von Verlust und Tod bestand auch für Al Capone auf der Höhe seines Triumphs, der mit den Monopolstellungen der Wirtschaftsbosse vergleichbar war. Die Gefahr der Zerschlagung einer Alleinherrschaft, die in den Investigativberichten der Muckraking-Journalisten für Monopolkonzerne wie John D. Rockefellers Standard Oil Company aufgezeigt und schließlich in Form der politisch angeordneten Deregulierung verfügt wurde, drohte auch Al Capones Outfit. Die großzügige Verteilung von 1.000-Dollar-Scheinen an seine Bewunderer und zahlreiche Claqueure gleicht der Einrichtung philanthropischer Organisationen und Spenden an Wohlfahrtseinrichtungen der Wirtschaftsunternehmen. Nach Johnny Torrios Übergabe der Geschäfte besaß die Capone-Organisation nach Bergreen mehrere Nachtclubs, Wettbüros, Brauereien, Dutzende Bordelle, Torrios ehemaliges Hauptbüro Four Deuces in Chicago und Absprachen für die Lieferung illegalen Alkohols an tausende Flüsterkneipen in Chicago, Cicero und Umgebung. Dass diese Geschäfte nur durch die Kollaboration mit den Polizeistellen funktionierten, die entsprechende Gelder erwarteten, war Teil der Geschäftsgrundlagen. Deshalb konnte Capone auf dem Höhepunkt seiner alleinigen Herrschaft über das Capone-Imperium neben dem Hauptquartier im Hawthorne Hotel in Cicero nun ein neues Hauptquartier im vornehmen Metropole Hotel an der prominenten South Michigan Avenue in Chicago einrichten, das seiner prominenten Stellung entsprechenden Ausdruck verleihen sollte.

Die Analogie zwischen den Unternehmen der arrivierten Wirtschaftsbosse in der amerikanischen Gesellschaft und den Geschäftspraktiken der Gangsterbosse war gegründet auf die Aspirationen des amerikanischen Traums und seiner Realisierung nach ähnlichen ökonomischen Gesetzen, aber mit unterschiedlichen Mitteln.

Al Capones ausgeprägter Geschäftssinn basierte auf seinen eigenen mathematischen Fähigkeiten, vergleichbar mit der genialen Organisationsgabe seines Mentors Johnny Torrio, und den von verschiedenen Quellen bestätigten Erfahrungen als Finanzbuchhalter in Baltimore vor seiner Umsiedlung nach Chicago. Überzeugender Beweis für diese Parallelisierung der wirtschaftlichen Methoden der großen amerikanischen Konzerne und des organisierten Verbrechens ist die von Tom Nicholas und David Chen an der Harvard Business School 2009 durchgeführte und im Juni 2020 ergänzte Fallstudie zu Al Capone, deren Erstfassung Deirdre Bair ausführlich zitiert (Bair, 2017, S. 73f.). Demnach führte Al seine Organisation während seiner aktiven Zeit in Chicago von 1920 bis 1933 wie einen großen Wirtschaftskonzern, der in den besten Zeiten über jährliche Einnahmen von 100 Millionen Dollar (heute ca. 1,5 Milliarden) verfügte. Nach einem kurzen historischen Abriss von Al Capones Werdegang seit Brooklyn reproduzieren die Autoren der Harvard-Fallstudie historische Dokumente aus Tageszeitungen und Gerichtsberichten sowie Quellen der zentralen Strafverfolgungsbehörde der USA, des Federal Bureau of Investigation. Besonders illustrativ sind die einem Beitrag von Guy Murchie, Jr., in zwei Ausgaben der *Chicago Daily Tribune* vom Februar 1936 entnommenen Grafiken. Die erste zeigt den Stadtplan mit der Verteilung der Territorien der verschiedenen Gangs. Danach wurden die Mitte und der südliche Teil Chicagos einschließlich der Vororte Cicero im Westen und Burnham im Süden vom Capone-Outfit kontrolliert, der Norden von Capones Hauptgegner, der irischen O'Banion Gang. Die Grafik kennzeichnet zudem die Kooperation der beiden Giganten im Norden und Süden mit den kleineren Gangs. Die Karte lokalisiert auch die Lage der jeweiligen Hauptquartiere und die Stätten der Haupteinnahmequellen wie Pferde- und Hundewettkampfarenen sowie die

Lage der Bordelle. In der Legende erläutert der Journalist die flexiblen Grenzen zwischen den kleineren Einheiten, da gerade diese Gangs ihren Alkohol grenzüberschreitend verkauften und damit gewalttätige Auseinandersetzungen provozierten. Die zweite Grafik entspricht einem Organigramm über die Schaltstellen für die Operation von Capones krimineller Organisation (Murchie, 1936, S. 1). Insgesamt werden mehr als 200 Personen namentlich mit ihren Funktionen und Aufgaben genannt. An der Spitze steht natürlich als Präsident des Syndikats Alphonse Capone alias Al Brown, auch bekannt unter den in Zeitungen wiederholt verwendeten Spitznamen „Snorky“, „The Big Fellow“ oder „Scarface Al“. Bei dem kurzen biografischen Hinweis gibt der Journalist Murchie fälschlicherweise 1898 statt 1899 als Geburtsjahr an. Die Tatsache, dass Capone zum Zeitpunkt des Erscheinens des Artikels 1936 im Gefängnis in Alcatraz sitzt, garantiert wohl auch die Sicherheit des Journalisten vor Verfolgung. Die Topstellung Capones im Organigramm wird links und rechts flankiert von unbenannten persönlichen Adjutanten (Chauffeure, Kellner, Köche, Friseure, Ärzte, Sekretäre) und mehreren Dutzenden Bodyguards. Direkt unter dem Präsidenten erscheint das aus zwölf Personen bestehende Board der Direktoren mit Frank Rio und Frank Nitti als Vizepräsidenten, Jake Guzik als Manager und Buchhalter sowie Al Capones Bruder Ralph. Dem Board sind die zwei Bereiche Einkommens-Department und Sicherheits-Department untergliedert. Als Einkommen werden für Prostitution und Tanzhallen 10 Millionen, für Wettspiele und Cafés 25 Millionen, für Arbeit und illegale Geschäfte 10 Millionen sowie für illegalen Alkoholhandel 60 Millionen angegeben, was sich insgesamt auf 105 Millionen summiert. Das Sicherheits-Department listet Wachpersonal, Bodyguards, Killer, Spione und Vertreter des Rechtsbeistands auf, in deren Zuständigkeit die Bestechung von

Mitgliedern der Jury fällt, sowie die Bestechung von Politikern auf lokaler und nationaler Ebene bis zum amerikanischen Kongress in Washington, DC. Die umfangreichste Liste am Ende der Skala mit 115 Namen enthält alle mit Capone und seiner Organisation in Verbindungen stehenden Kriminellen und Konkurrenten in Chicago. Mit diesem imposanten Apparat konnte er alle Eventualitäten in Chicago und Umgebung regeln, wie die ebenfalls umfangreiche Liste von mehr als 200 Morden illustriert, die von ihm veranlasst oder ihm zugeschrieben wurden. Zusätzlich zu dieser straff geführten und weitgehend reibungslos operierenden Organisation konnte Al Capone sein selbst gewähltes Image in der Öffentlichkeit aufrechterhalten und gleichzeitig ein ausschweifendes Leben mit Prostituierten sowie reichlich Alkohol- und Drogenkonsum führen. Seiner öffentlichen Akzeptanz tat dies keinen Abbruch, zumal in den besten Zeiten die Hälfte der Polizeikräfte in Chicago mit insgesamt 30 Millionen Dollar auf seiner Gehaltsliste stand. Nur im privaten Bereich seiner Familie waren Al Grenzen gesetzt, deren Ursachen – wie schon an spontanen Gefühlsausbrüchen seiner Frau gesehen – in seinem Lebenswandel zu suchen waren. Die Autoren der Harvard Studie kommen schließlich zu dem Fazit, dass sein Konzern zwar die destruktiven Kräfte amerikanischen Unternehmertums in den ersten Dekaden des 20. Jahrhunderts aufzeigte. Aber gleichzeitig anerkennen sie die Ambivalenz seines Tuns: „Mit seinem Charme, organisatorischer Disziplin und brutaler Gewalt repräsentierte Al Capone die besten und schlechtesten Elemente des amerikanischen Kapitalismus" (Nicholas/Chen, 2009, S. 14).

Auszeit

Der große wirtschaftliche Erfolg und die öffentliche Anerkennung von Al Capones (Wohl-)Taten für die meisten Neu-Amerikaner in der Bevölkerung stand im Gegensatz zu den privaten Problemen in seiner Familie. Zwar hatte er sich mit seiner Ehefrau wegen seiner sexuellen Abenteuer arrangiert sowie seinen Freiraum zur Wahrnehmung seiner geschäftlichen Interessen behauptet, aber andere Probleme im privaten Haushalt in der South Prairie Avenue konnte er nicht ignorieren, und sie bekümmerten ihn als treusorgenden Familienvater sehr. Noch immer trauerte die Familie um Franks gewaltsamen Tod durch das heimtückische Attentat. Die Missverständnisse zwischen Mae und ihrer italienischen Schwiegermutter dauerten an und wurden durch die Parteinahme der pubertierenden Nichte Mafalda verstärkt. Am gravierendsten waren jedoch die beständigen gesundheitlichen Probleme seines Sohnes. Im traditionellen Verständ-

Capone im Baseballstadium mit Sohn und Cubs-Star Gabby Hartnett (Foto: John Binder Collection)

nis einer engen Beziehung in italienischen Familien war Sonny für Al als Stammhalter besonders wichtig, zumal Wünsche nach weiterem Nachwuchs sich nicht realisieren ließen. Wenn er zu Hause war, spielte Al mit Sonny im Garten und er nahm ihn gerne mit zu den Baseballspielen der Chicago Cubs.

Natürlich war die Familie, besonders Mae, darum bemüht, die kriminelle Identität des Vaters von dem Kind fernzuhalten und das innige Verhältnis zwischen Vater und Sohn zu pflegen. Mit Beginn der Schulzeit wurde dies zunehmend schwierig. Um Sonny andauernde anzügliche Bemerkungen von Mitschülern zu ersparen, übernahm Mae den Unterricht zu Hause. Die Beschränkung auf das häusliche Umfeld verstärkte Sonnys durch die ständigen Schmerzen der fortwährenden Mittelohrinfektionen bedingtes schüchternes Verhalten und mangelndes Selbstvertrauen. Schließlich war der Warzenfortsatz des Schläfenbeins angegriffen, sodass eine Operation wegen einer Mastoiditis dringend nötig wurde. Wegen der Gefahr, dass diese Operation zum Verlust des Gehörs führen könnte, war die Behandlung hinausgezögert worden. Zudem hatte Al zu den konsultierten Ärzten in Chicago kein Vertrauen, sodass er im Dezember 1925 die Operation von dem Hals-, Nasen-, Ohrenarzt Dr. Lloyd in New York ausführen ließ. Der ansonsten erfolgreiche Eingriff, der 1928 nach dem Umzug in die Capone-Residenz in Florida wiederholt werden musste, beeinträchtige Sonnys Hörvermögen auf dem linken Ohr zeitlebens. Der berechtigte Verdacht des behandelnden Arztes in Florida, dass es sich bei den Symptomen um Auswirkungen einer vererbten Syphilis-Erkrankung handeln könnte, führte schließlich reichlich verspätet zu entsprechenden Untersuchungen. Auch Mae ließ sich bei dieser späteren Gelegenheit in Florida konkret auf die übertragene Infektion untersuchen, die bei ihren Arztbesuchen in Chicago nur beiläufig behandelt wurde, um der offiziellen Bestätigung einer Syphilis-

Diagnose als Gattin von Al Capone aus dem Weg zu gehen. Al selbst, der sich als Überträger der Krankheit aufgrund seiner vielfältigen sexuellen Kontakte in erster Linie hätte untersuchen lassen müssen, wurde erst bei der Einweisung ins Gefängnis gezwungen, diese Prozedur über sich ergehen zu lassen.

Der private Anlass von Sonnys Operation für den Aufenthalt in der alten Heimat konnte mit Kontakten zu den alten Weggefährten in Brooklyn verbunden werden. Frühere Reisen nach New York dienten primär dem Besuch von Maes noch in Brooklyn lebenden Geschwistern. Sie boten Al eine gute Gelegenheit, seine neue Stellung, den beruflichen Erfolg mit den positiven Auswirkungen auf seine Familie ostentativ in Szene zu setzen. Mit diesem Verhalten repräsentierte er den in den vornehmen Gesellschaftskreisen kursierenden Geltungskonsum, den der von norwegischen Einwanderern abstammende amerikanische Soziologe Thorstein Veblen in seiner Studie *Theorie der feinen Leute* (1899) analysiert hatte und die einging in seine spätere, ebenso auf Capone zutreffende Analyse des US-Monopolkapitalismus (*Theory of Business Enterprise*, 1904). Capones Aufenthalt in New York im Dezember 1925 belegt eine weitere Exemplifizierung von Veblens Theorien. So hatte Frankie Yale, in dessen Harvard Inn Al als Barkeeper gearbeitet hatte, just am Weihnachtstag zu einem Empfang für den berühmten Präsidenten der Chicagoer Capone Outfit in den Adonis Social and Athletic Club in Brooklyn eingeladen. Diese Al von eigenen Besuchen bekannte und bei Italienern beliebte Flüsterkneipe bot zu Weihnachten ein besonderes Fest der Gaumenfreude sowie ein exquisites Unterhaltungsprogramm mit Prostituierten an. Bei diesem Fest sollte die zwischen Yale und Capone getroffene Abmachung zum Transport illegalen Whiskeys von Brooklyn nach Chicago gefeiert werden. Die schon zu Capones Zeiten in Brooklyn bestehenden Rivalitäten zwischen den irischen

White Handers und den italienischen Black Handers, in die er selbst involviert war und die nach einer gewaltsamen Auseinandersetzung wegen der Befürchtung von Repressalien seinen Umzug nach Chicago beschleunigt hatten, bestanden weiter fort und sollten an diesem Weihnachtsfest einen neuen Höhepunkt erfahren. Schon die Ankündigung der besonderen Feier zu Ehren des von den Konkurrenten verhassten Ganovenkönigs hatte die Planung einer Gegenaktion provoziert. Dies war Frankie Yale, der mit den irischen Konkurrenten den jahrelangen Kampf um die Vorherrschaft über den illegalen Alkoholhandel in Brooklyn anführte, nicht verborgen geblieben und er wollte deshalb das Fest absagen. Dies jedoch ließen Al Capones neues Selbstverständnis und machtbewusstes Ego im Sinne von Veblens Geltungskonsum nicht zu. So nahmen die Ereignisse, wie zu erwarten, ihren Verlauf. Ausführlich schildern Biografen wie Bergreen den blutigen Kampf zwischen „Peg Leg“ Lonergan, dem Anführer der White Handers, und den im Adonis Club feiernden Italienern. In weiser Voraussicht hatte Al Capone sich mit den beiden für den Mord an O'Banion gedungenen Attentätern, John Scalise und Albert Anselmi, erneut zusammengefunden. Nach dem Eindringen Lonergans und seiner Gesellen in den Club entwickelte sich schnell eine Schießerei, der viele der Angreifer zum Opfer fielen. Nur der Anführer Lonergan überlebte anfangs, ehe ihn sich Al Capone höchstpersönlich vornahm und nach Bergreens Schilderung mit drei gezielten Kopfschüssen ausschaltete (Bergreen, 1995, S. 189). Die Untersuchung dieses als Adonis-Club-Massaker geführten Kapitalverbrechens verlief wie alle anderen Tötungsdelikte in diesen Kreisen folgenlos. Selbst die Schwester des exekutierten Lonergan befolgte bei ihrer Befragung dem unter Verbrechern praktizierten Kodex des Schweigens. Al seinerseits behauptete, seine Mutter zu Weihnachten besucht und seine Dienste als Portier im Club angeboten zu haben. Da Al Capones

Mutter schon 1923 in das gemeinsame Haus nach Chicago umgezogen war, war dieses Lügengebäude nur allzu leicht durchschaubar, sodass Capone zunächst wegen Totschlags angeklagt wurde. Die Anklage hatte jedoch – wenig überraschend – nur wenige Tage Bestand und wurde zu Silvester wieder aufgehoben. Als freier Mann konnte Al mit seiner Frau und dem nach der Operation von schlimmen Schmerzen befreiten Sonny Anfang Januar nach Chicago zurückkehren, wo neue Bewährungsproben auf ihn warteten.

Der mit Frankie Yale an Weihnachten geschlossene Deal, die große Nachfrage nach Whiskey in Chicago durch Lieferungen aus Brooklyn zu lösen, war der Anfang der nationalen Ausbreitung von Capones Alkoholhandel. Zu dem schon lange über die nahe Grenze aus Kanada bezogenen Alkohol kamen nun Kuba und die Bahamas als neue Bezugsquellen für die Distribution im Mittleren Westen hinzu (Kobler, 1971, S. 223). Jede Veränderung der Einflussbereiche und Vergrößerung der Absatzmärkte musste notwendigerweise die Konkurrenten auf den Plan rufen. Natürlich waren die randvoll mit Alkohol beladenen Lastwagen auf dem langen Transportweg von New York nach Chicago anfällig für Überfälle und eine leichte Beute für Hijacker gegnerischer Gangs, ganz zu schweigen von möglichen Kontrollen durch die Polizei. Die erlittenen Verluste zwangen Capone zu Gegenmaßnahmen, die erst fruchteten, als er die Hijacker kaufte und auf seine Gehaltsliste setzte. Der dadurch gestoppte Stellvertreterkrieg wurde zwangsläufig zum Kampf der Giganten. Die Auseinandersetzung mit den irischen O'Donnell-Brüdern als Teil der im Norden angesiedelten O'Banion Gang hatte sich schon durch ihre territorialen Übergriffe angekündigt und wurde zum Casus Belli, als das Brüder-Syndikat Capones Bierpreis unterbot. Ein günstiger Moment schien gekommen, als sich die O'Donnells am 27. Mai 1925 auf eine Sauftour durch Capones Spelunken in Cicero begaben und

Al, der sich im Hawthorne Hotel, seinem Hauptquartier in Cicero, aufhielt, sofort Wind davon bekam. Für ihn war dieser unerwünschte Besuch schon eine unverzeihliche Transgression in sein eigenes Territorium. Was er zu diesem Zeitpunkt nicht wissen konnte, war die schicksalhafte Verknüpfung dieser Gruppe mit einer anderen zum gemeinsamen Trinkgelage. Biografen haben die Abfolge der Ereignisse des Abends rekonstruiert (Kobler, 1971, S. 173ff.; Bergreen, 1995, S. 195–202). Danach trafen sich zwei Polizistensöhne mit dem Polizistensohn und stellvertretenden Staatsanwalt Chicagos William McSwiggin zum Kartenspiel in einer von Al Capones Kneipen. Man kann sich fragen, warum ein hoher Vertreter der Justiz ohne Skrupel gegen das bestehende Alkoholverbot verstoßen und zudem als Kunde des hinreichend bekannten Gesetzesbrechers auftreten konnte. Offensichtlich waren Al Capones Bemühungen auf fruchtbaren Boden gefallen, eine gute Beziehung zu dem als besonders streng bekannten Staatsanwalt, dem „hanging prosecutor" McSwiggin, aufzubauen. Damit wollte er die Absicht des Staatsanwalts unterbinden, ihm den Mord an Joe Howard, der seinen Freund Jake Guzik als Jude diffamiert hatte, nachzuweisen, und wollte sich zugleich einer wohlwollenden Behandlung bei weiteren Verbrechen versichern. Die Verkettung unglücklicher Umstände kam dadurch zustande, dass nach Darstellung der Biografen das Fahrzeug der Dreiergruppe mit McSwiggin mit einem Schaden liegenblieb und just von der zufällig auftauchenden Luxuslimousine der O'Donnell-Brüder mitgenommen wurde zur gemeinsamen Kneipentour durch Cicero. Wiederum überrascht die offenbar problemlose Verbrüderung der Gesetzesvertreter mit den Gesetzesbrechern. Sie ist das Vorspiel zum eigentlichen Akt des Abends.

Kobler beschreibt in seiner Biografie den generalstabsmäßig geplanten Angriff der Capone-Truppe auf die O'Donnell-Brüder. Als die beiden Brüder mit ihren Saufkumpanen die von Capones Leuten vorher ausgespähte Bar, das Pony Inn, verließen und zu ihrer Limousine gingen, feuerten Al Capones Handlanger und er aus einer Autokolonne von fünf Fahrzeugen im Vorbeifahren auf die Gruppe. Es wird angenommen, dass Al selbst in dem Fahrzeug mit den Attentätern die inzwischen gebräuchliche Thompson-Maschinenpistole mit großer Feuerkraft bediente. Während die beiden Brüder bei dem Anschlag verschont blieben, wurden die zwei Polizistensöhne und der stellvertretende Staatsanwalt William McSwiggin so schwer verletzt, dass sie wenig später starben. Zu dem doppelt fatalen Ablauf des Attentats, das den Tod des eigentlich unschuldigen Rechtsvertreters und nicht den der kriminellen O'Donnell-Brüder verursacht hatte, gehörte es, dass die überlebenden Brüder den schwer verletzten McSwiggin zunächst in ihr eigenes Quartier brachten. Als er schließlich starb, legten sie seine Leiche im Wald ab. Mehr als Al Capone waren die Repräsentanten von Politik und Justiz über die unglückselige und feige Ermordung des 26-jährigen Staatsanwalts entsetzt. Die öffentliche Entrüstung über die Serie von Kapitalverbrechen im Großraum Chicago sprang über auf das ganze Land. Schon im Februar desselben Jahres wurde im Senat in Washington eine Petition von besorgten Bürgern Chicagos verhandelt, die sich zur Better Government Association of Chicago and Cook County zusammengeschlossen hatten und die Untersuchung der kriminellen Vorgänge durch Bundesbehörden forderten.

> In dieser Gemeinde ist ein Regime von Gesetzlosigkeit und Terror herangewachsen, das öffentlich nicht nur die Verfassung und die Gesetze des Staates Illinois, sondern auch die Verfassung und Gesetze der Vereinigten Staaten missachtet.

Schon lange gibt es in dieser Stadt Chicago eine Kolonie nichtnationalisierter Personen, feindlich eingestellt gegenüber Institutionen und Gesetzen, die eine eigene Superregierung etabliert haben – Fehdeführer, Black Handers, Mafiamitglieder –, die Zölle von Bürgern verlangen und deren Eintreiben durch Terror, Kidnapping und Attentate erzwingen.

Es gibt auch andere Gangs, wie die O'Donnells, die McErlanes, Ragens Colts, Torrio und andere, einige von ihnen sind Bürger der Vereinigten Staaten.

Viele von diesen Fremden sind als Rumlieferanten und Alkoholschmuggler fabelhaft reich geworden, kollaborieren mit der Polizei und Behörden, bauen ein Monopol ungesetzmäßiger Geschäfte auf und teilen das Territorium der Region unter sich auf mit Todesdrohung für alle eindringenden Wettbewerber. (Kobler, 1971, S. 166)

Bei aller berechtigten Kritik der um die Einhaltung der Gesetze in ihrer Gemeinde besorgten Amerikaner verweist dieses Dokument auf die generelle Problematik der Situation von Einwanderern nach Amerika. Die Schwierigkeiten des Neuanfangs für die ehrgeizigen Ankömmlinge und ihre allmähliche Akkulturation im neuen Land waren schon in der Darstellung von Al Capones Kindheit und Jugend deutlich zu Tage getreten. Ausdruck dieses schwierigen Starts war zum einen die Rivalität zwischen den Einwanderergruppen, wobei irische Einwanderer einen Vorteil durch die englische Muttersprache besaßen. Alle als „Fremde" bezeichneten Migranten mussten sich zum anderen um die Akzeptanz in der von den weißen anglosächsischen Protestanten (WASP) dominierten Gesellschaft bemühen. Die um die Jahrhundertwende virulente Debatte um die Definition des weißen Mainstream-Amerikaners wiederholt sich nach dem 1. Weltkrieg besonders heftig in den Wilden Zwanzigern. Menschen jüdischer, osteuropäischer und italienischer Herkunft werden systematisch diskriminiert und verfolgt. Die im Ford-Autowerk in Detroit verbreiteten antisemitischen *Protokolle der Weisen von Zion* oder die wegen eines unbewiesenen Diebstahls nach langen Untersuchungen und weltweiten Gnadengesuchen 1927 als Anarchisten exekutierten Italiener Nicola Sacco und Bartolomeo Vanzetti sind nur zwei prominente Beispiele für die xenophobe Einstellung. Sie reflektieren die in den 1920er-Jahren getroffenen Maßnahmen der amerikanischen Politik zur Kontrolle der Einwanderung, die sich einerseits gegen kommunistische Infiltration und andererseits gegen unerwünschte Immigranten aus Ost- und Südeuropa sowie aus Asien richtete.

Eine Neuauflage dieser Diskriminierungsmechanismen erlebte die amerikanische Gesellschaft in der McCarthy-Periode der 1950er-Jahre mit der Verfolgung kritischer Meinungen, die als unamerikanisch galten. Die in der zweiten Dekade des 21. Jahrhunderts mit dem Wahlspruch „Make America great again“ von Donald Trump verfolgte Politik setzte unter Bezug auf vernachlässigte Gruppen der weißen Bevölkerung auf ähnliche Diskriminierungsmuster. Gleichzeitig wurde dabei die schon seit dem Ende des 19. Jahrhunderts genutzte Metapher zur Abwehr der „Gelben Gefahr“ gegen asiatische Einwanderer effektiv im Zusammenhang mit dem Kampf gegen das Corona-Virus durch die Bezeichnung als „Chinesisches Virus“ in Szene gesetzt. Wie das im Senat 1925 verlesene, oben zitierte Dokument belegt, ging es den besorgten amerikanischen Bürgern Chicagos und der Cook-County-Gemeinde primär um die Sicherstellung ihrer eigenen Position als rechtschaffen erachtete weiße Amerikaner und um die Abgrenzung von kriminellen Nicht- oder Bindestrich-Amerikanern.

Dabei reproduzierten sie die rassistische Diskriminierung gegenüber den Süditalienern mit dunkler Hautfarbe, die Al Capone schon in Brooklyn erfahren hatte. Nicht nur hatte Maes irische Mutter Al beim ersten Anblick als „schwarz" bezeichnet und damit der am Ende der gesellschaftlichen Hierarchie stehenden Gruppe der Nicht-Weißen zugeordnet. Die in der Auseinandersetzung zwischen den italienischen Black Handers und den irischen White Handers praktizierte Schwarz-Weiß-Malerei bestätigte sich in der gewählten Bezeichnung. Dass die besorgten Bürger Chicagos einen primären Zusammenhang zwischen Verbrechen und den als schwarz angesehenen Black Handers aus Süditalien herstellten, entsprach der hegemonialen Diktion weißer Amerikaner. Auf diese Weise wurde die Rechtmäßigkeit ihrer Geschäfte infrage gestellt. Die Brandmarkung ihrer illegalen Aktivitäten diente gleichzeitig der Abwehr der unerwünschten Konkurrenten für die eigenen Geschäfte und dem Erhalt ihres tradierten Reichtums. Diese Diskriminierung nicht integrierter ethnischer Gruppen setzte sich nach der erfolgten Einbürgerung zunächst unvermindert fort, um die Privilegien der Etablierten vor den Außenseitern zu schützen. Eine wirkmächtige Vision, diese Ausgrenzung zu überwinden, war der amerikanische Traum, auf den Al und viele seiner Zeitgenossen ihre Hoffnung setzten. Früh hatten sie die Erfolgsmodelle großer amerikanischer Unternehmen erkannt und versuchten, deren Methoden auf die sich ihnen bietenden Geschäfte am Rande der Legalität anzuwenden. Der immer wieder gezogene Vergleich zu den amerikanischen Monopolkapitalisten, insbesondere zu John D. Rockefellers Standard Oil Company und den dort praktizierten sozialdarwinistischen Methoden, scheint dabei eine Legitimierung dieses Vorgehens zu beinhalten, die auch offensichtliche Verbrechen ausblendete.

In der öffentlichen Reaktion, der journalistischen Berichterstattung und der Strafverfolgung durch die Polizei auf den von Al Capone nicht beabsichtigten Kollateralschaden, den Tod des Staatsanwalts McSwiggin, kehrte die ethnische Diskussion über die Rivalität zwischen integrierten Iren und unamerikanischen Italienern zurück. Irische Einwanderer hatten sich frühzeitig – sicher wegen ihrer englischen Sprache – in den Metropolen für Aufgaben im öffentlichen Dienst qualifiziert und nahmen wichtige Positionen bei Sicherheitsbehörden und Polizei ein. Die verständliche Entrüstung über diesen Anschlag mit Todesfolge reaktivierte die dichotome Aufteilung in die ehrenwerten White Handers und die hinterhältigen Black Handers, wobei die Taten der irischen Alkoholhändler ebenso ausgeblendet wurden wie die Freundschaft zwischen McSwiggin und den O'Donnels, die gemeinsam im irischen Viertel Chicagos aufgewachsen waren. In diesem irischen Corps-Geist und als anerkannter Staatsanwalt erhielt McSwiggin ein würdiges Begräbnis. Die Teilnehmerzahl und die Menge des Blumenschmucks konnten allerdings nicht das Ausmaß der üppigen Zeremonie bei Bestattungen getöteter Gangsterbosse erreichen. Dass die Presse in ihren Berichten über das sogenannte Pony-Inn-Massaker und dessen Folgen stereotyp die Diskriminierung gegenüber den mafiösen Italienern reproduzierte und reflexartig Al Capone und sogar Johnny Torrio, der Chicago schon verlassen hatte, für den Mord verantwortlich machte, lag aufgrund der Lokalität des Geschehens in Capones Territorium in Cicero nahe. Deshalb konzentrierten sich die Nachforschungen sofort auf Capone und die Untersuchung seiner Geschäftsbereiche. Er selbst war nirgends aufzuspüren. Stattdessen musste sein Bruder Ralph für Ermittlungen der Strafverfolgungsbehörden in Cicero herhalten. Al Capones Abtauchen zu diesem Zeitpunkt konnte einerseits als Schuldeingeständnis und direkte Beteiligung an dem Attentat gewertet werden, andererseits war es aber auch ein Reflex auf die Diskriminierung der Italo-Amerikaner und ihrer Geschäfte.

Alle Lebensbeschreibungen von Al Capone stimmen darin überein, dass die nun folgende, drei Monate währende Auszeit eine psychologische Veränderung in seinem Leben bewirkt hat. Zunächst fand er kurzzeitig Unterschlupf bei einem seiner Mitarbeiter in der italienischen Gemeinde Chicago Heights sowie im Haus seines Bruders Ralph. Als diese Verstecke zu unsicher wurden, verlagerte Al sein Geschäft von Ende Mai bis Ende Juli 1926 nach Lansing, der Hauptstadt des Staates Michigan, drei Autostunden von Chicago entfernt. Bergreen gibt für die Wahl Lansings als Fluchtort die dort ansässige italienische Gemeinde an. Viele ihrer Mitglieder waren von „Little Italy" in Chicago dorthin umgezogen, weil eine Eingliederung in den amerikanischen Mainstream dort leichter möglich schien. Auf den Kontakt zu einem solchen Umzügler baute Al und konnte in dessen Familie vorübergehend unterkommen, bis er ein eigenes Domizil gefunden hatte. Der Ausflugsort Round Lake südlich der Hauptstadt bot sich als idealer Zufluchtsort an. Im Schutz der aus Chicago nachgereisten Bodyguards Frank Rio und „Machine Gun" Jack McGurn konnte Al am See ein entspanntes Leben führen und verbrachte viel Zeit mit Schwimmen und Erholung von den aufregenden Geschäften in Chicago. Round Lake war offensichtlich als Freizeitort beliebt, auch für Frank Nitti, einen der Vizepräsidenten der Capone-Outfit. In der Nähe befand sich ein Road House, das alle Voraussetzungen für Partys mit reichlich Alkohol und nächtlichen Sexabenteuern bereithielt. Die geradezu idyllische Lage des neuen Quartiers hatte den zusätzlichen Vorteil, dass es nicht weit von Detroit entfernt war und am Transportweg des über die nahe Grenze aus Kanada illegal importierten Alkohols lag. Durch seine Kontakte zur italienischen Gemeinde konnte Al zudem ein gutes Verhältnis zum lokalen Polizeichef herstellen, sodass sein Aufenthalt von Nachstellungen ungetrübt war. Dennoch mutet es insgesamt seltsam an, dass es keine Verbindungen der Strafverfolgungsbehörden über die Staatsgrenze zwischen Illinois und Michigan hinweg gegeben hat, um den Verdacht hinsichtlich Capones Mittäterschaft im Mordfall McSwiggin weiter zu verfolgen. Offensichtlich gaben Al Capones Auftritt und Verhalten keinen Anlass zur Kritik oder zum offiziellen Einschreiten. Vielmehr ist es erstaunlich, dass er von seiner Umgebung als sehr leutselig wahrgenommen wurde und in sehr positivem Licht erschien. Da er ohne seinen Machtapparat hier nicht gleichermaßen ostentativ auftreten und seinen fabelhaften Reichtum zur Schau stellen konnte, ergab sich innerhalb der örtlichen Gemeinde das Bild eines durchaus harmonischen Zusammenlebens mit einem angenehmen und spendierfreudigen Menschen. Im Unterschied zu seiner kriminellen Präsenz und Einschätzung als Gangster, Zuhälter und eiskalter Killer in Chicago oder New York erschien er hier frei von solchen Anschuldigungen als Wohltäter der Menschheit und war besonders bei den ansässigen Italienern sehr beliebt. Die nach Bergreens Liste von ihm verteilten Zuwendungen umfassten neben der Versorgung mit Lebensmitteln und großzügigen Geldspenden auch das Geschenk eines Autos für den neuen Freund Angelo Mastropietro sowie das Brautkleid für dessen Tochter. Zweifellos kann man Bergreens Einschätzung voll und ganz zustimmen, derzufolge Capone seinen italienischen Landsleuten durchaus half, ihre Version des amerikanischen Traums zu realisieren (Bergreen, 1995, S. 228f.).

Das friedfertige Zusammenleben verschiedener Gruppen in der amerikanischen Mainstream-Gesellschaft, das Al Capone an seinem Sommeraufenthaltsort in Lansing und am Round Lake erlebte, hätte als Modell für die Akkulturation aller Neuankömmlinge im Land dienen können. Die hier gelungene Integration und Akzeptanz der Italo-Amerikaner durch die etablierten Amerikaner kann beispielhaft für das seit der Gründung der amerikanischen Republik geltende

Motto „e pluribus unum" angesehen werden. Im Unterschied zur konventionell mit diesem Motto verbundenen Auffassung eines primär von weißen Bürgern gebildeten und die jeweilige Herkunft nivellierenden Schmelztiegels wurden hier die kulturellen Unterschiede nicht aufgegeben. Es handelte sich gewissermaßen um eine Vorstufe einer funktionierenden multikulturellen Gesellschaft mit der Anerkennung von Diversität und dem Bemühen um Inklusion. Außerhalb der in Michigan genossenen Idylle hatte Al Capone in New York und Chicago die Vorherrschaft der weißen amerikanischen Bevölkerung erfahren, die den „weniger weißen" Menschen anderer Hautfarbe, den People of Color, ablehnend gegenüberstand. An der Einstellung zur Prohibition zeigte sich jedoch die Doppelmoral der WASP-Amerikaner. Zwar traten sie öffentlich für die Einhaltung des Gesetzes gegen den illegalen Alkoholschmuggel, -vertrieb und -konsum ein, ignorierten es aber im privaten Bereich und genossen die illegal produzierten alkoholischen Getränke. Die gängige Tolerierung dieser ambivalenten Einstellung durch Politiker, den Polizeiapparat oder die Justiz hatte sich besonders markant an den publik gewordenen Kneipenbesuchen des stellvertretenden Staatsanwalts William McSwiggin mit seinen Trinkkumpanen gezeigt. Die unglückliche Verwicklung McSwiggins in das von Al Capone und seinen Killern ausgeübte Attentat bei seiner letzten Alkoholtour, die Capones Flucht aus Chicago zur Folge hatte, hatte wohl auch einen Bewusstseinsprozess über die gesellschaftliche Heuchelei in Gang gesetzt. Resultat von Capones Reflexionen war der Entschluss, sein Exil zu beenden und mit den Strafbehörden einen Deal zu machen. Folglich setzte er sich mit der Polizei von Illinois in Verbindung, um sich zu stellen und Straffreiheit zu erlangen. Wie vereinbart traf er sich am 28. Juli 1926 mit der Polizei an der Staatsgrenze von Illinois im Süden der Stadt Chicago und wurde zum Gerichtsgebäude gebracht. Beim

Verhör am nächsten Tag gelang es ihm mit seinem Anwalt Thomas Nash, einen Freispruch von dem Vorwurf der Ermordung William McSwiggins zu erlangen. Welche Kanäle und Bestechungsfinten der in diesen Verfahren erfahrene Anwalt Al Capones nutzte, bleibt ungewiss. Für eine der plausiblen Erklärungen ziehen Kritiker erneut den ökonomischen und soziologischen Vergleich zwischen den arrivierten Wirtschaftsgrößen der USA und den im Alkoholschmuggel tätigen neureichen Bindestrich-Amerikanern. So argumentiert Richard Deis auf seiner „True Crime Story"-Webseite, dass Al Capone mit seinem Anwalt wie jeder andere erfolgreiche amerikanische Geschäftsmann vorging, um sich gegen die erhobenen Vorwürfe zu verteidigen. Hauptargument der Verteidigung war das der ethnischen Diskriminierung, weil „die Behörden nur ein Exempel an ihm statuieren wollten und voller Vorurteile gegen Italoamerikaner waren" (Deis, 2015).

Diese den Behörden unterstellte Haltung deckt sich mit der im amerikanischen Senat verlesenen Petition der besorgten Bürger Chicagos und ihrer offenen Diskriminierung der vordergründig als Bedrohung, hauptsächlich aber als Konkurrenz begriffenen alternativen Geschäftswelt. Al Capones Freispruch bestätigte ihn zusätzlich in seinem Selbstverständnis als unangefochtener Geschäftsmann, dessen Erfolg seine besonderen Mittel rechtfertigte. Diese aus der Geschäftswelt abgeleitete Grundhaltung spricht auch aus dem Glauben des Immobilienmoguls Donald Trump, der im Wahlkampf als Präsidentschaftskandidat selbstherrlich verkündete: „Ich könnte auf der Mitte der Fifth Avenue stehen und auf jemanden schießen und würde keine Wähler verlieren" (23. Januar 2016). Dieser Verhaltenskodex, in dem sich skrupellose Machtmenschen durch den Beifall ihrer Bewunderer bestätigt sehen, war während Al Capones Aufenthalt in Michigan um die Facette eines friedfertigen Lebens in einer pluralistischen Gesellschaft ergänzt worden. Zwar warteten im ständigen Wettbewerb um Märkte neue Kämpfe in Chicago auf ihn, aber er verfügte nun über eine weitere Handlungsstrategie, die auf menschliches Miteinander im privaten und öffentlichen Bereich ausgerichtet war.

Valentinstag-Massaker

Al Capones gute Kontakte zur italienischen Gemeinde in Lansing und in Round Lake während seiner Auszeit wirkten sich durch deren Verbindung zum „Little Italy" in Chicago zusätzlich positiv für seine Stellung in der Öffentlichkeit aus. Die in den etwa 50 Kilometer südlich vom Chicago Loop gelegenen Chicago Heights wohnenden Italiener profitierten mehr als zuvor von seinen Wohltaten und verehrten ihn. Trotz dieser sehr positiven Erfahrung und Wertschätzung erwuchsen ihm gerade hier im Bierkrieg wieder neue Feinde durch sizilianische Konkurrenten, die der starken sizilianischen Gewerkschaft der Unione Siciliana angehörten. Der schon vor seiner Rückkehr entbrannte Kampf zwischen Neapolitanern und Sizilianern, von Historikern oft als der Kampf der Chicago Heights bezeichnet, konnte mithilfe seiner Verbündeten schließlich gewonnen werden, sodass er sich der immer wieder aufflammenden Auseinandersetzung mit der North Side Gang widmen konnte. Seit der Ermordung Dean O'Banions hatten dessen Nachfolger Hymie Weiss und Vincent Drucci keine Gelegenheit ausgelassen, gegen die Konkurrenz der Capone-Organisation vorzugehen. Auf einen glimpflich verlaufenen Angriff, den Capones Leute auf Weiss und Drucci ausgeführt hatten, planten sie im Gegenzug einen finalen Anschlag auf Capone. Der Angriff auf sein Hauptquartier in Cicero, das Hawthorne Hotel, am 26. September 1926 kurz vor einem wichtigen Pferderennen war eine gut vorbereitete Gemeinschaftsaktion verschiedener Mitglieder der North Side Gang, vermutlich unter Beteiligung von Weiss und Drucci, sowie von deren Weggefährten. Die *Chicago Tribune* berichtete von insgesamt zehn Fahrzeugen, aus denen im Vorbeifahren mehr als 1000 Schüsse aus mindestens drei Maschinenpistolen und mehreren Gewehren auf das Gebäude und die davor geparkten Autos der Gangmitglieder abgefeuert wurden (Binder, 2017, S. 169). Wie durch ein Wunder wurde nur eine Person, Paul Ricca, im Hotel verletzt. Es kursierten verschiedene Erzählungen darüber, wer letztendlich Al Capone zu Boden gerissen und damit vor den Schüssen gerettet hatte. Wie üblich verliefen die polizeilichen Ermittlungen im Sand. Stattdessen war mit Capones Gegenaktion zu rechnen, die wenig später am 11. Oktober erfolgte, auch weil Weiss sein Friedensangebot kompromisslos ausgeschlagen hatte. Wiederum war der Blumenladen O'Banions als Hauptquartier der Gang der Schauplatz des tödlichen Anschlags. Dieses Mal hatten die von Capone beauftragten Attentäter auf Vorschlag Frank Nittis sich mit ihren Maschinenpistolen in einem Gebäude positioniert, von wo sie gute Sicht und Schussmöglichkeit auf das Geschehen vor dem Laden hatten. Am frühen Nachmittag war die Limousine mit Hymie Weiss und seinen Gangstern vor der Holy Name Kathedrale vorgefahren. Man fragt sich, warum er nicht auf der anderen Straßenseite direkt vor dem Blumenladen anhielt. So musste er die Straße überqueren und bot das gewünschte Ziel für die Scharfschützen. Spuren der Einschüsse von diesem Attentat in der Kathedrale wurden als abschreckendes Beispiel für Kapitalverbrechen damals nicht entfernt und werden heute noch Touristen gerne gezeigt. Ob es sich dabei tatsächlich um die ursprünglichen Einschüsse handelt, ist fraglich. Nach den Recherchen des Historikers Binder waren Jack McGurn und vermutlich Sam Hunt die Attentäter. Aber zwangsläufig wurde auch Al Capone verantwortlich gemacht, ohne dass ein genauer Nachweis geführt werden konnte. Nach dem Tod von Hymie Weiss blieben nur noch Vincent Drucci und sein Vertreter George Moran von der gefährlichen North Side Gang übrig. Capone hielt es allerdings für klüger, die weitere Fortsetzung der tödlichen Fehden vorübergehend auszusetzen und ein neues Stillhalteabkommen auszuhandeln, das nach seinen in der *Los Angeles Times* zitierten Aussagen erst nach dem Tod von Hymie Weiss von den Gegnern ernst genommen wurde:

> Ich habe ihnen gesagt, dass ich nicht sterben wollte. Ich wollte auch nicht, dass sie sterben. Ich habe gesagt, dass das nicht nötig ist. Wir könnten einen vernünftigeren Weg finden, um unsere Schwierigkeiten zu regeln. Ich hatte ihnen das mehrere Male mitgeteilt, bevor Hymie starb. Sie dachten, dass ich nur einen Scherz machte, aber als sie sahen, dass ich es ernst meinte, wollten sie darüber reden. (Binder, 2017, S. 171)

Kurz nach Hymie Weiss' prunkvoller Beerdigung waren alle an den verlustreichen Bierkriegen beteiligten Führer gesprächsbereit. Schon am 20. Oktober trafen sie sich als friedfertige Geschäftsleute und vereinbarten, zukünftig auf Morde und Schlägereien zu verzichten und alle vergangenen Anschläge und Rachegedanken ad acta zu legen. Die jeweiligen Anführer waren für die Einhaltung dieser Richtlinien in ihren Gangs verantwortlich (Binder, 2017, S. 171). Vermutlich hegte keiner der Teilnehmer die Illusion, dass es sich um einen dauerhaften Frieden handeln würde, zumal dies einen Stillstand für den Handel bedeutet hätte. Immerhin konnte Al den Jahreswechsel unbeschwert zu Hause bei seiner Familie feiern, bevor das neue Jahr mit einem neuen Paukenschlag begann. Dieses Mal traf es seinen treuen Freund, Theodore Anton oder „Tony the Greek“, der das Restaurant

Hawthorne Inn in seinem Hauptquartier in Cicero betrieb. Nach einem kurzen Zusammentreffen der beiden am 28. November 1926 war Tony plötzlich verschwunden und wurde am nächsten Tag ermordet in einem Graben aufgefunden. Al betrauerte diesen großen Verlust wie den eines nahen Familienangehörigen. Einen Schlag gegen seine Widersacher von der North Side Gang, deren Killer er hinter dem feigen Mord vermutete, behielt er sich wegen des Waffenstillstands für später vor. Bei diesem aufgeschobenen Racheplan kam ihm die politische Veränderung in der Stadtverwaltung Chicagos entgegen.

Die Amtszeit des Reformbürgermeister William E. Dever war abgelaufen und der korrupte Skandalpolitiker William Thompson, Big Bill, trat wieder als Kandidat für das Amt an. Mit der tatkräftigen Unterstützung durch den Capone-Clan und den Einsatz finanzieller Mittel konnte der populistische Demagoge wiedergewählt werden. Sicher beförderte die durch die Bierkriege ausgelöste Lügen- und Korruptionskulisse in und um Chicago die Wiederwahl des prinzipiell den Gang-Führern gleichgesinnten Politikers. Natürlich versprach er, alle von seinem irischen Vorgänger Dever geschlossenen Flüsterkneipen wieder zu öffnen. Capones erster Biograf Fred Pasley schrieb: „Bürgermeister Thompson war für ‚America First' und Capone für ‚America's Thirst' [Amerikas Durst]. Sie waren nicht so weit auseinander" (Pasley, 1930, S. 148). Das Postulat „America First" hatte auch bei dem Geschäftsmann und Präsidenten Donald J. Trump wieder Konjunktur, eine Vorrangstellung, die zugleich für die eigene Person reklamiert wird. Psychologisch gesehen geht es in beiden Fällen um die beständige Bestätigung der eigenen Machtstellung, die allen anderen übergeordnet ist. Dies betrifft sogar Freizeitbeschäftigungen, wie den Besuch bei Baseballspielen, Boxkämpfen oder das Golfspiel, das Al Capone im veränderten politischen Klima aufnahm.

Bei amerikanischen Sportarten geht es immer um Sieg oder Niederlage. Ein Unentschieden gibt es nicht. Es wird so lange gespielt, bis eine Mannschaft gewinnt. Folglich kam für Al nur ein Sieg infrage und seine besseren Mitspieler beim Golf wussten sehr wohl, dass sie ihre Qualität nicht ausspielen durften. Ähnliches hört man heute von Golfspielen, die auf Donald Trumps privaten Golfplätzen mit ihm ausgetragen werden. Hintergrund dieses egomanischen Strebens nach absoluter Größe ist die im Konzept des amerikanischen Traums angelegte Vorstellung von grenzenlosem Reichtum. Die daraus abgeleitete Reklamation der unanfechtbaren Stellung als Hegemon und Finanzgenie steht allerdings im Widerspruch zum quasi-autokratischen Selbstverständnis der amerikanischen Gesellschaftsschicht der alteingesessenen Reichen. Folglich besteht eine unüberbrückbare Kluft zwischen den neu-amerikanischen „Neureichen" und der klassischen WASP-Elite, deren puritanische Vorfahren angeblich mit der ersten Schiffspassage auf der Mayflower Anfang des 17. Jahrhunderts von England nach Neuengland gekommen sind. Deirdre Bair betont zu Recht diese soziologische Barriere zwischen den beiden Klassen, die sich in der Lage und Architektur ihrer Residenzen am Lake Shore Drive entlang des Michigan Sees bzw. in der Michigan Avenue in der Innenstadt widerspiegeln (Bair, 2017, S. 98f.). Obwohl immer wieder die betrügerischen Methoden gewissenloser etablierter Geschäftemacher mit denen der Alkoholschmuggler verglichen werden, bleibt der Unterschied zwischen den beiden Welten bestehen. Er ist im Wesentlichen in der ethnischen Differenz zwischen den alteingesessenen Nachkommen der ersten kolonialen Siedler und den Neu-Amerikanern begründet. Dieser die amerikanische Gesellschaft bestimmende Konflikt wird durch die Rivalität zwischen den Gruppen noch verstärkt. Zudem findet jede diskriminierte Gruppe wiederum andere, von denen sie sich ihrerseits diskriminierend absetzen kann.

Deirdre Bair hat in diesem Kontext Al Capones Einstellung zur afroamerikanischen Gemeinde untersucht, die im Zuge der Umsiedlung aus dem Süden nach Chicago stark angewachsen war. Demnach fühlte er sich als italienischer Einwanderer der zweiten Generation den afroamerikanischen Zuwanderern überlegen. Bezogen auf afroamerikanische Musiker zeigte er jedoch eine differenziertere Einstellung. So schätzte er die Auftritte der Stars der Jazz-Szene wie Louis Armstrong in seinen Clubs sehr und nahm sie gegen Anfeindungen in Schutz. Den weniger qualifizierten afroamerikanischen Interpreten brachte er nicht die gleiche Wertschätzung entgegen (Bair, 2017, S. 100). Trotz der von verschiedenen Gruppen der Gesellschaft besuchten Jazz-Veranstaltungen musste die allgemeine Akzeptanz einer diversen Gesellschaft in den USA noch bis zur Propagierung einer multikulturellen Gesellschaft Ende des Jahrhunderts warten.

Der Konkurrenzkampf um die Absatzmärkte des Alkoholschmuggels und die Vormachtstellung zwischen New York und Chicago setzte sich unvermindert fort, verstärkt durch persönliche Animositäten der keine Nebenbuhler duldenden Führeregos. Die in Chicago seit Beginn des Bierkrieges bestehende Rivalität zwischen der North Side Gang und dem Capone-Syndikat erhielt durch die ethnische Differenz zwischen den beiden Gruppen eine zusätzliche Dimension. Der auf Initiative von Al Capone gemeinsam vereinbarte Waffenstillstand konnte die Rachegelüste der Anführer der North Side Gang Vincent Drucci und George Moran wegen der Ermordung des irischen Oberhaupts Dean O'Banion nicht auslöschen. In den gegenseitigen Bemühungen, den an der Spitze der Organisation stehenden Anführer zu liquidieren, wurden immer wieder neue Anschlagsziele erkundet und Mordszenarien erdacht. Im April 1927 kamen die Sicherheitskräfte in Chicago dem Capone-Clan zu Hilfe. Der von der Polizei verhaftete Vincent Drucci wurde auf dem Weg zum Verhör von einem Polizisten in Notwehr erschossen, wobei die genauen Umstände ungeklärt blieben. Damit wäre nur noch Moran als einziger Führer im Norden übrig geblieben, wenn sich nicht ein neuer Verbündeter im Kampf gegen Capone in der Person von Joe Aiello gefunden hätte.

Der 1890 in der Provinz Palermo in Sizilien geborene Aiello war 1907 nach Amerika gekommen und lebte mit sechs seiner Brüder in Chicago. Durch seine Zusammenarbeit mit der Unione Siciliana und wegen der traditionell bestehenden Rivalität zwischen Sizilianern und Süditalienern ergab sich für Capone eine gefährliche Situation für seine Person sowie für seine Geschäfte. Verschärft wurde die brisante Lage durch die innerhalb der sizilianischen Gewerkschaft schwelenden Interessenskonflikte über Führung und Zielsetzung. Trotz aller internen Machtkämpfe blieb es dennoch oberstes Ziel, Capone auszuschalten. Dafür hatten die Aiello-Brüder im Sommer 1927 eine Kopfgeldprämie von 50.000 Dollar für seine Ermordung ausgesetzt, was allerdings nicht zum Erfolg führte. Deshalb dachten sie sich eine todsichere Alternative mit Unterstützung von George Moran und des in Brooklyn operierenden und mit der sizilianischen Gewerkschaft paktierenden Frankie Yale aus. Nach Bergreens Darstellung entführten die Brüder im November 1927 kurzerhand den Chefkoch von Al Capones Lieblingsrestaurant Bella Napoli in Cicero und stellten ihn vor die Wahl, selbst getötet zu werden oder Capone beim nächsten Essen mit Blausäure zu vergiften. Um auf den Deal einzugehen und sein Leben zu retten, nahm der Chefkoch die für diese Vergiftung vorgesehene Entlohnung von 10.000 Dollar an. Als zusätzliche Lebensversicherung verriet er jedoch die Aktion an Al, der seinerseits nun die von den Aiellos drohende Gefahr ein für alle Mal beseitigen wollte. In Kollaboration mit seinen Kumpanen bei der Polizei ließ er den für seine Ermordung von Aiellos Handlangern mit

Maschinenpistolen eingerichteten Hinterhalt auffliegen und Joe Aiello in seinem Haus verhaften. Danach gaben die Aiello-Brüder auf, verließen Chicago und gingen vorübergehend nach Trenton, New Jersey (Bergreen, 1995, S. 294f.). Anlässlich dieser geglückten Vertreibung der feindseligen Konkurrenten gab Capone eine Reihe von Interviews, in denen er seinen Sieg feierte und seine Unschuld beteuerte. Überraschend folgte daher Anfang Dezember seine Ankündigung einer Reise nach Florida gegenüber Journalisten, wobei er die Frage seiner Rückkehr nach Chicago bzw. zu seinen Geschäften offenließ. Diesen plötzlichen Sinneswandel verbinden Biografen mit der arroganten Anmaßung des wiedergewählten Bürgermeisters William Thompson, Big Bill, sich als Präsidentschaftskandidat der Republikanischen Partei zu bewerben anstelle des 1928 nicht wieder zur Wahl antretenden Präsidenten Calvin Coolidge. Offensichtlich betrachtete Big Bill seine korrupte Amtsführung als eine gute Voraussetzung für die Führung der Vereinigten Staaten von Amerika mit seiner „America First Association". Seine Verbindung mit der überregional aufmerksam verfolgten Karriere Al Capones, mit dessen politischer und finanzieller Hilfe von 250.000 Dollar Thompson zum dritten Mal Bürgermeister geworden war, erschien ihm wohl bei seinen Ambitionen als eine zu große Hypothek. Angesichts dieser Brüskierung durch den kriminellen Politiker versuchte Al Capone, seine eigene Position mit Bezug auf die gesellschaftliche Doppelmoral zu rechtfertigen. Im Gespräch mit Journalisten setzte er seine Tätigkeit als Alkoholschmuggler und den damit vollzogenen Verstoß gegen das Prohibitionsgesetz mit dem ebenso illegalen Verhalten der Alkoholtrinker gleich. Weiterhin brandmarkte er die Heuchelei korrupter Politiker: „Schlimmer als ein Gauner ist ein betrügerischer Mensch in einem großen politischen Amt. Jemand, der vorgibt, ein Gesetz durchzusetzen, aber eigentlich Knete von jemandem erhält, der es bricht, für solch einen Kerl hat ein anständiger Gauner keine Verwendung ...“ (Kobler, 1971, S. 209). Natürlich zeigte er sich auch besorgt um die psychischen Auswirkungen seiner in der Presse verbreiteten kriminellen Methoden auf seine Mutter und die ganze Familie. Selbstgerecht beteuerte er, dass er die besten Jahre seines Lebens als öffentlicher Wohltäter in Chicago verbracht habe, seine Diskriminierung als ungerecht empfinde und alle Schuld von sich weise:

> Ich bin nie wegen eines Verbrechens verurteilt worden, noch habe ich je jemanden zu einem Verbrechen angestiftet. Ich habe nie etwas mit einer Lasterhöhle zu tun gehabt. Ich gebe mich nicht als einen Säulenheiligen aus, aber ich habe nie jemanden getötet. Ich habe nie in meinem Leben jemanden mit einer Waffe überfallen. Genauso wenig hat keiner meiner Kumpane jemals jemanden beraubt oder Hauseinbrüche verübt, solange sie für mich arbeiteten. Sie könnten viele krumme Dinger gedreht haben, bevor sie zu mir kamen oder nachdem sie mich verließen, aber nicht während sie in meiner Outfit waren.
> (Kobler, 1971, S. 209)

Hier stellt sich die Frage, ob Al Capone mit dieser Selbstdarstellung als Unschuldslamm seine schon beschriebenen Gewaltverbrechen bewusst verdrängen wollte oder sich tatsächlich für unschuldig hielt und seine Rolle als Wohltäter der Menschheit in einem solchen Maße internalisiert hatte, dass er selbst daran glaubte. Diese Haltung entspräche einem Newcomer, der die Idee des amerikanischen Traums ohne Rücksicht auf Verluste verfolgte und die Praktiken der amerikanischen Wirtschaftsführer auf seine Weise anwendete. Wie manche dieser Wirtschaftsgrößen, die die Zerschlagung ihrer Monopolkonzerne durch die Regierung hinnehmen und eine Zurückweisung ihrer kreativen Energie erdulden mussten, sollte Al Capone bei seinen nächsten Unternehmungen ähnliche Konsequenzen erfahren.

In den Genuss seiner Attitüde als Wohltäter kamen bisweilen auch seine Frau und sein Sohn. Der Moment nach der Demontage seiner Gegner und dem Affront durch Big Bill Thompson schien besonders gut geeignet, um Zeit mit seiner lange vernachlässigten Familie zu verbringen. Anstatt direkt nach Florida zu reisen, wie den Journalisten verkündet, plante er dem Wunsch Maes entsprechend eine Reise nach Kalifornien. Wie desaströs diese Reise verlief und wie sehr die despektierliche Behandlung durch die Hotelerie sein aufgeblasenes Selbstbild verletzte, schildert Deirdre Bair. Demnach dauerte die als Entdeckung des Westens gedachte Reise insgesamt acht Tage, von denen sechs im Zug verbracht wurden. Das Biltmore Hotel in Los Angeles, bei dem Al unter dem in Chicago wiederholt für seine Geschäfte benutzten Namen Al Brown reserviert hatte, weigerte sich, ihn länger als zwei Tage zu beherbergen. Dies geschah mit Unterstützung der Sicherheitsbehörden, die den berüchtigten Verbrecher aus Chicago als unwillkommenen Besucher loswerden wollten (Bair, 2017, S. 107f.). Bair dekuvriert den von Capone behaupteten Besuch beim Hunderennen in Mexiko ebenso wie seine anderen angeblichen mexikanischen Kontakte als Lügen. Bei der Rückkehr nach Chicago musste Al zudem die Erfahrung machen, dass auch seine Heimatstadt ihn nicht mehr willkommen hieß. In Joliet, an der Stadtgrenze im Süden zum Bezirk der Chicago Heights, wurde er wegen Waffenbesitzes festgenommen und konnte erst nach einer Nacht im Gefängnis zu seiner Familie im Haus an der South Prairie Avenue reisen. Diese bislang unbekannte Form der Behandlung war ein großer Schlag für sein Ego und veranlasste ihn, seine Floridapläne weiter zu verfolgen. Die öffentliche Wahrnehmung seiner kriminellen Karriere ebenso wie seine Stellung innerhalb der kriminellen Kreise hatten sich entgegen seiner eigenen Einschätzung verändert.

Mae war mehr als froh und glücklich, dass Al seine Absicht, in Florida eine neue Residenz aufzubauen, in Gesprächen mit der Presse erneuerte und ab Januar 1928 in die Tat umsetzte. Wiederum war er überrascht, auf ihm bislang unbekannte Widerstände und Vorbehalte gegenüber seiner von ihm als Erfolgsgeschichte des amerikanischen Traums empfundenen Position und Person zu treffen. Also wählte er Mittelsmänner, die im Großraum von Miami die Lage für ihn sondierten und zunächst eine Wohnung anmieteten als Basis für die Suche nach der eigentlichen Immobilie. Für seine Geschäfte nutzte er eine Suite im Ponce de Leon Hotel in der Stadt, wo er zudem auf den gleichgesinnten Manager Parker Henderson traf. Die ablehnende Haltung der Bürger und des Stadtoberhaupts von Miami beruhten auf seinem im ganzen Land verbreiteten Ruf als größter Gangster und schlimmster Verbrecher Chicagos, vor dessen Verlagerung seiner Tätigkeiten nach Miami man sich schützen wollte. Erst der persönliche Kontakt mit dem Bürgermeister John Newton Lummus Jun. brachte die Wende, der – wie Bair schreibt – zudem im Immobiliengeschäft tätig war. Mit dessen Hilfe wurde Al fündig und konnte am 27. März 1928 ein ansprechendes Haus auf Palm Island am Strand von Miami für 40.000 Dollar kaufen und auf den Namen seiner Frau im Grundbuch eintragen lassen. Das Haus war von dem Immobilienmakler Clarence Busch 1922 als Kapitalanlage erbaut worden, nicht von der deutschen Bierbrauer-Dynastie Anheuser-Busch, wie in gängigen Biografien behauptet. Das im neuspanischen Stil gehaltene zweistöckige Haus mit 14 Zimmern – auf der Webseite von Mario Gomes sind sogar 25 Zimmer angegeben – bot der Capone-Familie eine sehr gute, von der Öffentlichkeit abgeschirmte Lage mit einem Torhaus am Eingang. Für seine maritimen Ausflüge mit dem neu

Capones Residenz in Miami (Foto: John Binder Collection)

gekauften Boot war die Lage am Meer ideal und in dem neu eingerichteten, 30 Meter langen Pool konnte Al seinem Lieblingssport nachgehen. Zwar konnte sich dieses stattliche Anwesen von etwa 2.700 Quadratmetern nicht mit den weiträumigen und luxuriösen Anlagen der großen Wirtschaftskapitäne wie Vanderbilt oder Rockefeller messen, dennoch stellte dieses eindrucksvolle Domizil am Meer nach den Mietwohnungen in Brooklyn und dem Haus in Chicago für Al Capone die standesgemäße Verwirklichung des amerikanischen Traumes dar. Das subtropische Klima entsprach zudem dem mediterranen Ambiente seiner neapolitanischen Herkunft.

Besonders erfreulich war dieses neue Domizil für Mae als stolze Hausbesitzerin, die mit viel Freude und viel Geld die Residenz einrichtete. Insgesamt sollen die Umbauten und das stilvolle Mobiliar zusammen mit den Schutzeinrichtungen für Al etwa 100.000 Dollar gekostet haben. Am besten für Mae war die Gewissheit, dass ihre

Schwiegermutter und die nörgelnde Schwägerin im Haus in Chicago wohnen blieben, sodass sie zum ersten Mal in ihrem Leben ohne deren Aufsicht ihre Zeit mit der eigenen Familie genießen konnte. Trotz der kriminellen Hypothek ihres Mannes in Chicago konnte sie ein neues Lebensgefühl entwickeln, das bei gelegentlichen Besuchen der italienischen Verwandten aus Chicago nicht nachhaltig beeinträchtigt werden konnte. Ihre Enkelin Diane liest aus Maes Erinnerungen, mit welcher Freude und Hingabe sie zusammen mit Al luxuriöse Partys mit mehr als 100 Gästen für die High Society Miamis veranstaltete. Die ursprünglich als Eisbrecher gegenüber den Vorbehalten der Bürger organisierten Events erzeugten das Gefühl einer neuen Akzeptanz. Diese gesellschaftliche Integration schloss den Sohn ein, der in Chicago ein eher abgeschiedenes Leben zu Hause hatte führen müssen. Selbst mit den in der Presse immer wieder platzierten Artikeln über kriminelle Machenschaften konnte man gut umgehen, sodass Sonny zwar über das Doppelleben des Vaters teilweise Bescheid wusste, aber dadurch seine Zuneigung zu ihm nicht beeinträchtigt wurde. In jedem Fall hatte die Familie nun ein sicheres Zuhause weit weg von der kriminellen Gesellschaft in Chicago gefunden. Für Al wurde dieser Rückzugsort zu einem willkommenen Alibi, aus dessen sicherer Distanz er die Vorgänge in Chicago miterleben und steuern konnte, ohne direkt involviert und Beschuldigungen ausgesetzt zu sein. Das mit dem Namen Al Capone verbundene Anwesen, das Mae 1952 verkaufte, wurde inzwischen aufwendig renoviert und wird seit 2018 für 15 Millionen Dollar auf dem Immobilienmarkt angeboten.

Eines der Ereignisse, für die Al Capone seinen privaten Ruhepol als Alibi nutzen konnte, war die als Pineapple Primary (Ananas-Vorwahl) in die amerikanische Geschichte eingegangene Vorwahl eines Kandidaten für das Präsidentenamt im Staat Illinois. Pineapple war das Codewort für die im Wahlkampf verwendeten Handgranaten, von denen insgesamt 62 bei den militanten Auseinandersetzungen zwischen oppositionellen Kandidaten in Chicago und im Cook County eingesetzt wurden. Diesem Kampf fiel unter anderem Giuseppe Esposito als Vertreter der Republikanischen Partei mit Kontakten zum kriminellen Milieu zum Opfer. Capone und seine Männer hatten die von Bill Thompson unter dem Slogan seiner „America First Association" geführte Kampagne mithilfe korrupter Machenschaften und mit allen zur Verfügung stehenden finanziellen Mitteln unterstützt. Die eigentliche Abstimmung am 10. April 1928 endete überraschenderweise mit einer krachenden Niederlage der Fraktion des korrupten Bürgermeisters Bill Thompson und mit dem Sieg der von dem republikanischen Reformkandidaten Charles S. Deneen unterstützten Kandidaten, die wie er in ihren Ämtern als Gouverneur und US-Senator gegen die kriminellen Machenschaften vorgingen. Zu ihrem Erfolg trugen auch der in der Bevölkerung steigende Unmut gegen die verbrecherischen Eingriffe in demokratische Prozesse und der Unwille, diese länger hinzunehmen, entscheidend bei. Die für Big Bill bittere Erfahrung der Niederlage verletzte sein übersteigertes Ego und veranlasste ihn, nach einer kurzen Denkpause seine kriminellen Geschäfte in alter Form wieder aufzunehmen. Aus der doppelten Perspektive des aktiv Beteiligten in Chicago wie des unschuldigen Beobachters aus der Distanz in Miami konnte Al nun also weiterhin mit der Kollaboration des Bürgermeisters bei seinen Geschäften bis zum Ende der Amtsperiode 1931 rechnen.

Gleichzeitig ging der Bierkrieg mit immer neuen Flügelkämpfen in Chicago und New York weiter. Aufgrund seines gut organisierten Netzwerkes im nun national verzweigten Alkoholschmuggel konnte Al Capone alle Operationen sowohl in seinen Schaltzentralen in Cicero und Chicago als auch in Miami kontrollieren. Die zunehmenden Attacken der Unione Siciliana auf seine Alkoholtransporte waren ihm schon lange ein Dorn im Auge. Nicht zu Unrecht verdächtigte er Frankie Yale, bei dem er seine ersten Schritte ins Verbrechen als Barkeeper im Harvard Inn in Brooklyn gemacht hatte, immer wieder Alkoholfässer für seine eigenen Geschäfte abzuzweigen. Sein Verdacht konnte jedoch nicht offen geäußert werden, weil Yale der nationale Präsident der sizilianischen Gewerkschaft war und somit die gesamte Vereinigung hinter ihm und seinem Vorgehen stand. Also beschloss Al, den mächtigen Konkurrenten umbringen zu lassen. Der Plan für diese Operation wurde im Ponce de Leon Hotel in Miami ausgeheckt. Zuerst schickte Al zur Bestätigung seines Verdachts einen Spion nach Brooklyn, der prompt kurz nach der Übermittlung seiner den Alkoholdiebstahl bestätigenden Beobachtungen liquidiert wurde. Für die Ausführung der Ermordung Yales griff Capone auf die schon bei den Attentaten auf Hymie Weiss und Dean O'Banion einschlägig bewährten Kräfte in seiner Organisation zurück: „Machine Gun" Jack McGurn, John Scalise, Albert Anselmi und Fred Burke. Ausgerüstet mit neuen Waffen brachen sie im Zug von Miami auf, stiegen in Nashville, Tennessee, in eine Limousine um, mit der sie zum Schauplatz des Geschehens in Brooklyn fuhren. Am 1. Juli 1928, einem sonnigen Sonntagmorgen, sollte Frankie Yale sein Schicksal ereilen. Nach bewährtem Muster folgten die Attentäter dem ohne Bodyguards in seinem Wagen fahrenden Brooklyn-Boss und erschossen ihn durch das Fahrerfenster. Die Gäste einer jüdischen Bar-Mizwa-Feier wurden Zeugen dieser Liquidation am helllichten Tag (Bergreen, 1995, S. 361). Die im Fahrzeug am Tatort vorgefundenen Waffen brachten die Polizei auf Capones Spur, vor allem weil die Thompson-Maschinenpistole aus dem kriminellen Milieu in Chicago bekannt war und bisher noch nicht in New York zum Einsatz gekommen war. Der Ausgang dieser Tat verlief wie bei den anderen: Frankie Yale bekam sein luxuriöses Begräbnis mit laut Bergreen

100.000 Teilnehmern, Capone sandte seine Beileidsbekundung mit einem Kranz. Die polizeilichen Untersuchungen verliefen im Sand und Al besaß ein wasserdichtes Alibi in Miami. Es versteht sich von selbst, dass dieser Akt nicht das Ende des Ganovenkrieges sein konnte. Der krönende Abschluss sollte noch folgen.

In den folgenden Monaten, in denen Al Capone seine Geschäfte vom Ponce de Leon Hotel in Miami sowie von Chicago aus betrieb, gingen nach dem Ausschalten von Frankie Yale die Kämpfe um Absatzmärkte und Einflussbereiche weiter. Seinem Machtanspruch in Chicago verlieh er durch den Umzug seines Hauptquartiers vom Metropole Hotel ins Lexington Hotel schräg gegenüber auf der South Michigan Avenue Ende Juli sichtbaren Ausdruck. Das renommierte Hotel, in dem er bis 1932 im 4. und 5. Stock residierte, entsprach seinem gestiegenen Selbstverständnis als unangreifbarer Boss in Chicago. Neben den erhöhten Sicherheitsmaßnahmen und persönlichen Bodyguards gehörten hierzu auch die Rückzugsräume für sein privates Sexleben sowie für gelegentliche Familienbesuche. Dass er sich für unangreifbar und in allen Belangen geschützt hielt, zeigte sich ebenso im Umgang mit seiner Syphilis-Erkrankung. Alle Biografen erwähnen, dass Al sich standhaft weigerte, sich selbst untersuchen oder Tests durchführen zu lassen. Diese unbekümmerte Haltung behielt er selbst dann bei, als sein persönlicher Arzt bei Capones damaliger blonder Geliebten griechischer Herkunft Anzeichen der Geschlechtskrankheit diagnostiziert hatte. Möglicherweise wurde das Hochgefühl der Alleinherrschaft im Alkoholgeschäft nach dem Sieg über die Unione Siciliana durch die von der Krankheit ausgelöste Megalomanie verstärkt. Neue Angriffe auf Capones forcierten Alleinvertretungsanspruch ließen nicht lange auf sich warten. Es war klar, dass die vor allem von der North Side Gang fortgesetzten Alkoholdiebstähle nur beendet werden könnten, wenn ihr einzig verbliebener Boss Moran ausgeschaltet würde. Capones blutrünstiger Bodyguard Jack McGurn, der mit seiner Freundin im Lexington Hotel wohnte und schon an Frankie Yales Liquidation beteiligt gewesen war, war ein williger Erfüllungsgehilfe. Sein Plan lief darauf hinaus, nicht nur Moran, sondern auch alle seine Führungsleute in ihrem Hauptquartier auszulöschen, während Al in Miami sein würde. McGurns radikale Lösung, der Al zustimmte, war Teil eines persönlichen Racheplans. Zwei Gusenberg-Brüder in Morans Führungsstab hatten im Herbst ein Attentat auf Capones Killer ausgeübt und ihn nur schwer verwundet, sodass er sich nach einem Krankenhausaufenthalt nunmehr auf den finalen Showdown vorbereiten konnte. Im Unterschied zu Capones luxuriösem Hauptquartier befand sich Morans Lager unprätentiös in einer Garage in der North Clark Street im Norden Chicagos. Für den Anschlag hatte McGurn einen Tag ausgesucht, an dem ein von ihm beauftragter Hijacker seine gestohlenen Whiskeyfässer der Moran Gang verbilligt verkaufen würde. Die Führer gingen auf das scheinbar gute Angebot ein und vereinbarten die Übergabe in ihrer Garage für Donnerstag, den 14. Februar 1929, den Valentinstag. Vom Ablauf des tödlichen Ereignisses existieren verschiedene Versionen. Am plausibelsten erscheint der von McGurn orchestrierte Angriff mitten am Tag mit zwei Fahrzeugen, von denen eines als Polizeiauto mit als Polizisten verkleideten Insassen getarnt war, und das andere das Gangsterauto mit den Killern. Die falschen Polizisten verschafften sich Zugang zur Garage, in der sich sieben Männer befanden, entwaffneten die fünf Gangmitglieder und zwangen alle, sich an die Wand zu stellen. Dann kamen die Killer hinzu und exekutierten alle sieben kaltblütig. Bergreen zufolge gab es nur das getarnte Polizeiauto, in dem die vier als Fred Burke, John Scalise, Albert Anselmi und Joseph Lolordo identifizierten Profikiller saßen, die die Tat verübten und danach für mögliche Zeugen des Vorfalls einen Polizeieinsatz vorspielten, bei dem angeblich zwei Polizisten zwei Verbrecher verhaftet hatten (Bergreen, 1995, S. 385f.). Die Tat hatte allerdings einen gravierenden Fehler. George Moran hatte sich verspätet und erkannte bei seiner Anfahrt an den Tatort, dass etwas mit dem Polizeiauto nicht stimmen konnte. Geistesgegenwärtig drehte er um und konnte so sein Leben retten. Als die von den Nachbarn alarmierten rechtmäßigen Polizisten auftauchten, entdeckten sie das Blutbad und den trotz seiner vielen Schusswunden noch lebenden Frank Gusenberg, der allerdings getreu dem Ganovenkodex schwieg und wenig später starb.

Dieses als Valentinstag-Massaker in die Geschichte eingegangene Kapitalverbrechen machte Schlagzeilen im ganzen Land und brachte Chicago endgültig den Ruf der schlimmsten Verbrecherstadt der Vereinigten Staaten ein. Natürlich wurden derartige Verbrechen automatisch mit Al Capone in Verbindung gebracht. Der hatte jedoch das beste Alibi, das man sich denken konnte, weil er gleichzeitig in Miami von einem eigens aus Brooklyn angereisten Bezirksstaatsanwalt zusammen mit dem lokalen Staatsanwalt Taylor im Beisein eines Sheriffs und einer Sekretärin (Bair, 2017, S. 136) wegen der Ermordung von Frankie Yale und der Versteuerung von Einkünften verhört worden war. Der Biograf Kobler stellt die Gleichzeitigkeit der Ereignisse in Chicago und Miami durch den wiederholten schnellen Wechsel zwischen den beiden Schauplätzen dar und beendet seinen Bericht mit einer rauschenden Party, die Al am Abend für 100 geladene Gäste in seiner Villa auf Palm Island abhielt (Kobler, 1971, S. 246). Der Biograf Bergreen seinerseits lässt diese Party erst zwei Tage später stattfinden (Bergreen, 1995, S. 394). Jack McGurn, der als Al Capones Handlanger und ausführendes Organ bekannt war, konnte bei dem Verhör gegenüber der Polizei auf seine Freundin Louise Rolfe verweisen, die ihm für die Tatzeit ein wasserdichtes Alibi verschaffte. Die unerhörte Brutalität dieser kaltblütigen Exekution ließ den Behörden keine Wahl, als diesen schlimmsten Anschlag, den es je in Chicago gegeben hatte, aufzuklären. Die ungeheure Summe von insgesamt 100.000 Dollar soll als Belohnung für die Aufklärung ausgesetzt worden sein (Kobler, 1971, S. 247). Zunächst galt es, den unerhörten Vorwurf zu widerlegen, dass das Massaker von der Polizei ausgeübt wurde, ein Verdacht, der durch die als verkleidete Polizisten am Anschlag Beteiligten genährt und selbst in der *New York Times* als Möglichkeit in Erwägung gezogen wurde. Die Widerlegung gelang schließlich durch ballistische Untersuchungen, bei denen eine Verbindung zwischen dem Mord an Frankie Yale in Brooklyn und dem Valentine-Massaker in Chicago anhand der Kugeln und der verwendeten Waffen hergestellt werden konnte, die auf das Capone-Lager und den Einsatz der Thompson-Maschinenpistole hinwiesen. Damit trat Jack McGurn wieder ins Blickfeld der Behörden und wurde schließlich verhaftet. Letztlich konnte er aber nicht belangt werden, weil er inzwischen sein „blondes Alibi" geheiratet hatte, sodass Louise Rolfe nicht gegen ihn aussagen musste. Am 2. Dezember wurde er als freier Mann aus der Untersuchungshaft entlassen. Als einziger bestrafbarer Täter verblieb Fred Burke, der sowohl an dem Attentat auf Yale als auch an dem Anschlag auf die Moran Gang beteiligt war. Doch auch er entzog sich einer Strafverfolgung und wurde erst 1931 für einen 1929 an einem Polizisten im Alkoholrausch verübten Mord lebenslänglich verhaftet. Lakonisch kommentieren alle Darstellungen über Al Capone, dass niemand für den siebenfachen Mord am Valentinstag zur Verantwortung gezogen werden konnte. Damit war der nun offiziell in Miami residierende Capone zunächst aus der Schusslinie getreten, was aber nicht verhinderte, dass das öffentliche Interesse an seiner Person im Zusammenhang mit den kriminellen Machenschaften und Gewaltverbrechen in Chicago und anderswo wuchs. Das in Chicago und teilweise in Miami gepflegte Image eines Wohltäters der Menschheit begann ins Gegenteil umzuschlagen. Berichte über eine schwerreiche und machtvolle Verbrecherfigur waren interessanter als Sujet für die nationale Presse und fanden größere Resonanz bei den Lesern. Nicht nur in der amerikanischen Literatur scheinen Bösewichte größeren Raum einzunehmen und Faszination auszuüben als brave, aber langweilige Menschen. Auch aus dieser literarischen Perspektive lässt sich der Umschlag von den Verheißungen des amerikanischen Traums, denen Al Capone seit seiner Kindheit mit den sozialdarwinistischen Mitteln der Wirtschaftskapitäne gefolgt war, in den für die Moderne des frühen 20. Jahrhunderts zunehmend bedeutender werdenden Albtraum nachvollziehen. Das Verhör des Staatsanwaltes in Miami am Valentinstag 1929 war mit den Fragen nach seinen Einkünften ein erstes Signal für Al Capones schließliches Scheitern an seinem Traum durch die Recherchen der amerikanischen Justiz.

Im Netz der Justiz

Ein besseres Alibi als sein Verhör durch Justizbeamte in Miami am Tag des ganz Amerika erschütternden Valentinstag-Massakers hätte sich Al Capone nicht wünschen können. Für ihn war diese glückliche Fügung Teil seiner Allmachtfantasie und bestärkte ihn in dem Glauben, alle Anschuldigungen mit den ihm zur Verfügung stehenden Mitteln von sich weisen und als scheinbarer Philanthrop in den Augen seiner Umwelt weiterleben zu können. Er war überzeugt, dass er mit der Justiz des Landes genauso erfolgreich wie mit der Politik und der Konkurrenz in Chicago, New York oder Miami umgehen könnte. Dabei folgte er den von ihm auf seine Weise interpretierten und internalisierten Verlockungen des amerikanischen Traums, den er als wohlhabender Gangsterboss vergleichbar den arrivierten Wirtschaftsbossen schon verwirklicht hatte, ohne jedoch die Gefahren des Absturzes, die mit der Hybris der Macht verbunden sind, ins Kalkül zu ziehen. Der Umschlag in den Albtraum ist im Konzept des amerikanischen Traums nicht vorgesehen und kam ihm deshalb auch nicht in den Sinn. Es entsprach der Logik seines von diesem Erfolgsmuster monoman geleiteten Handelns, die Strukturen seines Imperiums bewahren und die durch großen Reichtum definierte Machtposition dauerhaft festigen zu können. In diesem zwanghaften Begehren nach Reichtum und öffentlicher Anerkennung konnten ihn persönliche Familiengeschichten ebenso wenig beeinträchtigen wie juristische Nachverfolgungen.

Kurz nach dem Umzug der Familie in das neue Domizil auf Palm Island am Strand von Miami 1928 traten erneut die Auswirkungen von Al Capones latenter Syphilis-Erkrankung bei seinem Sohn und seiner Frau auf. Sonny musste sich einer zweiten Operation wegen seiner schmerzhaften Innenohrentzündung unterziehen, und Mae nutzte den Wechsel zu dem neuen Arzt in Miami, um ihre in Chicago mehr oder weniger regelmäßigen Untersuchungen am neuen Wohnort aufzunehmen. Unweigerlich kam es zu einem von Mae angeregten Informationsaustausch zwischen dem Hausarzt in Chicago und der Praxis von Dr. Kenneth Phillips in Miami, in dem Al Capones Vorgeschichte sexuell übertragener Krankheiten offensichtlich kommuniziert wurde. Nach Sonnys erfolgreicher Operation empfahl Dr. Phillips der Mutter und dem Sohn, einen Syphilis-Test zu machen. Bei Al hatte der Arzt weniger Erfolg. Selbst bei der Behandlung einer Grippeerkrankung im Januar 1929 konnte er ihn nicht überzeugen, sich ebenfalls testen zu lassen. Es ist einerseits erstaunlich, andererseits aber auch verständlich, warum diese Krankheiten keinen Raum in Maes Gesprächen mit ihrer Enkelin Diane einnahmen. Offensichtlich wurden sie bewusst ausgespart oder verdrängt, ebenso wie Maes Wissen um die positiv getestete Liebhaberin ihres Mannes in Chicago sowie die Existenz seiner neuen Flamme Jeannette DeMarco in Miami. Es verwundert auch, wie wenig Al von Sonnys neuer Operation berührt war, verglichen mit den großen Anstrengungen, die er bei der ersten Operation unternommen hatte, als die Chicagoer Ärzte dem besorgten Vater zu inkompetent erschienen waren und er deshalb den Eingriff von einem Experten in New York hatte durchführen lassen.

Seine eigene, immer schon robuste Gesundheit erschien ihm offenbar unangreifbar. Nach überstandener Krankheit feierte er als gesunder Erfolgsmensch am 17. Januar 1929 seinen 30. Geburtstag und ging seinen neuen Abenteuern auf der 1922 eingeweihten Hialeah Greyhound- und Pferderennbahn, in Nachtklubs und bei ausschweifenden Partys in Miami weiter nach. Dazu gehörten auch Fischzüge mit dem eigenen Boot auf dem Meer sowie Flüge auf die Bahamas und nach Kuba. Als Vorläufer des Jetsets genoss er das Leben der Reichen in vollen Zügen und ließ daran – zum Leidwesen seiner Frau – bisweilen auch seine Kumpane aus New York und Chicago auf seinem Anwesen teilhaben. Eine dieser feuchtfröhlichen Zusammenkünfte diente der Vorbereitung eines neuen Treffens der verschiedenen Gangsterbosse in Atlantic City, New Jersey, um wieder einmal ein Stillhalteabkommen zu beschließen und gegenseitige Liquidierungen sowie darauffolgende Strafverfahren zu vermeiden. Vorher jedoch musste sich Al Capone in Chicago wegen des Valentinstag-Massakers verantworten, das nach den Worten seines dem Attentat knapp entgangenen Hauptgegners George Moran nur von ihm orchestriert worden sein konnte. Die Presse wurde nicht müde, Morans Verdikt beständig zu wiederholen, sodass es sich im öffentlichen Bewusstsein verankerte: „nur Capone tötet auf diese Art und Weise“ (Bair, 2017, S. 140). Da half es Capone nur wenig, dass er den Spruch auf Moran ummünzte.

Abrechnung mit Gegnern

Am 17. Februar 1929 erhielt Al Capone eine Vorladung des Polizeipräsidiums in Chicago zur Verhandlung vor einem Geschworenengericht über Angelegenheiten des illegalen Alkoholhandels, die für den 12. März angesetzt war. Auf der Woge seines allmächtigen Glücksgefühls als lebenslustiger Hausherr in der neuen Residenz nahm er diese Vorladung nicht ernst und ließ sich von seinem Hausarzt ein Attest ausstellen, das ihn wegen einer Lungenentzündung für reiseunfähig erklärte. Angesichts der durch die Presse bekannten Freizeitaktivitäten Capones ließ sich der jeder Korruption abholde Bundesstaatsanwalt in Chicago, George Emerson Q. Johnson, diese Missachtung des Gerichts nicht bieten und setzte einen neuen Termin eine Woche später am 19. März an, zu dem Capone dann erst einen Tag später erschien. Geschickt hatte er seine Reise und die Ankunft in Chicago so geplant, dass niemand davon Wind bekam. Statt in dem Haus in der South Prairie Avenue bei seiner Mutter zu wohnen, nahm er wieder einmal Zuflucht bei Raphael Capone und dessen Familie in Rockford, der zweitgrößten Stadt in Illinois nördlich von Chicago. Nach Deirdre Bairs Interviews mit den Kindern und Enkelkindern dieser „anderen“ Capone-Familie handelt es sich hier um einen gleichnamigen, nicht verwandten Capone, dessen Eltern aus der Region Neapel nach Amerika eingewandert waren und den Al Capone Anfang der 1920er-Jahre in Chicago kennengelernt hatte. Seine Verwicklung in Al Capones kriminelle Geschäfte führten schließlich auf Wunsch seiner Frau Clotilde und zum Schutz der Familie zum Umzug in das sichere Rockford. Dass Raphael trotzdem weiterhin Geschäftsgänge für Al Capones Unternehmen in Chicago wahrnahm, wurde ihm letztendlich zum Verhängnis. Im Zusammenhang mit seiner Vernehmung vor der Grand Jury kam Al die Gastfreundschaft von Raphaels Familie, die er jahrelang unterstützt hatte, wieder zupass. Denn die Angelegenheit eines offensichtlichen Gefälligkeitsattests für eine Bundesbehörde mit der unverfrorenen Aussage von Dr. Phillips, sein Patient sei wegen einer Lungenentzündung seit sechs Wochen im Krankenbett und eine Reise nach Chicago könnte zu einem Kollaps mit Todesfolge führen, hatte ein nationales Echo gefunden, sodass Al Capone selbst im Weißen Haus in Washington Gegenstand der Diskussion wurde. Nach Bergreen war es die Tat des Verlegers der einflussreichen *Chicago Tribune*, Colonel Robert Rutherford McCormick, der den seit März 1929 amtierenden Präsidenten Herbert Hoover bei einem Besuch im Weißen Haus über die verhängnisvollen Auswirkungen des illegalen Alkoholhandels und Alkoholkonsums in Chicago und über Al Capones führende Rolle als Gangsterboss informierte. Nach der vom Präsidenten in seinen Memoiren erinnerten Lage war die Stadt „in der Hand von Gangstern. Polizei und Stadtrat waren ihnen vollkommen ausgeliefert, und den Gouverneur konnte man ganz vergessen, sodass die Bundesregierung allein die Kraft hätte, die Regierungsfähigkeit der Stadt wiederherzustellen" (Hoover, 1952, S. 277; Bair, 2017, S. 143). McCormicks Intervention in Washington brachte gleichzeitig den seit 1924 amtierenden jungen Direktor der nationalen Ermittlungsbehörde, dem Bureau of Investigation, J. Edgar Hoover, sowie die mit ihm befreundete Mabel Walker Willebrandt auf den Plan. Als ehrgeiziger Chef der 1935 in Federal Bureau of Investigation (FBI) umbenannten Behörde wollte J. Edgar Hoover Al Capone zu Fall bringen und kooperierte dazu mit Willebrandt, die von 1921 bis 1929 unter den Präsidenten Warren J. Harding und Herbert Hoover als stellvertretende Generalbundesanwältin gedient hatte. Das Dilemma der Strafverfolgung wegen des Verstoßes gegen die Prohibition bestand darin, dass bei Politikern und in der Gesellschaft die Einstellung zum Verbot des Alkoholkonsums sehr ambivalent war. So tolerierten viele Politiker und Polizisten wie die Bevölkerung den Alkoholkonsum, und selbst die Präsidenten der 1920er-Jahre – Harding, Coolidge und Hoover – hatten eine laxe Einstellung zur Einhaltung des Gesetzes. Andere Amtsinhaber wie der berüchtigte Bürgermeister Big Bill Thompson in Chicago verdienten sogar am illegalen Alkoholhandel mit. Der Zeitungsmann Robert McCormick und die Juristin Mabel Walker Willebrandt waren jedoch erklärte Befürworter der Prohibition und verfolgten den Alkoholmissbrauch und die damit verbundenen gewalttätigen Exzesse. Aufgrund dieser zwiespältigen öffentlichen Einstellung zur Prohibition war Al Capone überzeugt, dass man ihn deswegen nicht belangen würde, eine Erkenntnis, die sich bald auch bei den Strafverfolgungsbehörden durchsetzte. Statt sich auf den Gesetzesbruch der Prohibition zu konzentrieren, deren Ende sich in der öffentlichen Diskussion schon anbahnte, wollte man deshalb die Abgabe seiner Steuererklärungen für die aus dem Alkoholhandel erzielten Einkünfte überprüfen, weil man dafür leichter justiziable Beweise zu finden glaubte. Dieser für eine mögliche Anklage angewandte Trick wurde selbst von Präsident Herbert Hoover unterstützt, der in seinen Memoiren das Dilemma der Justiz für eine Verurteilung festhielt: „Sofort habe ich die Bundessteuerbehörden angewiesen, sich auf Mr. Capone und seine Verbündeten zu konzentrieren. … Es war ironisch, dass ein Mann, der hunderte von Morden angezettelt, bei manchen selbst Hand angelegt hatte, nur dafür bestraft werden musste, dass er keine Steuern auf das Geld bezahlte, das er mit Morden erzielt hatte" (Hoover, 1952, S. 277; Bergreen, 1995, S. 403). Angesichts dieser neuen Situation sah der ehrgeizige J. Edgar Hoover eine gute Gelegenheit, sich mit der Verfolgung und Verhaftung des fast gleichaltrigen Al Capone zu profilieren und sich national einen Namen zu machen. Al Capone ahnte zu diesem Zeitpunkt noch nichts von der administrativen und juristischen Formierung einer massiven Armada gegen seinen – wie sich herausstellen sollte – enormen Steuerbetrug. Relativ unbekümmert ließ er die Anhörung in Chicago durch den Bundesstaatsanwalt George E. Q. Johnson vor dem der Strafkammer Vorsitzenden Richter James H. Wilkerson über sich ergehen und genoss das große Presseinteresse mit Blitzlichtgewitter im Gericht und zahlreichen Berichten in lokalen und nationalen Medien. Die Gefahr einer Verfolgung wegen Steuerhinterziehung, die sich allmählich aufbaute, ignorierte er mit der bei einem Abendessen gemachten und von Gästen mitgehörten Bemerkung: „Das Einkommenssteuergesetz ist ein großer Quatsch. Die Regierung kann keine legalen Steuern von illegalen Geldern einfordern" (Kobler, 1971, S. 274). Dabei bezog er sich wohl auf die 1926 von einem Berufungsgericht vertretene Auffassung, dass Einnahmen aus illegalen Quellen nicht besteuert werden könnten, die allerdings vom Obersten Gerichtshof 1927 im Sullivan-Verfahren widerrufen worden war. In dem Rechtsstreit *United States v. Sullivan* entschied das Oberste Gericht, dass Einnahmen aus illegalem Alkoholhandel steuerpflichtig sind, womit die Berufung von Manley Sullivan auf die im 5. Verfassungszusatz festgehaltene Selbstbelastung durch die Angabe illegaler Einkünfte widerrufen wurde. Selbst die überraschende Ermordung seines Namenskollegen Raphael Capone, der kurz nach seinem Aufenthalt bei einem seiner Botengänge für Al von gegnerischen Gangs erschossen wurde, war nicht gravierend genug, um ihm den Ernst der sich verändernden Lage näherzubringen. Pflichtbewusst organisierte er die finanzielle Unterstützung für Raphaels Frau Clotilde und ihre Kinder und kehrte nach Bezahlung einer Strafe für Missachtung des Gerichts in Höhe von 5.000 Dollar als freier Mann in seine Villa auf Palm Island am Miami Beach zurück. Dennoch hatte dieses Verfahren einige Bedenken in ihm ausgelöst über seine Sicherheit in Amerika. Offensichtlich hatte er nach Bergreen die Bahamas, die er öfter mit Boot oder Flugzeug besucht hatte, als neuen Wohnsitz auserkoren. Es gelang ihm allerdings nicht, dort eine Immobilie zu erwerben, weil sein einschlägiger Ruf das Ausland und die karibischen Inseln schon erreicht hatte. Die lokalen Behörden durchkreuzten seine Pläne und erklärten ihn zu einem „unerwünschten Fremden", der beim nächsten Besuch auf der britischen Insel verhaftet werden würde (Bergreen, 1995, S. 410). Zweifellos war diese

Zurückweisung für den sich in unantastbaren Dimensionen des erfolgreich verwirklichten amerikanischen Traums wähnenden Al Capone eine schockierende Erfahrung. Das von ihm als verletzende Diskriminierung empfundene Verhalten der Behörden erinnerte ihn möglicherweise an die Ablehnung dunkelhäutiger Süditaliener als „nicht assimilierbare Fremde" in seiner Kindheit und Jugend in Brooklyn. Nachhaltig jedoch scheint ihn diese Behandlung auf seinem Weg der zunehmend gewalttätigen Realisierung des amerikanischen Traums nicht berührt zu haben. Einige Biografen vermuten zudem, dass sein Heroinkonsum zusammen mit den Auswirkungen seiner Neurosyphilis seine Persönlichkeit mit sadistischen Zügen veränderte (Bergreen, 1995, S. 414). Dies sollte sich bei einer weiteren Vendetta zeigen.

Al Capone war zu Ohren gekommen, dass die Unione Siciliana einen neuen Anschlag auf sein Leben plante. Besonders delikat bei dieser Aktion war, dass ihr neuer Präsident Joseph Guinta sich mit seinem Vorgänger, dem Al schon immer feindlich gesinnten Joe Aiello, eine ganz perfide Ausführung des Attentats ausgedacht hatte. Ausgerechnet hatte Guinta dafür die beiden auch schon vorher für Al tätigen Auftragsmörder John Scalise und Albert Anselmi ausgewählt. Vermutlich fiel die Wahl auf sie, weil die aus Sizilien eingewanderten Profi-Killer schon erfolgreich die Ermordung Frankie Yales in Brooklyn ausgeführt hatten und an dem Valentinstag-Massaker beteiligt waren. Zudem konnten hierbei die traditionellen Differenzen zwischen Sizilianern und Neapolitanern aktiviert werden. Am wichtigsten aber war der Judaslohn. Al musste handeln, um den Verrätern zuvorzukommen. Folglich kehrte er Anfang Mai 1929 an den Schauplatz des Geschehens in Chicago zurück und heckte zusammen mit seinem Bodyguard Frankie Rio einen Plan aus, wie man das Attentat vereiteln und die abtrünnigen Kopfgeldjäger ausschalten könnte. Erster Akt in diesem mörderischen Drama war ein scheinbar zufälliges Zusammentreffen der gedungenen Attentäter mit Capone und Rio in einem Restaurant. Dabei wurden Scalise und Anselmi Zeugen einer fingierten Auseinandersetzung zwischen den beiden, die mit einem Schlag Rios ins Gesicht seines Bosses endete. Wie beabsichtigt fielen die beiden Sizilianer auf diesen Vorfall herein und nutzten den beobachteten Streit, um mit Rio ins Gespräch zu kommen. Dabei hofften sie, ihn für ihre Sache als Mittäter zu gewinnen und den besten Zeitpunkt für den Anschlag durch seine Kenntnis von Al Capones Aktivitäten sondieren zu können. Rio ging pro forma auf den Pakt ein und man vereinbarte ein gemeinsames Abendessen am 7. Mai 1929, bei dem alle Beteiligten anwesend sein sollten. Über den Ort des Showdowns und den tatsächlichen Tatvorgang gibt es – wie so häufig im Rahmen der Mythenbildung um Capones Leben – unterschiedliche Versionen. Verschiedene Quellen lokalisieren das Bankett in Capones Hawthorne Hotel in Cicero, andere wiederum lassen es in Hammond, Indiana, stattfinden. Aufgrund der amerikanischen Gesetze hätte ein Tatort im Staat Indiana den Vorteil gehabt, dass die Verfolgung der in Chicago im Staat Illinois sesshaften Täter auf jeden Fall erschwert würde. Für Hammond spricht zudem, dass die Opfer des Attentats später in Indiana gefunden wurden. Für die Tat selbst wird folgendes Szenario kolportiert. Demnach war es der Höhepunkt des gemeinsamen Abendessens, dass Al Capone die Verräter Scalise und Anselmi ebenso wie den amtierenden Präsidenten der Unione Siciliana Joseph Guinta mit einem Baseballschläger brutal zu Tode prügelte. Dieses im wörtlichen Sinne blutige Handwerk wurde noch mit mehreren Schüssen vollendet, wie dem Polizeibericht zu entnehmen war. Natürlich wundern sich Historiker – wie Deirdre Bair zusammenfasst –, warum die drei sicherlich bewaffneten Opfer die in den Berichten erwähnte, vor der Attacke mit dem Baseballschläger erfolgte Fesselung an ihre Stühle über sich ergehen ließen. Mario Gomes seinerseits verweist auf seiner Homepage die Baseball-Szene in den Bereich der Mythenbildung und geht von der durch die Untersuchung bestätigten Erschießung der Sizilianer aus. Er macht Hollywood für die Geschichtsklitterung verantwortlich und vor allem Brian De Palmas Film *The Untouchables* (1987), in dem der Regisseur Capones grausame Tat inszeniert und von Robert De Niro ausführen lässt. Mit solchen Darstellungen sollte nach Mario Gomes Al Capones zunehmend brutales und sadistisches Vorgehen bewiesen werden. Für Gomes steht noch nicht einmal fest, ob Al Capone bei diesem Treffen anwesend und an der Hinrichtung beteiligt war. Fest steht dagegen, dass auch dieser dreifache Mord ungesühnt blieb. Für Verhöre durch die Polizei hätte Al Capone wohl auch nicht zur Verfügung gestanden, weil er schon auf dem Sprung zu einem großen Gangstertreffen in Atlantic City in New Jersey war.

Nach den verlustreichen Kämpfen zwischen den verschiedenen Lagern sollte ein neuer Versuch gestartet werden, ein gegenseitig respektiertes Abkommen zu beschließen. Zur Vorbereitung dieses Treffens der Gangleader aus Chicago und New York vom 13. bis 17. Mai 1929 fanden verschiedene Vorgespräche mit Capones Kumpanen auf seinem Anwesen Palm Island in Miami Beach statt. Die dabei angefertigten, von Deirdre Bair eingesehenen Videoaufnahmen zeigen eine entspannt feiernde Gruppe am Pool, wobei die hierfür essentiellen alkoholischen Getränke nicht fehlen durften. Diesem feuchtfröhlichen Geist entsprechend hatte man als Tagungsort Atlantic City am Strand von New Jersey, 200 Kilometer südlich von New York, ausgewählt. Die Mitte des 19. Jahrhunderts gegründete Stadt hatte sich schnell zu einem Kurort mit Casinos und Wettbüros entwickelt und bot somit den Tagungsteilnehmern ein vertrautes Ambiente. 55 Jahre später hat auch Donald Trump sein Glück in dieser Stadt mit dem 1 Milliarde Dollar teuren Bau des Trump Taj Mahal Casino Resort versucht. 2015 musste dieser Luxusbau wegen illegaler Geldgeschäfte schließen, im Februar 2021 wurde das marode Gebäude unter dem Jubel der Zuschauer gesprengt. Die in Atlantic City zusammenkommenden Gangleader bezeichneten sich wie Al Capone nicht als Gangster, sondern als „Racketeer" oder Dealer. Das *Chicago Journal of Commerce* definierte die von Capone gewählte Berufsbezeichnung 1927 so:

> Ein „racketeer" [Dealer] kann der Boss einer angeblich legitimen Geschäftsverbindung sein; er kann ein Gewerkschaftsorganisator sein; er kann vorgeben, das eine oder das andere zu sein oder beides; oder er ist einfach ein verbrecherischer Wanderbursche.
>
> Egal ob er ein Mann mit einer Waffe ist, der sich einer Gewerkschaft als Führer aufgetragen hat, oder ob er eine Geschäftsverbindung organisiert, seine Methoden sind gleich; indem er ein paar Steine in einige Fenster wirft, ein beiläufiger, vielleicht zufälliger Mord, wird ihm erlauben, eine Gruppe kleiner Geschäftsleute, eine sogenannte Schutzgemeinde zu organisieren. Dann geht er dazu über, Gebühren und Beiträge nach seinem Gusto zu erheben, Strafgelder nach seinem Willen festzusetzen, Preise und Arbeitszeiten zu regulieren; letztendlich kommandiert er die Outfit für seinen Profit.
>
> Jeder Händler, der nicht mitmacht oder mitmacht, aber nicht dabeibleibt und seinen Tribut weiter entrichtet, wird bombardiert, niedergeknüppelt oder sonst wie eingeschüchtert. (17. Dezember 1927; zit. nach Bergreen, 1995, S. 86)

Eine Regulierung der Geschäfte der versammelten Racketeers war nötig, um weitere gewaltsame Folgen des brutalen Wettbewerbs zu verhindern. Das von Enoch „Nucky“ Johnson, dem politischen Boss und wichtigsten Dealer in Atlantic City vorbereitete Treffen versammelte die Crème de la Crème der Ganoven aus dem ganzen Land. Sie waren in den vornehmen Hotels untergebracht und führten ihre Gespräche entlang der berühmten Strandpromenade in kleineren Gruppen. Einzig George Moran, Al Capones Erzfeind, der weiterhin zusammen mit Joe Aiello ihm nach dem Leben trachtete, war der Einladung nicht gefolgt und in Chicago geblieben. Schnell verbreitete sich der Eindruck, dass die Zusammenkunft nur ein Ziel hatte: Al's Dominanz und Machtmonopol zu brechen, dessen fatale Auswirkungen sich zuletzt bei der Ermordung von Frankie Yale in Brooklyn, dem siebenfachen Mord des Valentinstag-Massakers und der Ermordung seiner sizilianischen Schergen gezeigt hatten. Al Capones Vorahnung einer gegen ihn gerichteten Aktion hatte schon die Auswahl seiner Delegation bestimmt, die mit nur einem Bodyguard Frankie Rio, dem Schatzmeister und Manager seiner Organisation Frank Nitti sowie Jake Guzik bewusst klein gehalten war. Klar wurde die gegen ihn gerichtete Stoßrichtung, als sein früherer Mentor in Brooklyn und Kompagnon in Chicago Johnny Torrio aus seinem Rückzugsort und selbst gewählten Ruhestand in New York bei dem Treffen erschien und gewissermaßen zum Wortführer wurde. Al begrüßte öffentlich die Vermittlerfunktion seines einstigen väterlichen Freundes und verkündete vordergründig Friedensangebote, wie John Kobler sie aus Capones späterer Darstellung zitiert: „Ich sagte Ihnen, dass es genügend Verdienstmöglichkeiten gäbe, um uns alle reich zu machen und dass es an der Zeit sei, alles Töten zu beenden und unser Geschäft so zu sehen wie alle anderen Geschäftsleute, als eine Arbeit, die wir vergessen, wenn wir am Abend nach Hause gehen“ (Kobler, 1971,

S. 258). Natürlich war Al Capone klar, dass die Ausfertigung eines friedlichen Geschäftsprogramms, dem alle zustimmen würden, nicht leicht werden würde. Und ihm war auch klar, dass die schließlich von allen signierte Vereinbarung ihn und seine Geschäftsinteressen am härtesten treffen würde. Dass es wie bei den früheren, unter anderem von Johnny Torrio angeregten Abkommen keine Ermordungen mehr geben und deshalb alle Maschinenpistolen abgegeben werden sollten, war zu erwarten gewesen. Überraschend war jedoch, dass Torrio den Vorsitz über die neue Kommission übernahm, die alle Angelegenheiten regelte, vor allem, weil sie sich eindeutig gegen Al Capones Outfit richtete, die sofort aufgelöst werden sollte. Zudem sollte Capone seine illegalen Wettbüros an die Kommission abgeben. Eine weitere für ihn beruflich wie privat lebensgefährliche Vereinbarung war, dass Joe Aiello die Organisation der Unione Siciliana in Chicago übernehmen sollte. Mit Joe Aiello und George Moran an der Spitze des organisierten Verbrechens und dem Entzug von Capones Geschäftsgrundlage der Wettbüros war eine Rückkehr an den Hauptsitz seiner Unternehmen unmöglich geworden. Neben dem wirtschaftlichen Schaden befürchtete er zudem aufgrund der bestehenden Feindschaft zwischen Sizilianern und Süditalienern weitere Angriffe auf sein Leben. Also musste er eine andere Lösung für die sich aus dem Treffen in Atlantic City ergebende Gefahr für Leib und Leben finden.

Selbstgewählte Schutzhaft

Wiederum gibt es verschiedene Varianten, wie es zu Al Capones Verhaftung durch die Polizei in der nicht weit von Atlantic City entfernten Stadt Philadelphia am nächsten Tag kam. Die von seiner Frau im Gespräch mit ihrer Enkelin Diane erinnerte Version entspringt dem

Halbwissen, über das die nicht in die Geschäftspraktiken ihres Mannes eingeweihte Mae verfügte. Demnach habe die Zugfahrt auf dem Heimweg von Atlantic City über New York nach Chicago zur Verhaftung in Philadelphia geführt, weil Al und sein Bodyguard Frankie Rio den Anschlusszug nach Chicago verpasst hätten. In der Wartezeit auf den nächsten Zug seien sie nach einem Kinobesuch in der Stadt wegen verdeckten Waffenbesitzes verhaftet worden. Andere Quellen berichten, dass Al die Verhaftung durch eine Mitteilung an einen ihm bekannten Polizisten in Philadelphia selbst initiiert hatte, in der er seine Ankunft und das Tragen einer verdeckten Waffe signalisiert hatte. Deirdre Bair entnimmt der Presse, dass es sich bei dem Polizisten um James „Shooey" Malone handelte, den Al auf der Pferderennbahn in Miami zusammen mit seinem Kollegen John Creedon kennengelernt und zu Partys auf seinem Anwesen Palm Island eingeladen hatte (Bair, 2017, S. 158f.). Nach nicht bestätigten Angaben sollen beide für die spektakuläre Verhaftung in der Stadtmitte von Philadelphia je 10.000 Dollar von Capone erhalten haben. Bis zu diesem Zeitpunkt verlief alles nach Plan. Als sie im Rathaus ankamen und von der Polizei verhört wurden, übernahmen andere Personen das Heft des Handelns. Zunächst verlief das Verhör sehr freundlich, in dem Capone sich dem Direktor der öffentlichen Sicherheit gegenüber, Lemuel B. Schofield, als friedfertiger und amtsmüder Dealer darstellte, der sich nun in Florida zur Ruhe setzen wollte.

> Ich war in dem Geschäft lang genug, um zu wissen, dass ein Mann in meinem Metier Pausen einlegen muss, Kriegsglück. Ich habe jahrelang keinen Seelenfrieden gehabt. Jede Minute war ich in Todesgefahr. Selbst wenn ich auf einer Friedenstour bin, müssen wir uns vom Rest der Dealer verstecken. Man fürchtet den Tod jeden Moment, und, schlimmer, schlimmer als der Tod,

> fürchtet man die Ratten im Spiel, die sich herumtreiben und der Polizei erzählen würden, wenn man sie nicht fortwährend mit Geld und Begünstigung zufriedenstellen würde. Ich habe die Gangmorde und Gangschießerei satt. Ich verbrachte die Woche in Atlantic City mit dem Bemühen, Frieden zwischen den verschiedenen Gangbossen meiner Stadt zu schließen. Ich habe die Zusicherung von jedem dieser Männer, dass es keine Schießereien mehr geben wird. (Bergreen, 1995, S. 422f.)

Die Pose des friedfertigen und reumütigen Dealers, der seine Geschäfte für ein geruhsames Leben in Florida aufgeben wollte, hatte jedoch nicht die erwartete Wirkung einer nur geringfügigen Bestrafung, um ihn vorübergehend aus der Schusslinie seiner Gegner zu nehmen. Schon am nächsten Morgen wurden er und sein Bodyguard Rio von dem Bezirksstaatsanwalt John Monaghan angeklagt und vor einem Geschworenengericht unter dem Vorsitz des Richters John E. Walsh zu einem Jahr Gefängnis wegen verdeckten Waffenbesitzes verurteilt. Die Haftstrafe musste sofort angetreten werden. Dies war eine unerwartete und schnelle Wendung der Ereignisse. Allerdings spielte sie in Capones Plan eine Rolle. Den Gedanken einer Schutzhaft vor den todsicheren Nachstellungen seiner zunehmenden Erzfeinde hatte er wohl schon im Gespräch mit Mae in Florida ventiliert, natürlich auch, um sie in ihrer Sorge um sein Leben zu beruhigen. Zweifellos war dieser Sinneswandel durch die für ihn sehr nachteiligen Verhandlungen mit den nationalen Dealern ebenso wie durch die Anwesenheit seines ehemaligen großen Vorbilds Johnny Torrio verstärkt worden, dessen Beispiel er wieder einmal folgte. Torrio selbst hatte nach einem Anschlag auf sein Leben 1925 freiwillig die gegen ihn verhängte Gefängnisstrafe in Chicago angetreten, um sich vor seinen Feinden zu schützen und sich danach aus der kriminellen

Szene zurückzuziehen. Trotz Torrios jahrelanger Auszeit mit Aufenthalt in Italien war er immer noch die graue Eminenz der Dealer geblieben, der nach wie vor einen großen Einfluss auf das Geschehen hatte und als Gewinner aus der Vereinbarung von Atlantic City hervorgegangen war. Ob Capone ein ähnliches Vorgehen vorschwebte, ist nicht bekannt. Vorerst musste er seinen vornehmen Business-Anzug gegen die einfache Gefängniskluft tauschen und im nahe gelegenen Holmesburg County Gefängnis einsitzen.

Natürlich war dieser Coup der Strafverfolgungsbehörden in Philadelphia ein gefundenes Fressen für die Meute der Al Capone verfolgenden Journalisten des gesamten Landes. Staatsanwälte und Richter in Chicago nahmen erstaunt den Erfolg der Verhaftung und das Urteil der Kammer nach dem Geständnis der Tat durch Capone und Rio innerhalb nur weniger Stunden zur Kenntnis. Nachdem Al Capones Kontaktleute Mae telefonisch über den Gefängnisaufenthalt informiert hatten und sie wiederum die Schwiegermutter, richteten sich die Nachforschungen der Journalisten auf die Familien in Florida und Chicago. In breiter Schilderung berichteten die bunten Blätter von dem Besuch bei der Familie in der South Prairie Avenue, insbesondere von der als italo-amerikanische Matrone bezeichneten, nun 60 Jahre alten Mutter Teresa sowie von dem laszіven Auftritt der gerade aus dem Bett aufgestandenen Schwester Capones, der 17-jährigen Mafalda. Es verwundert nicht, dass Mafalda, die gerade den Highschool-Abschluss geschafft hatte, ebenso wie alle anderen Familienmitglieder Al Capones Unschuld beteuerte und das Tragen von Waffen zu seinem eigenen Schutz rechtfertigte. Heute wird diese Form des Selbstschutzes nach dem 2. Verfassungszusatz, der „das Recht des Volkes, Waffen zu besitzen und zu tragen", garantiert, in Donald Trumps Amerika wieder offen propagiert. Selbst Studierende dürfen mit verdeckten Waffen Vorlesungen an der Universität besuchen, ohne Rückfragen durch die Dozenten hinnehmen zu müssen. In Kenntnis der heuchlerischen Entrüstungen der Familienmitglieder in Chicago begann auch Mae, sich zusammen mit ihrem Sohn auf die neue Situation einzustellen. Obwohl Sonny als inzwischen 10-jähriger Schüler sicher durch Mitschüler und den allgemeinen Presserummel um seinen Vater von dessen kriminellen Aktivitäten und seiner Verhaftung erfahren haben musste, machte man ihm auf Geheiß des einsitzenden Capone glauben, der Vater sei auf einer längeren Europareise. Mae hielt diese Ausrede aufrecht und versuchte ihrerseits, durch regelmäßige Besuche im Gefängnis den Aufenthalt ihres Mannes so angenehm wie möglich zu gestalten.

Es war nicht einfach für den an jeden erdenklichen Luxus und alle Freiheiten gewöhnten Al Capone, sich an den rauen Gefängnisalltag anzupassen. Das Gefängnis in Holmesburg war berüchtigt als eines der schlimmsten im ganzen Land. Mit 1.700 Insassen war das für 600 Personen ausgestattete Gefängnis hoffnungslos überfüllt, sodass es zu verschiedenen Aufständen wegen der schlechten Unterbringung und Verpflegung kam. Im August waren Al Capones beständige Bemühungen um eine Verlegung endlich erfolgreich und er wurde in das besser ausgestattete Eastern Penitentiary überstellt, wo der ihm gewogene Wächter Herbert B. Smith ihm eine Einzelzelle und zahlreiche Vergünstigungen einräumte. Dazu gehörten die wohnzimmerähnliche Ausgestaltung seiner Zelle durch Mae, der von ihr organisierte Lieferservice eines italienischen Restaurants mit seinen Lieblingsessen, Interviews mit der Presse, Benutzung des Diensttelefons für seine Routinegespräche mit Mae und seiner Mutter sowie Kontakte zu seinen Geschäftspartnern, sodass er ironischerweise vom Gefängnis aus seine Geschäfte weiterführen konnte. Dies entsprach seiner eigenen Einschätzung seiner eigentlich außerhalb jeder Gesetzmäßigkeit stehenden Tätigkeiten, wie er sie in dem Genevieve

Forbes Herrick nach seiner Entlassung gegebenen Interview für die *Chicago Tribune* vertrat. Zu seiner Rechtfertigung führt er die schon wiederholt gezogene Analogie zu den Wirtschaftsbossen an. „Schließlich seien seine Praktiken nur ein bisschen rauer als die, die bei den respektierten großen Geschäftsleuten vorherrschten, so die Aktienmanipulatoren, die die Öffentlichkeit um Millionen betrügen, oder die Industriellen, die Schläger anstellen, um Gewerkschaftsführer zusammen zu schlagen" (zit. in Kobler, 1971, S. 268). Dieser Vergleich mit den großen Wirtschaftsführern wird durch seine Lektüre der ihm gewidmeten Beiträge in Zeitschriften verstärkt, an denen er sich bei seiner Einteilung zur Arbeit in der Bibliothek als Teil seines angenehmen Jobs erfreuen konnte. Möglicherweise war diese Form der Selbstglorifizierung auch der Grund für seine Faszination für Napoleon, dessen Biografie er in der Haft las und kommentierte. Im Gespräch mit Journalisten bezeichnete er den vom Außenseiter zum französischen Kaiser aufgestiegenen Napoleon als den größten Dealer der Welt, dem er gute Ratschläge zur erfolgreichen Führung Frankreichs hätte geben können:

> Das Problem mit diesem war, dass er ein Schwellkopf wurde. Er hat sein Blatt überspielt und sie haben einen Penner aus ihm gemacht. Er hätte nach dem Elba-Schock klug genug sein müssen, sich aus dem Spiel zu nehmen. Aber er war so wie wir alle. Er wusste nicht, wann er aufhören sollte und musste zu seinem Unternehmen zurückkehren. Er hat sich einfach in eine schwierige Lage gebracht. Das machte es den anderen Gangs leicht, ihn zu übernehmen, und sie waren keine Dummköpfe. Wenn er in Chicago gelebt hätte, wäre es für ihn ein Waterloo mit einer abgesägten Schrotflinte geworden. Er ist nicht in einem Graben als Fall eines Gerichtsmediziners gelandet, sondern sie haben

> ihn nach St. Helena gebracht ohne Rückkehrmöglichkeit, was ungefähr genauso schlimm war. (Kobler, 1971, S. 262f.)

Natürlich kann man in diesem Vergleich mit Napoleon, dem Kriegsherrn und Kaiser Frankreichs, Al Capones narzisstische Interpretation des amerikanischen Traums sehen, den er bis zu diesem Zeitpunkt – abgesehen von dem selbst initiierten Gefängnisaufenthalt – für sich erfüllt hatte. Ein ähnliches Schicksal, wie Napoleons Scheitern in Waterloo und seine Verbannung nach St. Helena, die in Chicago einem unehrenhaften Tod gleichgekommen wäre, hat er erfolgreich vermieden. Der geradezu fürstlich anmutende Aufenthalt in seiner luxuriös ausgestatteten Zelle muss ihn in dieser Auffassung bestätigt haben. Selbst die kurze Beeinträchtigung durch eine Mandeloperation konnte er positiv für sein Selbstbild nutzen. Denn der behandelnde Arzt äußerte sich sehr positiv über das Verhalten des Patienten und vor allem über seine Intelligenz. Deshalb verwundert es nicht, dass Al Capones Antrag auf vorzeitige Haftentlassung bewilligt wurde. Am 17. März 1930 wurden er und sein Kumpan Frankie Rio wegen guter Führung entlassen. Natürlich musste wegen der vorhersehbaren Pressejagd auf das national verfolgte Geschehen um den berühmten Dealer ein Szenario erdacht werden, mit dessen Hilfe Capone unerkannt in die Freiheit entlassen werden konnte. Dies geschah durch die Verlegung in ein nahe gelegenes Gefängnis am Vortag der geplanten Entlassung. Von dort aus konnte er zum festgesetzten Zeitpunkt – am nächsten Tag um 16 Uhr – unbeobachtet seine Freiheit wiedererhalten. Al Capones erstes Ziel nach der neunmonatigen Haft war der Hauptschauplatz seiner Geschäfte: Chicago.

Auch seine Ankunft und sein Aufenthalt in Chicago entwickelten sich zu einem Katz- und Mausspiel zwischen ihm, der Polizei und der Presse. Spekuliert wurde darüber, ob er mit dem Zug oder mit dem

Automobil nach Chicago kommen und welchen Highway er nehmen würde. Als Unterkunftsmöglichkeit kam das Haus der Familie in der South Prairie Avenue infrage, aber auch eines seiner Hotels oder das Domizil bei der befreundeten Capone-Familie in Rockford, bei der er schon während der Vorladung zum Verhör im März 1929 Unterschlupf gefunden hatte. Der Wohnsitz der Familie wurde von der Presse belagert und manche der Familienmitglieder genossen den Kontakt mit den Journalisten. Unbewusst gaben sie andere Auskünfte preis, denn ihr Telefon wurde ebenso wie das des mittlerweile in Western Hotel umbenannten Hawthorne Hotels abgehört. Die von Eliot Ness aus dem Finanzministerium im Oktober 1929 durchgesetzte Überwachung galt zunächst dem Bruder Ralph, der während Capones Abwesenheit die Geschäfte in ihrem Hauptquartier in Cicero führte. Dabei hatte er genügend Beweise für mehrfachen Steuerbetrug für eine Anklage erhalten. Entgegen dem Rat seiner Anwälte bemühte sich der eigenwillige Ralph nicht um einen Vergleich mit den Behörden, sondern ließ es auf ein Strafverfahren ankommen, das drei Wochen nach der Entlassung seines Bruders aus dem Gefängnis begann und das Al aufmerksam in Chicago verfolgte. Dieses Verfahren sollte das Vorspiel für seine eigene Anklage wegen Steuerhinterziehung werden.

Das wichtigste nationale Ereignis des Jahres 1929 mit internationaler Auswirkung erlebte Al Capone im Gefängnis. Der Zusammenbruch der Börse in New York am 24. Oktober, der durch Spekulationsblasen ausgelöst worden war, hatte eine gravierende Weltwirtschaftskrise und den Beginn der Depression in den USA zur Folge. Erst als Capone nach kurzem Aufenthalt in Rockford sein Hauptquartier in Cicero aufsuchte, wurden ihm bei einer Überprüfung der Bücher die fatalen Auswirkungen des Börsencrashs auf seine Einnahmen und Geschäfte bewusst. Sein amerikanischer Traum hatte – zumindest im Hinblick auf seinen Reichtum – einen Dämpfer erfahren. In der beginnenden Auseinandersetzung mit den Strafverfolgungsbehörden und dem bekannten Steuerbetrug seines Bruders hätten ihm die Konsequenzen für seine eigene Zukunft und die seiner Geschäfte bewusst werden können. Unter dem Eindruck seiner verschlechterten finanziellen Lage und der zunehmenden Maßnahmen der Justizbehörden, die seine Freiheit und die Kontakte mit der Familie beschnitten, verstärkte sich sein durch Alkoholexzesse potenziertes unkontrolliertes Verhalten, wie Deirdre Bair in Interviews von Zeitzeugen berichtet wurde (Bair, 2017, S. 168f.). Widerwillig stellte er sich dem Verhör des Polizeichefs von Chicago John Stege, der ihn erneut zu seiner Rolle beim Valentinstag-Massaker und der Ermordung Frankie Yales in Brooklyn befragte. Gebetsmühlenartig gab er die schon bekannte Antwort und verwies auf das mit seinem Aufenthalt in Florida von glaubwürdigen Zeugen bestätigte Alibi. Mangels handfester Beweise musste Stege ihn wieder laufen lassen, nicht jedoch ohne die Kollegen in Miami einzuschalten. Prophylaktisch hatten die Polizisten vor Ort schon seine Villa auf Palm Island durchsucht und – wie nicht anders zu erwarten – Alkohol gefunden, sodass sie einige seiner Leute und die beiden Brüder John und Albert verhaftet hatten. Darüber hinaus wurden weitere Maßnahmen getroffen, um Al Capones Aktionsradius zu beschneiden. Der diesbezügliche Erlass des Gouverneurs von Florida Doyle E. Carlton, Capone bei seiner Rückkehr in den Bundesstaat sofort zu verhaften, musste allerdings durch die Intervention seines Rechtsbeistands zurückgenommen werden. Schon bei der Verhandlung in Chicago hatte Al Capones gewiefter Anwalt darauf hingewiesen, dass eine anlasslose Verhaftung gegen die Rechtsgrundsätze der amerikanischen Demokratie verstoße, die sich dadurch von der kommunistischen Sowjetunion unterscheide. Also musste der Gouverneur seine Anordnung zurücknehmen und sich die sarkastische Schlagzeile der *Miami Daily News* gefallen lassen: „Bundesrichter weint um zu Unrecht belangten Al Capone" (28. März 1930, Bair, 2017, S. 171). Daraufhin konnte Al Capone unbehelligt nach Palm Island zurückkehren und sich im Wohlgefühl seiner unbescholtenen Persönlichkeit sonnen. Nach dem fast einjährigen Gefängnisaufenthalt in Pennsylvanien und den darauffolgenden hektischen Tagen in Chicago war sein stattliches Anwesen eine willkommene Oase der Ruhe und der unbeschwerten Lebensfreude. Die in verschiedenen Interviews während und nach der Haft gemachten Aussagen zur Selbstrechtfertigung sowie zu seiner Rolle als Menschenfreund und Wohltäter sollten sein Bild in der Öffentlichkeit zurechtrücken. Dazu gehört die positive Umwertung vom unlauteren Geschäftemacher zum gewieften Dealer und die Ausblendung seiner bislang verübten Verbrechen: Dies betraf den jahrelangen Verstoß gegen die Prohibition, die Bestechung der Polizei und Justiz, die Manipulation von Wahlen und die Betreibung zahlreicher Prostitutionsgewerbe ebenso wie die von ihm veranlassten Auftragsmorde oder seine selbst verübten Tötungsdelikte. Der Verdrängung seiner persönlichen Schuld entsprach die öffentliche Wahrnehmung seiner Verbrechen, weil er nicht dafür dingfest gemacht werden konnte. Noch konnte er seinen amerikanischen Traum im neuen Ambiente in Florida genießen als superreicher Nachkomme einfacher italienischer Einwanderer und als italienisch-amerikanischer Bürger mit einem geschätzten Vermögen von 40 Millionen Dollar (Bergreen, 1995, S. 454). Sein kurzer Aufenthalt in Chicago und seine Beobachtung des Steuerprozesses gegen seinen Bruder Ralph nur drei Wochen nach seiner Entlassung aus dem Gefängnis hätten ihn jedoch ahnen lassen können, dass sein Traum an einer anderen Realität zerbrechen könnte und er nur noch auf Abruf frei war.

Während des kurzen Verfahrens gegen seinen Bruder hatte Al seine angestammte Suite prominent für alle sichtbar im Lexington Hotel bezogen. Das dort eingerichtete Sicherheitssystem hatte der eifrige Eliot Ness noch nicht geknackt, sodass Al selbst für ihn noch nicht angreifbar war. Dafür sollte aber nach dem Verständnis aller Beteiligten, einschließlich des Präsidenten Hoover, das Verfahren gegen Ralph als ein Vorspiel dienen für das eigentliche Anliegen ganz Amerikas, nämlich Al Capone zur Strecke zu bringen. Der Effektivität und Schnelligkeit des Vorgehens gegen Ralph waren drei Faktoren geschuldet. Zunächst führte der schon Al Capones Befragung ein Jahr zuvor leitende Richter James H. Wilkerson wieder den Vorsitz, ebenso wie George E. Q. Johnson erneut die Anklage vertrat. Die Jurymitglieder brauchten aufgrund der Anklage wegen Steuerhinterziehung keine Repressalien wegen ihres Urteils von den Gangmitgliedern zu befürchten, sodass sie nach nur zwei Stunden Beratung für „schuldig" plädierten. Am gravierendsten aber war Ralphs eigene Dreistigkeit, während des Verfahrens weiterhin seine illegalen Geschäfte zu betreiben. Bei der nach der Urteilsverkündigung von Al für den Bruder trotz schlechtem Ausgang veranstalteten Party hielt er ihm genau dieses Fehlverhalten vor: „Du bist erwischt worden, weil du nicht schlau warst. Du hast zu viel geredet und hast zu viel schriftlich fixiert. Du musst schlau sein, Ralph, und ich hoffe, dass du es dann bist, wenn du wieder rauskommst" (Tully, Treasury Agent, p. 39; zit. nach Bergreen, 1995, S. 458). Zu diesem intelligenten Reifetest hatte Ralph viel Zeit, denn er wurde am 26. April 1930 zu drei Jahren Haft und einer Geldstrafe von 10.000 Dollar verurteilt. Wie später Al wurde er nicht für seine Kapitalverbrechen, sondern für die bei Durchsuchungen sichergestellten Dokumente über seine Finanzgeschäfte bestraft.

Veränderte Weltsicht nach dem Börsenkrach

Die sich im Verfahren gegen Ralph Capone andeutende neue Gangart des Internal Revenue Service (IRS), der 1913 gegründeten Bundessteuerbehörde der Vereinigten Staaten, veranlasste verschiedene im gleichen Metier wie die Capones tätigen Steuersünder, ihre Steuern nachzuzahlen, um einer Bestrafung zu entgehen. Die mehr als eine Million Dollar, die laut Bergreen prophylaktisch gezahlt wurden, stellten nur einen kleinen Bruchteil der tatsächlich zu zahlenden Steuern dar (Bergreen, 1995, S. 458). Insgesamt hatte sich die politische und wirtschaftliche Lage in den USA durch den international Wellen auslösenden Börsenkrach am Schwarzen Freitag 1929 radikal geändert. Die überschwängliche Lebensart und spendierfreudige Leichtlebigkeit des Jazz-Zeitalters mit seiner Unterhaltungsindustrie und Kneipenszene war der wirtschaftlichen Depression und ihren Auswirkungen im sozialen und privaten Leben gewichen. Das Ende der mit der Jazz-Zeit verbundenen Prohibition, die kaum noch ernst genommen wurde, deutete sich an. Folglich feierte Al Capone bei seinem Aufenthalt in Miami im Sommer 1930, allen strafrechtlichen Anfeindungen zum Trotz, nach der Entbehrung des Gefängnisaufenthalts zum letzten Mal opulente Partys in seiner Villa, zu denen er die legal operierende Geschäftswelt einlud. Dass dies nicht zu Gegeneinladungen führte, hätte ihm zu denken geben müssen. Sein Versuch, in den Country Club einzutreten, blockierte dessen Präsident mit den Worten: „Mr. Capone … passt einfach nicht in das, was ich eine Gesellschaft nenne … er würde nicht dazu passen" (zit. nach Bair, 2017, S. 197). Möglicherweise ignorierte Al diese Abgrenzung zwischen alteingesessenen Geschäftsleuten und sich als neureichem Zugezogenen insbesondere bei den für seinen Sohn organisierten Festen. Dies gaukelte ihm die gesellschaftliche Akzeptanz Sonnys vor und trug dazu bei, dass das in dieser Zeit reaktivierte innige Verhältnis von Vater und Sohn ungetrübt blieb. Al genoss das private Glück in der Familie auf Palm Island, bevor er im Herbst nach Chicago zurückkehrte, obwohl er ja eigentlich Mae versprochen und in vielen Interviews beteuert hatte, sich aus den Geschäften zurückziehen zu wollen.

In Chicago hatte sich inzwischen die öffentliche Meinung gegen die Auswüchse der Wilden Zwanziger gewandt. Die zügellose Dekade, die von Al Capones Bootlegging Business und einer freizügigen Unterhaltungsindustrie mit käuflichem Sex und zahlreichen Wettspielen bestimmt war, war zu Ende gegangen. Eine Gruppe von wohlhabenden, aufrechten und alteingesessenen Bürgern hatte sich unter dem Namen „Secret Six", die Geheimen Sechs, zusammengetan, um den wilden Umtrieben und illegalen Geschäften endlich ein Ende zu setzen. Obwohl die finanzkräftigen und einflussreichen Mitglieder der Gruppe eine geheime Organisation bleiben wollten, wurden die meisten schnell identifiziert. Eines der wichtigsten Mitglieder war Frank J. Loesch, der als prominenter Anwalt 1919 einer der Gründer der Chicago Crime Commission gewesen war und ab 1928 ihr Präsident wurde. Um dem nach wie vor bestehenden Heroenkult Al Capones entgegentreten zu können, startete Loesch 1930 eine Public-Relations-Kampagne mit der Veröffentlichung einer Liste der schlimmsten Kriminellen, die er als Feinde der Gesellschaft („Public Enemy") bezeichnete. Dieser schlagkräftige Begriff wurde in der Populärkultur bald aufgenommen und entwickelte ein bis heute fortdauerndes Eigenleben in nationalen und internationalen Medien.

Zunächst wurde ein Jahr später 1931 die Gruppe selbst Thema des Hollywoodstreifens *The Secret Six,* der sich fast dokumentarisch an die historischen Fakten hielt, ohne die Identität der sechs Männer preiszugeben. Fast zeitgleich wurde der Film *Public Enemy* unter der

Regie von William A. Wellman mit James Cagney in der Hauptrolle gedreht, der die Bierkriege in Chicago zum Thema hatte. Die Zensurbehörde legte Wert darauf, dass im Vor- und Abspann des Films die Verbrechen verurteilt wurden, um einer Glorifizierung entgegenzuwirken. Die Neuauflagen dieses Films *Public Enemy* von 1941 und 1954 bezogen jeweils aktuelle Ereignisse ein. Seit 1985 existiert eine Hip-Hop-Band (Chuck D, DJ Lord) und seit 2016 eine belgische Fernsehserie mit gleichem Namen. 2009 verfilmte Michael Mann das von Bryan Burrough 2004 publizierte Buch *Public Enemies: America's Greatest Crime Wave and the Birth of the FBI 1933–34*. In Deutschland wurden Buch und Film unter dem Titel *Staatsfeinde* vermarktet.

Der medienwirksame Begriff „Public Enemy" hatte schon zu Capones Zeiten die doppelte Bedeutung der Verachtung der sogenannten öffentlichen Feinde einerseits und ihrer Heroisierung ande-

Capones Suppenküche in Chicago, 1931 (Foto: akg-images)

rerseits. Dies galt besonders für die herausgehobene Stellung Al Capones an der Spitze der Liste von Staatsfeinden als „Public Enemy Number One". Die nachfolgenden Plätze 2 bis 5 wurden von seinem Bruder Ralph und seinen Leuten Frank Rio, Jack McGurn und Jake Guzik eingenommen. Während „Public Enemy Number One" zum Codewort für Al Capone bei den Strafverfolgungsbehörden des FBI und der Steuerbehörde IRS wurde, schien die intendierte öffentliche Brandmarkung durch die Liste zunächst nicht den gewünschten Erfolg zu haben, weil Al Capones Anhänger in Gesellschaft und Polizeiapparat sie als eine Auszeichnung begriffen. Zudem wusste Al Capone seinerseits, die öffentliche Meinung zu beeinflussen, indem er für die am schwersten von der Depression betroffenen Armen in der Bevölkerung freie Suppenküchen einrichtete, die mehr als 10.000 Menschen wochenlang in Anspruch nahmen.

Diese durch den Börsencrash verstärkte soziale Schieflage in der Gesellschaft hatte auch eine ethnische Komponente. So zitiert Bergreen aus einem Artikel der *New York Times* über einen Loesch-Vortrag vom 22. März 1930 an der berühmten Princeton University folgende Aussage:

> Das amerikanische Volk ist kein gesetzloses Volk. Es sind die Ausländer und die erste Generation der Amerikaner, die auf uns abgeladen werden. Die wirklichen Amerikaner sind keine Gangster. Neue Einwanderer und die erste Generation von Juden und Italienern sind die Haupttäter, die Juden mit dem Kopf, die Italiener mit Muskeln. (zit. nach Bergreen, 1995, S. 459)

Diese in der Bevölkerung vor allem von den sich als 100-prozentige Amerikaner verstehenden WASP-Bürgern betriebene Diskriminierung war Al Capone nicht unbekannt. Er hatte seit seiner Kindheit und Jugend in Brooklyn mit der Aussicht auf die Verheißung des amerikanischen Traums auf seine Weise dagegen angekämpft. Erstaunlich ist, dass Frank Loesch selbst das Kind von Einwanderern war, die Mitte des 19. Jahrhunderts aus Deutschland nach Amerika gekommen waren, wo Loesch 1852 in Buffalo geboren wurde. Durch seine lange Akkulturationszeit fühlte sich der inzwischen 78-Jährige als vollgültiger Amerikaner, der nicht das gleiche Schicksal wie die aufgrund ihrer dunklen Hautfarbe vom weißen Mainstream unterschiedenen Süditaliener zu ertragen hatte. Loeschs Eintreten für die Klasse der „reinrassigen" Amerikaner spiegelte sich auch in dem Artikel wider, den Robert Isham Randolph, der Anführer der „Secret Six", für die Zeitschrift *Collier* am 7. März 1931 schrieb. Darin warnte Randolph vor der Gefahr, dass Al Capone ein Modell für die Unterprivilegierten der USA werden könnte:

> Für einen energischen Jugendlichen, der in eine Zivilisation ohne ausreichende Möglichkeiten geboren wird, hat das Gangsterleben eine natürliche, wenn auch verhängnisvolle Anziehungskraft. Man kann sich nicht darauf verlassen, dass er die Maske Al Capones durchblickt, dem Betreiber von Bordellen, der sich als Held aufspielt. Er kann nur den kindischen Kitzel verspüren, eine Waffe zu tragen, Cowboy zu spielen, und damit auf eine Gang zu stoßen und so seine eigene tragische Karriere aufzunehmen. So ein Junge trifft auf die armen, schwachsinnigen Dirnen, die den Gangs dienen und die Jugendliche, die Pistolen tragen, mit Bewunderung überhäufen. Er lernt, Drogen zu nehmen, um sich Mut einzuflößen für die Ausführung von Attentaten, und endet schließlich mit dem Gesicht am Boden auf einer einsamen Vorortstraße, auf einer Fahrt ohne Rückkehr. (Zit. nach Bergreen, 1995, S. 462f.)

Es kann angenommen werden, dass diese diskriminierende Mentalität und die Zurückweisung unwillkommener zugewanderter Amerikaner durch die Mainstream-Gesellschaft die anhaltende Solidarisierung mit Al Capone durch die zunehmende Anzahl von Bewohnern mit sichtbaren ethnischen Merkmalen im Großraum Chicago befördert haben. Wie erwähnt, hatte sogar seine Schwiegermutter in Brooklyn den Süditaliener Al aufgrund seiner dunklen Hautfarbe abwertend mit Schwarzen Amerikanern verglichen. Gegen diese diskriminierende Haltung kämpfte er zeitlebens an und wehrte sich auch 1930 in einem Interview gegen die ethnisch-moralische Stigmatisierung: „Ich bin kein Engel. Ich posiere nicht als Modell für die Jugend. Ich musste so viel tun, was mir nicht gefallen hat. Aber ich bin nicht schwarz, wie man mich anmalt. Ich bin ein Mensch. Ich habe ein Herz in mir" (zit. nach Bair, 2017, S. 185). Die ethnische Diskriminierung wurde durch seinen ökonomischen Erfolg potenziert. Seine auf der konsequenten Umsetzung des amerikanischen Traums basierende Kopie des Geschäftsmodells der etablierten Wirtschaftselite des Landes stellte eine ernst zu nehmende Konkurrenz auf dem Markt dar. Schlimmer als seine Verbrechen erschien die mit seinen Geschäften erzielte finanzielle Akkumulation seines Kapitals. So hatte die Regierung seine Einnahmen zwischen 1925 und 1929 auf 6 Millionen Dollar geschätzt, und die *New York Times* bezeichnete ihn – wie andere Blätter – als Multimillionär (Bair, 2017, S. 180). Möglicherweise kann dies auch die Konzentration der Strafverfolgung auf seine Steuerhinterziehung erklären.

Einer der Vertreter der „Secret Six", der Herausgeber und Verleger der einflussreichen Tageszeitung *Chicago Tribune*, Colonel Robert McCormick, hatte bei seinem Besuch im Weißen Haus 1929 als Erster Präsident Hoover auf die durch das Capone-Imperium im Großraum Chicago entstandenen Auswirkungen auf die Wirtschaft und die Zunahme von Verbrechen hingewiesen. Natürlich erhoffte er sich die Unterstützung des Präsidenten und seiner Administration im Kampf gegen den Emporkömmling und Nutznießer des amerikanischen Systems. Die geplante gemeinsame Aktion sollte die schon von den lokalen Größen vor Ort vertretene Auffassung unterstützen, dass die effektivste Form der Bekämpfung des organisierten Verbrechens das Ausschalten ihrer Finanzquellen sein würde. Präsident Hoover beauftragte seinen Finanzminister Andrew Mellon, mit einer Task Force illegale Einkommen und Steuerhinterziehung zu verfolgen. Der Mann, den Andrew Mellon auf Al Capone ansetzte, war Elmer Irey von der nationalen Steuerbehörde, dem Internal Revenue Service. Unterstützt von den Mitgliedern der „Secret Six" und ihren Verbündeten in Chicago sollte die Jagd auf Capones unrechtmäßig erworbenes Kapital beginnen. Wie fließend die Grenzen zwischen Recht und Unrecht waren, zeigte sich immer wieder an den Verstößen gegen das Prohibitionsgesetz. Sowohl der Präsident als auch sein Finanzminister gehörten zu der großen Gruppe von Amerikanern, die den Alkoholgenuss als Teil des gesellschaftlichen Lebens betrachteten. Die Verfilzung der verschiedenen Bereiche wurde auch durch die Teilnahme an illegalen Wettspielen deutlich. Der Fall des bekannten Polizeireporters der *Chicago Tribune,* Alfred ‚Jake' Lingle, der am 9. Juni 1930 am helllichten Tag auf dem Weg zum Pferderennen in einem Tunnel erschossen wurde, verdeutlicht die finanziell einträgliche Doppelmoral in seinem Beruf. Deirdre Bair zitiert die Aussage eines Reporters, wonach nur die größten Tölpel im Zeitungsgeschäft in Chicago keine illegalen Nebeneinkünfte hätten (Bair, 2017, S. 193). In der Tat machten die Ermittlungen die Verflechtungen des Reporters in das kriminelle Milieu überdeutlich. Wie nicht anders zu erwarten, verdächtigte man Capone als Täter oder Auftragsmörder, der allerdings wiederum fern vom Geschehen in seiner Villa in Florida weilte. Schließlich stellte sich heraus, dass Lingle sowohl von Capone als auch von seinem Erzrivalen George Moran für entsprechende Dienste bezahlt wurde, wie das sein Reportersalär weit übersteigende Guthaben auf seinem Konto nahelegte. Vermutlich war er der Rivalität zwischen den beiden Gangs zum Opfer gefallen und im Auftrag von Moran erschossen worden.

Die alternierende Position in der Berichterstattung der Zeitung über die Doppelrolle Lingles als Opfer oder Mitläufer des organisierten Verbrechens brachte auch seinen Arbeitgeber und den Herausgeber der *Chicago Tribune*, den ehrenwerten Colonel McCormick, ins Zwielicht. Dass die Gruppe der „Secret Six", deren Mitglieder der traditionellen Eliteschicht der amerikanischen Gesellschaft angehörten, rechtschaffene Motive in der Verfolgung ihrer Ziele hatten, kann nicht bezweifelt werden. Es ist allerdings auch nicht von der Hand zu weisen, dass ihr berechtigter Kampf gegen das Unrecht von Vorurteilen gegenüber missliebigen Aufsteigern und Profiteuren des amerikanischen Traums bestimmt war. Ein von Laurence Bergreen registrierter Besuch des angesehenen Journalisten Cornelius Vanderbilt Junior bei Al Capone im Lexington Hotel kann als Bestätigung dieser Haltung gesehen werden. In dem kurzen Gespräch zwischen Al und Vanderbilt, dem Sohn eines der bedeutendsten Industriekapitäne der USA, werden die Differenzen deutlich. Der Begründer der Vanderbilt-Dynastie war als Nachfahre holländischer Einwanderer im 19. Jahrhundert durch den Besitz einer Reederei und wichtiger Eisenbahngesellschaften zu einem der erfolgreichsten Unternehmer aufgestiegen und hatte die nach ihm benannte renommierte Universität in Nashville, Tennessee, gegründet. Dieser traditionellen Aufstiegsgeschichte amerikanischer „Räuberbarone" stellt Al Capone seine Erfolgsgeschichte und die damit verknüpfte Diskriminierung als „Public Enemy Number One" gegenüber. Seinen als Rechtfertigung seiner eigenen Geschäftspraktiken formulierten Verweis auf die nachgewiesenen kriminellen Machenschaften der Monopolkapitalisten und Banken wertet Vanderbilt als politischen Jargon der Linken ab. Doch als der elitäre Gast den in der Presse von kritischen Muckraking-Journalisten übernommenen Begriff „graft" für Korruption und Gaunerei nicht versteht, wird Capone mit Verweis auf das soziale Gefälle in der Gesellschaft deutlicher: „Warum sollten Sie in der Fifth Avenue wohnen und auf einer Jacht segeln, während Millionen Amerikaner auf Bänken und in billigen Absteigen schlafen?" (zit. nach Bergreen, 1995, S. 535). Vanderbilt kontert diesen Angriff mit der Frage nach Capones illegalen Einkünften durch den Verkauf von Alkohol und nach seiner Verwicklung in Mordtaten. Während Al die Frage nach den Kapitalverbrechen übergeht, rechtfertigt er sein Geschäftsmodell damit, dass er mit seinen Geschäften vielen Menschen einen Job sichert und ihnen einen annehmbaren Lebensstandard garantiert.

Trotz Al Capones vielfach manifestiertem Engagement für die von der Wirtschaftskrise besonders betroffene Bevölkerung formierte sich der Widerstand gegen seinen privilegierten Status als „Big Shot". Außer von den Vertretern der Chicago Crime Commission und der von den „Secret Six" organisierten Verbrechensbekämpfung wurde der juristische Kampf von Bundesbehörden und lokalen Gesetzesvertretern in Chicago und Miami geführt. Das Ziel sowohl des Finanzministeriums als auch des Justizministeriums war es, den Wunsch des Präsidenten nach der Verhaftung Al Capones und seiner Verurteilung zu einer langjährigen Gefängnisstrafe zu erfüllen. Dass gleichzeitig der Ruf nach der Todesstrafe auf dem elektrischen Stuhl von Richter John H. Lyle verbreitet wurde, gehörte zur öffentlichen Schlacht um den Staatsfeind Nummer 1. Da die bislang angestrengten Verfahren gegen Al Capone fehlgeschlagen waren und nur seine freiwillige Koopertion mit den Behörden in Philadelphia inklusive seiner neunmonatigen Haft als Erfolg verbucht werden konnte, mussten neue Strategien entwickelt werden. Drei Ansatzpunkte für eine stichhaltige Anklage ergaben sich. Zunächst verfolgten Richter James H. Wilkerson und Staatswalt George E. Q. Johnson den Tatbestand der Missachtung des Gerichts weiter, der durch Capones Ignorierung der Vorladung im März 1929 zur Verhandlung des Valentinstag-Massakers gegeben war. Mit fast zweijähriger Verzögerung – auch wegen der neumonatigen Haft Capones in Pennsylvanien – fand die Verhandlung nun am 25. Februar 1931 statt und endete entgegen Al Capones Annahme und der seiner Anwälte mit einer sechsmonatigen Gefängnisstrafe. Der Vollzug der Strafe sollte bis zum Abschluss des Verfahrens wegen Steuerhinterziehung ausgesetzt werden. Am selben Tag und im selben Gericht fand als zweite Maßnahme eine Anhörung durch Richter John H. Lyle statt, der Capone wegen des eigentlich unhaltbaren Vorwurfs der Landstreicherei belangen wollte. Dieser wiederholt von den Behörden in Miami gegen Al erhobene und gescheiterte Anklagepunkt war vom Staat Illinois als nicht justiziabel erklärt worden. Zudem konnte Al Capone kaum als umherschweifender Vagabund bezeichnet werden, nachdem er sowohl in Chicago als auch in Miami ansässig war, wobei die jeweiligen Wohnhäuser allerdings in weiser Vorschau auf die Namen seiner Mutter bzw. seiner Frau im Grundbuch eingetragen waren. Natürlich war die juristisch eigentlich unzulässige Anklage des Vagabundentums auch von persönlichen Animositäten des Richters Lyle gegenüber Al Capone bestimmt. Lyle war bei der Bürgermeisterwahl 1928 Gegenkandidat des korrupten Bill Thompson und hatte sich mit ihm eine Schlammschlacht geliefert. Ohne Capones massive Unterstützung hätte „Big Bill" den Wahlkampf verloren. Es muss besonders deprimierend für den Richter gewesen sein, dass er nun wieder gegen Capone verlor und das Verfahren einstellen musste. Die einzig erfolgversprechende Anklage war die der Steuerhinterziehung. In die Vorbereitung der Anklageschrift waren der amerikanische Finanzminister Mellon und die ihm unterstellte Bundesteuerbehörde IRS mit Elmer Irey in Washington sowie vor Ort der Bundesanwalt Frank J. Wilson mit seinen Mitarbeitern Mike Malone, Nels Tessem, Art P. Madden und Clarence Converse eingebunden. Darüber hinaus waren das FBI als zentrale Sicherheitsbehörde der USA mit seinem Vorsitzenden J. Edgar Hoover sowie der Finanzbeamte Eliot Ness mit seinem als unbestechlich geltenden Team Verbündete im Kampf gegen Prohibitionsvergehen. J. Edgar Hoover und Eliot Ness waren etwa gleichaltrig wie Capone und ebenso wie er von Ruhmsucht getrieben, die sie durch seine Verfolgung zu erfüllen suchten. Besonders Ness, der als Kind norwegischer Einwanderer ohne die Ausgrenzungserfahrungen der Amerikaner süditalienischer Herkunft in den amerikanischen Mainstream integriert war, machte durch aufsehenerregende Aktionen gegen illegale Brauereien und deren Transportwege auf sich aufmerksam. Mit schwerem Gerät griff er die Flüsterkneipen und Vergnügungsetablissements Al Capones publikumswirksam an, zerstörte Einrichtungen und vernichtete Alkohollager. Alle Aktionen wurden von den Medien begleitet und dokumentiert, sodass Ness für sich den Ruhm beanspruchen konnte, Al Capones Alkoholimperium zerstört zu haben. In einem zusammen mit Oscar Fraley 1957 publizierten Memoirenband *The Untouchables* hat Eliot Ness diese Erlebnisse zur Sicherung seines Nachruhms heroisierend dargelegt. Diese Publikation diente als Grundlage für eine 1959–1963 produzierte Fernsehserie sowie für den unter der Regie von Brian De Palma 1987 mit Kevin Costner und Sean Connery starträchtig besetzten und publikumswirksam inszenierten Hollywoodfilm *The Untouchables – Die Unbestechlichen.*

Prozess wegen Steuerhinterziehung

Für die Zusammenstellung der Anklageschrift waren Frank J. Wilson und seine Mitarbeiter von der Steuerbehörde IRS Nels Tessem, Art P. Madden, Clarence Converse und Michael Malone zuständig. Die lange Suche nach eindeutigen Beweisen, um Al Capone anklagen und den Gesetzesverstoß in einem Strafverfahren beweisen zu können, gestaltete sich sehr schwierig. Im Unterschied zu seinem leichtfertigen Bruder Ralph war Al von Anfang an viel vorsichtiger im Umgang mit schriftlichen und konkret verwertbaren Dokumenten. So besaß er nie ein Bankkonto, unterschrieb keine Schecks und war nicht als Besitzer von Eigentum eingetragen. Alle Transaktionen bezahlte er mit Bargeld, das er immer in großen Mengen bei sich trug, und mit dem er bei Geschäftspartnern wie Servicepersonal großen Eindruck erzielte, ganz zu schweigen von großzügigen Geldspenden, mit denen er seine Fans bedachte. Rein zufällig machte der unermüdliche Anwalt Wilson, der nach zweijähriger vergeblicher Suche nicht fündig geworden war, eines Abends einen für die weitere Verhandlung folgenschweren Fund. Unter den vielen von ihm eingesehenen Unterlagen aus verschiedenen Unternehmen Capones entdeckte er plötzlich ein Geschäftsbuch, das bei der fünf Jahre früheren Durchsuchung von Al Capones Hauptquartier in Cicero im Zusammenhang mit der Ermordung von William McSwiggin 1926 sichergestellt worden war und sich die ganze Zeit unbeachtet im Besitz der Steuerbehörde IRS befunden hatte. In einer überschlagsmäßigen Kalkulation stellte Wilson anhand der Zahlen fest, dass in einem Zeitraum von 18 Monaten Einnahmen von mehr als einer halben Million Dollar verzeichnet waren, die zwischen 1924 und 1926 für Glücksspiele und Pferdewetten erzielt wurden und für die keine Steuererklärung abgegeben worden war. Dieser erste Hinweis verdichtete sich durch weitere Recherchen und Befragungen ehemaliger Capone-Mitarbeiter zu einer substantiellen Materialbasis für die Anklage. Damit waren auch die Angaben von Capones Anwalt Lawrence P. Mattingly, den ihm sein Mentor Johnny Torrio empfohlen hatte, dass sein Mandant über keine Einnahmen verfüge, widerlegt. Generell wurde das ungeschickte Taktieren Mattinglys bei dem Verhör im Büro der Steuerbehörde IRS am 17. April sowie bei der schriftlichen Vorlage im November 1930 als gravierender Fehler eingeschätzt, der das eigentliche Verfahren erst ins Rollen brachte. Die Aussagen möglicher Mitwisser konnten nur mithilfe besonderer Druckmittel erzielt werden, weil die Informanten um ihre Sicherheit fürchteten. Auch Wilson hatte bei seiner Arbeit entsprechende Drohungen erhalten und er machte sich Sorgen um das Leben seiner Frau, als Al Capone sich bei einem Verhör nach deren Wohlergehen erkundigte.

Ein nicht unwesentlicher Faktor in dem Verfahren gegen Al Capone war der offiziell von der Steuerbehörde IRS sanktionierte Einsatz eines verdeckten Ermittlers, den Michael Malone mit den Decknamen De Angelo bzw. Michael Lepito übernahm. Unter diesen pseudo-italienischen Namen suchte der Undercover-Agent in der Lobby des Lexington Hotels, Capones luxuriösem Hauptquartier im vornehmen Downtown von Chicago, Zugang zu dessen Leuten. Dieser Rückgriff auf das beliebte Instrument verdeckter Ermittlung der Polizei hat interessante ethnische Implikationen. Mike Malone entstammte einer Familie irischer Einwanderer, die aufgrund ihrer dunklen Haarfarbe als „schwarze Iren“ bezeichnet wurden und im Unterschied zu den protestantischen blonden Iren katholisch waren. Folglich ergab sich hierdurch eine mögliche Verbindung zu den dunkelhäutigen Süditalienern, sodass mit der Verwendung italienischer Decknamen seine italienische Abstammung glaubwürdig wirken konnte. Zudem sprach Mike Malone vorzüglich Italienisch. Sicher konnten durch seine Kontakte mit den vermeintlich gleichgesinnten Ganoven um Capone einige Informationen beschafft werden. Gespräche mit Capone selbst ergaben sich wohl nicht, weil man angeblich Malones Doppelrolle durchschaut hatte. Trotz aller Imponderabilien konnten schließlich dennoch genug Beweisstücke für eine Anklage gesichert werden. Dazu waren sowohl Wilson als auch Staatsanwalt Johnson im Februar 1931 sogar nach Miami gereist, wo sie schnell fündig wurden. Durch Glücksspiele beim Hunderennen und finanzielle Transaktionen mit lokalen Behörden und Banken hatte Capone Einnahmen erzielt, die in den Kauf von Immobilien, teurem Mobiliar, die Anschaffung eines Bootes und zahlreicher Luxusartikel geflossen waren oder für die luxuriösen Partys auf seinem Anwesen verwendet wurden. Zusätzlich gelang es Wilson, wie Laurence Bergreen weiß, einen Mitarbeiter Capones, Leslie Shumway, beim Hunderennen als Zeugen für das Verfahren zu gewinnen. Shumway hatte nach seinen Erkundigungen für Capone als Buchhalter gearbeitet und war verantwortlich für die Einträge in dem von ihm gefundenen Geschäftsbuch. Mit einem geschickten Schachzug konnte er Shumway von Capones Dunstkreis loseisen, ihn gegen alle Widerstände nach Illinois entführen und zur Aussage vor Gericht bringen. Um ihn nach der Aussage zu schützen, wurde er durch Vermittlung und Finanzierung der „Secret Six" nach Kalifornien in Sicherheit gebracht. Damit hatte Wilson zusammen mit seinem IRS-Team genügend Material für eine erfolgversprechende Anklage zusammengetragen. Am 5. Juni 1931 wurde schließlich das Verfahren der USA gegen Al Capone mit der Anklageschrift über nicht gezahlte Einkommenssteuer in 22 Fällen eröffnet. Für die Jahre von 1924 bis 1929 belief sich demnach das Einkommen Capones auf 1.038.654,84 Dollar, für die insgesamt 215.080,48 Dollar Steuern fällig gewesen wären. Dies betraf nach der Rechtsprechung des

Obersten Gerichts von 1927 im Fall *United States v. Sullivan* auch alle Einnahmen aus illegalen Quellen wie Glücksspielen und Alkoholvertrieb. Die Ankündigung des Verfahrens schlug ein wie eine Bombe und fand breite Berichterstattung in den amerikanischen Zeitungen. Mit Spannung wurden der Verlauf und der Ausgang des Verfahrens erwartet.

Diese bedenklichen Entwicklungen wurden von Al Capones Familienmitgliedern besorgt verfolgt. Die kurzen Familienzusammenkünfte und entspannenden Tage auf dem Anwesen in Miami wurden überschattet von den immer näher rückenden Gerichtsterminen und Einschränkungen des privaten Lebens. Aus Rücksicht auf die Familie und aufgrund der Befürchtung einer Verhaftung konnte Al als einziges Familienmitglied nicht an der Hochzeit seiner Schwester am 14. Dezember 1930 in Chicago teilnehmen. Für ihn übernahm sein Bruder Ralph die ehrenvolle Aufgabe, Mafalda zum Traualtar zu führen. Wie die Verbindung zwischen der 18-jährigen Frau mit dem 23-jährigen John T. Maritote zustande gekommen war, wird kontrovers diskutiert. So behauptete die nicht gerade für ihre Männerbekanntschaften bekannte Mafalda kühn, John sei schon seit der Jugendzeit ihr Liebhaber gewesen. Dass der Bräutigam angeblich eine andere Geliebte für die Heirat mit dem einzigen weiblichen Mitglied der großen Capone-Familie aufgegeben hatte, spricht demgegenüber für eine Intervention von Al Capone. Denn Johns älterer Bruder Frank Maritote hatte bereits für die Capone-Organisation gearbeitet. Johns offiziell bei der Heirat als seine Berufsbezeichnung angegebene Beschäftigung des Filmvorführers hatte jedenfalls keine reale Grundlage.

Die Hochzeit in der St. Mary's Kirche in Cicero war ein pompöses Ereignis, das ironischerweise immer wieder mit der extravaganten Ausrichtung der Begräbnisfeiern von Gangsterbossen verglichen wurde. An dem von Al überaus großzügig nach dem Skript des amerikanischen Traums organisierten und finanzierten Hochzeitsfest sollen immerhin etwa 4.000 Gäste mit dem gesamten Familien-Clan teilgenommen haben, mit Ausnahme des aus Sicherheitserwägungen in Miami verweilenden Al. Sie alle wollten an dem Glanz von Al Capones Fabelreich teilhaben. Gerne werden der überdimensionale Brautstrauß mit 400 Lilien sowie die atemberaubend luxuriösen Garderoben besonders der Braut und ihrer Mutter erwähnt. Und natürlich durfte die aus Mafiafilmen bekannte Riesenhochzeitstorte mit drei Metern Länge und 1,20 Metern Höhe, die bei der exklusiven privaten Feier mit nur 300 bis 400 geladenen Gästen angeschnitten wurde, nicht fehlen. Al ließ sich das Fest einiges kosten und soll das Paar für die Hochzeitsreise sowie den Start ins gemeinsame Eheleben großzügig ausgestattet haben. Sicher war diese Inszenierung Teil seines mit der Erfüllung des amerikanischen Traums einhergehenden Selbstverständnisses von Macht und Geltung, deren öffentliche Präsentation ihm für die bevorstehenden Gerichtstage Genugtuung verschaffte. Zudem ermöglichte ihm diese Hochzeitsfeier eine Präsenz in der öffentlichen Wahrnehmung von nationaler Bedeutung, die Staatsanwälte und Richter bei ihrer Urteilsfindung beeindrucken sollte. Überhaupt genoss er Auftritte in der Öffentlichkeit, bei denen er die Gunst des Publikums bei großen Veranstaltungen anstelle ebenfalls anwesender Amtsinhaber genoss. So notiert Al Capones Enkelin Diane die offensichtlich erfundene Erinnerung Sonnys an die Ovation bei einem Besuch im Chicagoer Baseballstadion, die nicht dem Präsidenten Hoover, sondern seinem Vater galt (Capone, 2019, S. 84, S. 148). Folgt man der retrospektiven Mythenbildung, kann man den Applaus für den heroisch gefeierten Dealer statt für den Präsidenten der Vereinigten Staaten von Amerika als Al Capones Genugtuung begreifen, zumal er faktisch Präsident Hoover für seine Verurteilung verantwortlich hielt.

Die nach öffentlicher Anerkennung gierenden Karrieristen J. Edgar Hoover, Chef des FBI, und Eliot Ness mit seinem Team der „Unbestechlichen" waren die Ersten, die den Erfolg der Anklage Al Capones für sich reklamierten. Die eigentliche Arbeit hatten Frank Wilson vom IRS mit seiner investigativen Suche sowie der US-Staatsanwalt George E. Q. Johnson geleistet, der fünf Jahre seines Lebens auf diesen Prozess hingearbeitet hatte. Al Capones Anwälte Michael Ahern und Thomas Nash waren nach dem Studium der Anklageschrift überzeugt, dass sie einen Deal mit dem Staatsanwalt aushandeln könnten. Danach sollte Capone sich im Sinne der Anklage schuldig erklären, um ein milderes Strafmaß von zwei Jahren Gefängnis für die Nichtzahlung von Einkommensteuern sowie sechs Monate für den Verstoß gegen das Prohibitionsgesetz zu erhalten. Auf seine Anfrage im Justizministerium in Washington zu diesem Deal zwischen Anklage und Verteidigung erhielt Johnson nur eine hinhaltende Antwort und auch der Richter Wilkerson hielt sich bedeckt. Schließlich erreichte Johnson eine halboffizielle Mitteilung, wonach der Justizminister und der Präsident die vorgesehene sofortige Umsetzung der Haftstrafe Capones befürworten würden, um Hoovers Wiederwahl 1932 und die Sicherheit für die in Chicago 1933 stattfindende Weltausstellung zu garantieren. Johnson konnte nun seine Zustimmung zu dem vorgeschlagenen Deal geben, allerdings unter der Bedingung, dass Capone keine Berufung einlegen und die Gefängnisstrafe sofort antreten würde. Das geringe Strafmaß für die beiden Vergehen wäre für Al Capone gewissermaßen eine Absolution gewesen. Mit seinen Anwälten ging er davon aus, im Bundesgefängnis Leavenworth in Kansas einsitzen zu müssen, wo schon sein Bruder Ralph und seine Outfit-Kumpane zeitgleich ihre Strafe verbüßten. Nach dem Gefängnisaufenthalt würde er sich dann, so seine Überlegungen auch gegenüber der Presse, als 34-jähriger ehrenwerter Bürger in Florida zur Ruhe setzen können.

Noch bevor die eigentliche Abmachung am 16. Juni offiziell im Gericht verhandelt werden konnte, hatten alle großen Zeitungen des Landes schon die ausgehandelten Details des getroffenen Deals veröffentlicht und kommentiert. Die öffentlichen Reaktionen, die entweder von einem Sieg Capones über das Gericht oder von einer Schande für Chicago sprachen, wurden immer eindringlicher. Unbeeindruckt davon schien Richter Wilkerson auf den Deal einzugehen und hörte zunächst Capones Schuldigspruch an. Dann nahm er sich für seine Entscheidung eine sechswöchige Bedenkzeit bis zum 30. Juli. Am Tag vor diesem Termin hatte Capone noch im Glauben an ein Urteil in seinem Sinne und seine nur kurze Gefängnishaft eine Pressekonferenz im Lexington Hotel abgehalten und ein Pferderennen besucht, wo er von den Zuschauern stürmisch gefeiert wurde, offenbar bei gleichzeitiger Anwesenheit von Staatsanwalt Johnson. Mae und Sonny waren für die vermeintlich kurze Verhandlung zu Besuch nach Chicago gekommen. Doch es kam anders als gedacht, denn der Richter war angesichts der öffentlichen Einmischung und der offensichtlichen Geringschätzung des Gerichts nicht gewillt, den von Staatsanwalt und Verteidigung ausgehandelten Deal zu akzeptieren. Folglich erteilte er der von Anwalt Michael Ahern vorgetragenen Abmachung eine glatte Abfuhr. „Die Parteien eines Strafprozesses können nicht das zu sprechende Urteil im Vorherein festlegen. Es wird Zeit, dass jemand dem Angeklagten beibringt, dass es absolut unmöglich ist, mit einem Bundesgericht herumzuhandeln" (zit. nach Bergreen, 1995, S. 553). Das war ein sichtlicher Schock für Al Capone und zwang ihn und seine Anwälte zur Kursänderung. Al Capone erklärte sich nun in allen Anklagepunkten als nicht schuldig und musste sich auf ein langes Gerichtsverfahren mit Geschworenen einstellen. Der Richterspruch hatte alles verändert. Der Termin für die Fortsetzung des Prozesses wurde auf den 6. Oktober 1931 festgesetzt. Al Capones Glücksrad schien sich zu seinen Ungunsten zu drehen. Mit der Niederlage seines Buddys, des korrupten Bill Thompson bei der Bürgermeisterwahl in Chicago, hatte er einen politischen Mitstreiter verloren. Die von Al erhoffte Kollaboration mit dem Sieger, dem Demokraten Tony Cermak, zerschlug sich bald. Denn der neue Bürgermeister startete eine Offensive gegen die Capone-Organisation und blockierte die bislang offenen illegalen Kanäle zu den Behörden. In dieser für ihn misslichen Situation suchte Al Capone wieder einmal sein Heil an seinem Rückzugsort in Round Lake in Michigan, wo er die Beziehung zu seiner Geliebten Virginia erneuerte und sich im Sommer allerlei Freizeitvergnügungen hingab. Die Befürchtungen der besonders leidenschaftlichen Verfolger Capones, Eliot Ness und J. Edgar Hoover, ihr Angeklagter könnte sich möglicherweise ins Ausland absetzen, blieben letztlich unbegründet.

Die Zeit bis zum Prozessbeginn verbrachten Al Capone und seine Leute damit, Einfluss auf die Prozessführung dadurch zu nehmen, dass sie auf die Auswahl der Geschworenen einzuwirken versuchten. Wiederum war es ein Katz- und Mausspiel zwischen dem Gericht und der Verteidigung. So konnte der Staatsanwalt frühere Mitarbeiter Capones als Zeugen für die Anklage gewinnen, und Capones Mannschaft versuchte, potenzielle Geschworene zu beeinflussen. Einige der für die Sache Capones instruierten Geschworenen standen tatsächlich auf der vom Gericht zusammengestellten Liste. Eine weitere befürchtete Beeinträchtigung bestand darin, dass die von der Anklage zur Aussage vorgeladenen Zeugen von Capones Leuten eingeschüchtert und verfolgt werden könnten. Diese nicht unbegründete Annahme bestätigte sich schließlich mit Capones Bodyguard Phil

D'Andrea, der im Gerichtssaal eine gut sichtbare Pistole im Jackett trug und sich dafür eine sechsmonatige Strafe einhandelte. Angesichts dieser dem Richter nicht verborgen gebliebenen Vorgänge entschloss dieser sich beim Prozessauftakt am 6. Oktober kurzerhand dazu, die für Capones Verfahren ausgewählten 12 Geschworenen mit denen eines anderen, am gleichen Tag beginnenden Prozesses auszutauschen. Um jeden Kontakt der nun unbeeinflussten Jury zu Capone zu verhindern, ordnete er deren Unterbringung und Bewachung in einem Hotel für die gesamte Dauer des Prozesses an. Dieser Schachzug missfiel natürlich Capones Verteidigern, Michael Ahern und Albert Fink, der Thomas Nash abgelöst hatte, weil ihnen damit jede Einflussnahme genommen war. Besonders gravierend war die Tatsache, dass die Herkunft dieser Geschworenen von Natur aus dem Wesen des Angeklagten widersprach. Es handelte sich um konservative, betagte Männer vom Land, die ausschließlich zur privilegierten Gruppe der weißen angelsächsischen Protestanten gehörten und denen man wahrscheinlich nicht zu Unrecht ein Vorurteil gegenüber dunkelhäutigen Italo-Amerikanern und deren Lebensweise unterstellen konnte. Erschwerend kam hinzu, dass einige von ihnen schon am Prozess gegen Al Capones Bruder Ralph beteiligt gewesen waren und ihn für schuldig befunden hatten. Genüsslich wurde die Qualität dieser Jury von der Presse kommentiert, wie etwa von Colonel McCormick, der die Zusammensetzung besonders für den Prozess gegen Capone geeignet hielt: „Männer, die die Meinung vom Land reflektieren, deren Geist in der Ruhe ihrer Felder geformt wurde oder in der Atmosphäre ihrer Dörfer am Wegesrand“ (zit. nach Bair, 2017, S. 234). Es sah nicht gut aus für den einem urbanen und multiethnischen Milieu entstammenden Angeklagten und seine Verteidiger.

In dem relativ zügigen Verfahren, das insgesamt nur knapp drei Wochen dauerte, legten die Vertreter der Anklage Beweismittel über die illegalen Einnahmen aus Wettbüros und Alkoholgeschäften vor und luden Zeugen für die Bestätigung ihrer Anklagepunkte. Zusätzlich zu den bei Durchsuchungen in Capones Hauptquartieren in Cicero und Chicago sichergestellten Unterlagen wurden auch seine exorbitanten Ausgaben in Miami für den Kauf des Anwesens am Strand, die luxuriöse Einrichtung und den teuren Schmuck verhandelt. Zeugen aus Florida gaben Einblick in die kostspieligen Partys in seiner Villa, zu denen sie und andere illustre Gäste eingeladen gewesen waren. Ein Sonderposten waren die eigens für Capones Sicherheitsbedürfnisse angefertigten Luxuslimousinen. Ein besonders delikater Punkt war die Zulassung des vom Steueranwalt Lawrence P. Mattingly nach dem Verhör im April angekündigten Briefs, den er im November 1930 bei der Steuerbehörde IRS in Chicago eingereicht hatte. Die in dem Brief gemachten Angaben über Capones Einkommen von 26.000 und 40.000 Dollar für die Jahre 1926 und 1927 sowie nicht mehr als 100.000 Dollar für die Jahre 1928 und 1929 enthielten keine Informationen, aus welchen Quellen die Einnahmen stammten. Für die Anklage war dieser Befund von Einkommen aus kriminellen geschäftlichen Aktivitäten ein gefundenes Fressen. Der Versuch der beiden Verteidiger, gegen die Zulassung dieses für ihren Mandanten gefährlichen Beweisstücks zu argumentieren, endete in widersprüchlichen Aussagen und gipfelte in Aherns menschlich nachvollziehbarer, aber juristisch kaum zu rechtfertigenden Feststellung, dass alle Bürger – nicht nur Al Capone – möglichst wenige Steuern zahlen wollten. Diese Auffassung scheint auch heute, fast 100 Jahre später, noch Gültigkeit zu besitzen. Prominent wurde sie gerade vom 45. Präsidenten der USA Donald Trump vertreten, der trotz seines Vermögens als Milliardär nach einer Untersuchung der *New York Times* vom Oktober 2020 entweder keine Steuern oder für die Jahre 2016 und 2017 nur 750 Dollar gezahlt hat. Anders als in der heutigen Situation hatte Al Capones Richter keine Bedenken, seine Rechtsauffassung durchzusetzen und den belastenden Mattingly-Brief zuzulassen.

Die Vorgänge im Gerichtssaal und das unprofessionelle Verhalten der Verteidigung wurden von den zahlreich vertretenen Journalisten ausführlich aufgegriffen und ausgeschmückt. Einen großen Raum nahm dabei die Wiedergabe verschiedener Zeugenaussagen ein, bei denen besonders eklatante Beispiele für den luxuriösen Lebenswandel des Angeklagten in Chicago und Miami zur Sprache kamen. Die von Al stets mitgeführten großen Geldbündel von 1.000-Dollar-Noten, mit denen er Dienste bezahlte und unverhofft viele Mitmenschen beglückte, bewegten ebenso die Gemüter wie sein Markenzeichen, die mit Diamanten besetzte Gürtelschnalle, vielmehr aber noch seine maßgeschneiderte Seidenunterwäsche. Das Niveau dieser von Zeitungslesern sicher begierig aufgenommenen schlüpfrigen Geschichten mag den Vorsitzenden Richter bewogen haben, die Beweisaufnahme nach nur einer Woche abzuschließen. Selbst der gegen seinen Willen vorgeladene Johnny Torrio aus New York kam nicht mehr in den Zeugenstand, weil die Anklage genügend Material für ihre Beweislage gesammelt hatte. Folglich forderte der Richter den Staatsanwalt und die von der Eile überraschten Verteidiger auf, ihre Plädoyers zu halten.

Staatsanwalt George E. Q. Johnson verwies auf die in mühseliger Arbeit von fünf Jahren gesammelten Unterlagen, die im Prozess durch Zeugenaussagen der Anklage zu einer erdrückenden Beweislast gegen den Angeklagten ergänzt worden seien. Dies sei zudem durch die Zeugen der Verteidigung und die Angaben im Mattingly-Brief bestätigt worden, mit dem Capones Schuld belegt sei. Prozessbeobachter monierten diesen gravierenden Fehler aus dem früheren Verfahren sowie das Versäumnis der beiden jetzigen Verteidiger, in ihrem Plädoyer auf die bis 1927 bestehende Gesetzeslage hinzuweisen, wonach Einnahmen aus illegalen Geschäften steuerfrei gewesen waren. Zudem fehlte den Verteidigern jedes Gespür für die Wirkung ihrer Argumente auf die Geschworenen, deren Einstellung und geistiger Habitus als bodenständige Landwirte ihnen bekannt gewesen sein mussten. Trotz der erdrückenden Beweislast kaprizierten sie sich auf den insgesamt unfairen und ungerechten Prozess, der nur auf Indizienbeweisen aufgebaut sei und sich primär gegen ihren Mandanten richte, weil er Al Capone hieße. Dann verstieg sich Ahern in einen für die Geschworenen sicher unverständlichen Exkurs in die römische Geschichte und zitierte Cato, der jede seiner Reden im Senat mit dem Verweis auf die Notwendigkeit der Zerstörung Karthagos beendet hatte: „Ceterum censeo Carthaginem esse delendam", um dieses Zitat dann auf Capone umzumünzen: „Delenda est Capone!" Arrogant fragte der Verteidiger die Geschworenen, ob sie wüssten, was es bedeutete, und lieferte die Erklärung gleich hinterher: „Es bedeutet: ‚Capone muss erledigt werden!'" Mit einem die Geschworenen einschüchternden Schlag auf das Geländer der Geschworenenbank gab er seiner Erklärung handfesten Nachdruck und fügte mit Blick auf die Ankläger hinzu: „Warum trachten Sie nach seiner Verurteilung mit einer so schwachen Beweislage? Weil er Alphonse Capone ist. Weil er der mythische Robin Hood ist, über den Sie so viel in der Zeitung lesen. Sie haben keinen Beweis, oder was Sie hier aufgetischt haben, verrät nur eines: dass der Angeklagte Al Capone ein Verschwender ist, dass er extravagant war" (zit. nach Bergreen, 1995, S. 606).

Es wäre sicher überzeugender gewesen, wenn die Verteidigung Al Capones Wohltaten für die an der Wirtschaftskrise leidende arme Bevölkerung erwähnt hätte, die in großer Zahl seine Suppenküchen aufsuchte. Ohne solch konkret nachvollziehbare Beispiele seines uneigennützigen Engagements war es ein leichtes Spiel für Staatsanwalt Johnson, den Robin-Hood-Vergleich in seiner Replik mit Verweis auf Capones Selbstbereicherung als unpassend zu deklarieren und den schlechten Eindruck zu verstärken, den die Verteidiger bei der Jury hinterlassen hatten. Wiederholt wies Johnson auf die ehrenwerten amerikanischen Bürger hin, die jeden Tag gewissenhaft ihren Job ausübten und nur einen kleinen Lohn dafür erhielten. Ihr korrektes und patriotisches Verhalten als einfache Arbeiter entsprach – so die Implikation seiner Rede – dem der Geschworenen, die nun am Zug waren. Eingehend instruierte Richter Wilkerson sie über ihre Aufgabe, um zu einem Urteil zu gelangen, wobei er keinen Hehl aus seiner Übereinstimmung mit der Argumentation der Anklage machte. Nach nur neun Stunden war das Urteil gefällt, wonach Al Capone in fünf der 22 Anklagepunkte schuldig gesprochen wurde. Später wurde kolportiert, dass die Urteilsfindung weniger Zeit in Anspruch genommen hätte, wenn nicht einer der Geschworenen für ‚nicht schuldig' votiert hätte. Nach dessen Deutung des Mattingly-Briefs hätte Capone eigentlich seine Steuern bezahlen wollen, aber die Regierung hätte ihn davon abgehalten. Ohne diesen Einwand wäre es nicht zu dem Kompromiss und einem geringeren Strafmaß gekommen.

Al Capone und sein Anwaltsteam waren spät am Abend von dem nahe gelegenen Lexington Hotel ins Gerichtsgebäude zitiert worden, um das Urteil der Jury anzuhören. Das für alle Beteiligten im Gerichtssaal überraschende Urteil enthielt als Straftatbestand die nicht gezahlten Einkommensteuern in Höhe von 250.000, 195.000 bzw. 200.00 Dollar für die Jahre 1925 bis 1927, als Vergehen die in den Jahren 1928 und 1929 nicht abgegebenen Steuererklärungen. Für Capone und seine Verteidiger war dieses Urteil niederschmetternd, weil sie keine Möglichkeiten des Einspruchs sahen. Eine Woche später, am

24. Oktober 1931, verkündete Richter Wilkerson um 10 Uhr sein dem Votum der Jury entsprechendes Urteil dem wie immer elegant gekleideten Angeklagten. Für jede der drei Straftaten verurteilte er Capone zu je fünf Jahren Gefängnis und zu je 10.000 Dollar Strafgeld. Für die beiden Fälle der nicht abgegebenen Steuererklärung erhielt er je ein Jahr Haft und je 10.000 Dollar Geldstrafe. Dank der von Richter Wilkerson verfügten Regelung konnte die eigentlich 17 Jahre umfassende Haft auf elf Jahre reduziert werden, weil jeweils zwei Haftstrafen zu einer Gesamtstrafe zusammengelegt werden konnten. Die Geldstrafe von insgesamt 50.000 Dollar plus 7.692,29 Dollar Gerichtsgebühren stellte sicher kein Problem für Capone dar. Die Dauer der Haft überschritt allerdings seine größten Befürchtungen. Am schlimmsten bei dem Gedanken an die lange Zeit hinter Gittern war für ihn die Trennung von seiner Familie, insbesondere von seinem Sohn. Bewusst hatte er Mae und Sonny, die bei seiner Mutter im Chicagoer Haus wohnten, gebeten, während der Verhandlung nicht in den Gerichtssaal zu kommen, um ihnen den entwürdigenden Anblick zu ersparen. Nur sein jüngerer Bruder Matthew und seine Schwester Mafalda waren an manchen Tagen auf den hinteren Plätzen zu sehen. Ohne Einspruchsmöglichkeit mussten die Anwälte akzeptieren, dass Al Capone auf Anordnung des Richters im Gerichtssaal direkt in Haft genommen wurde. Anstatt in das zunächst vorgesehene Bundesgefängnis in Leavenworth, Kansas, wurde er bis zur Entscheidung über eine Revision zunächst in das Bezirksgefängnis in Chicago gebracht. Auf dem Weg dorthin musste er das Blitzlichtgewitter und die Fragen der Reporter über sich ergehen lassen. Nun begann eine neue Zeit für ihn, die im Konzept des amerikanischen Traums nicht vorgesehen war. Allerdings war es nicht die allerschlechteste der möglichen Varianten für exponierte Mitglieder des organisierten Verbrechens, denn er konnte froh sein, noch am Leben zu sein.

In Haft

Die Reaktionen der landesweiten Presse auf die Verurteilung und den unverzüglichen Haftantritt alternierten zwischen großer Genugtuung und dem Gefühl der Unzufriedenheit oder sogar der Zweifel am amerikanischen Rechtssystem. Gemessen an den jahrelangen Auswüchsen der illegalen Geschäfte und der von gewalttätigen Attentaten geprägten Herrschaft der Gangs in Chicago schien die Verurteilung Capones wegen Steuerhinterziehung banal und der Dimension des organisierten Verbrechens nicht angemessen. Zwar hatten die Behörden in Chicago und Washington ihr Ziel erreicht, indem Capone von der Bühne verschwand und kein Unheil mehr anrichten konnte. Seine Verhaftung verhalf Präsident Hoover aber nicht zu seiner Wiederwahl, doch der Wunsch, die Weltausstellung 1933 in Chicago nicht durch Al Capone zu gefährden, ging in Erfüllung. Präsident Herbert Hoover repräsentierte die Haltung der Amerikaner, die primär – wie die Gruppe der zwölf Geschworenen – mehrheitlich der weißen Bevölkerung angelsächsischen Ursprungs angehörten. Viele der Reaktionen auf Capones Bestrafung bedienten deshalb auch Vorurteile gegenüber den Süditalienern als kriminelle, nichtweiße Außenseiter der Gesellschaft. Diesen Standpunkt hatte schon Colonel McCormick vertreten. In ihrer Biografie zitiert Deirdre Bair McCormicks Kusine, die Journalistin Eleanor Medill Patterson, die Capone in seiner Villa in Florida interviewt hatte und ihn als reales Beispiel der stereotypen Gangsterfigur in den Filmen der Zeit zeichnete, nämlich als einen korpulenten, rüpelhaften italienischen Verbrecher. Konkret nannte sie ihn „einen von diesen ungeheuren Italienern, mit dicker Brust … seine Armmuskeln spannten die Ärmel seines hellbraunen Anzugs, sodass er zu kurz für ihn geschneidert schien" (zit. nach Bair, 2017, S. 246). Der Journalist Meyer Berger verglich ihn in der *New York Times* mit einem jovialen italienischen Opernsänger (18. Oktober 1931; Bair, 2017, S. 247). Interessanterweise taucht diese diskriminierende Haltung auch in der Argumentationskette der Verteidiger in dem 1990 von einer Sektion der American Bar Association, dem amerikanischen Juristenverband, in Chicago in historischer Kleidung nachgespielten Capone-Prozess wieder auf. Danach ist die von den Anwälten Ahern und Fink vorgetragene Fokussierung der amerikanischen Regierung auf Al Capone, der gewissermaßen stellvertretend für eine gewisse Spezies vorgeführt wird, implizit mit der Kriminalisierung süditalienischer Amerikaner verbunden. Die Geschworenen bei diesem Mock Trial fanden den Angeklagten übrigens nicht schuldig, und die beteiligten Juristen waren erstaunlicherweise der Auffassung, dass das Verfahren wegen Steuerhinterziehung heute wahrscheinlich überhaupt nicht eröffnet worden wäre (Grady/O'Brien, 1990; Bair, 2017, S. 247f.).

Der erste Teil der Haft im Cook County Jail, dem Bezirksgefängnis von Chicago, muss Al Capone als eine Fortsetzung seines gewohnten Lebens mit einigen unangenehmen Einschränkungen hinter Gittern erschienen sein. Seine Einweisung in den für besonders illustre Gefangene reservierten Block D entsprach seinem gehobenen Anspruch, und die freizügigen Kontaktmöglichkeiten mit seiner Familie sowie den Mitgliedern seiner Organisation machten den Gefängnisalltag möglicherweise vorübergehend vergessen. Mae, die mit Sonny im Haus der Schwiegermutter in der South Prairie Avenue geblieben war, konnte zwar keine mit der Zelle im Gefängnis in Pennsylvanien vergleichbare Ausstattung vornehmen, aber dennoch Erleichterungen seiner Haftbedingungen erreichen. Die Einweisung seines Bodyguards Phil D'Andrea in seine Nachbarzelle erwies sich als Glücksfall, weil durch ihn die Verbindung zu seinen Geschäften in Chicago leichter hergestellt werden konnte. Für sein leibliches Wohl mit italienischen Gerichten sorgte seine Mutter oder sie wurden aus seinen Lieblingsrestaurants geliefert. Al Capones überwiegend gute Stimmung wurde zudem von der erwartungsvollen Hoffnung auf den Erfolg des von seinen Rechtsanwälten angestrengten Berufungsverfahrens zur Minderung der Haftstrafe verstärkt. Die Aussicht darauf ließ ihn die harte Haltung des Richters hinnehmen, der eine Freilassung auf Kaution ebenso wie eine Anrechnung der im Cook County Gefängnis bis zum Verfahren verbrachten Zeit auf die elfjährige Haftstrafe abgelehnt hatte. Natürlich beruhten diese Vorsichtsmaßnahmen – wie schon im Prozess insgesamt – auf der besonderen Person des Angeklagten und standen im Zusammenhang mit seiner ethnischen Herkunft. Die in der Presse kolportierten ungewöhnlichen Vorgänge in Capones Zelle, in der sogar Sekretärinnen zum Diktat erschienen, um die zahlreiche Korrespondenz zu erledigen und auf das große Medieninteresse zu antworten, erregten mehr als den Unmut der Justizbehörden und der Öffentlichkeit. Der für den Vorzugsblock D verantwortliche Aufseher David Moneypenny musste gegensteuern und sich für die ungewöhnlichen Umstände verantworten, die von der Boulevardpresse genüsslich für die Befriedigung der sensationslüsternen Leser ausgeschlachtet wurden. Das Schauspiel nahm ein Ende, als das Gerichtsurteil – wie eigentlich nicht anders zu erwarten – vom Berufungsgericht am 27. Februar 1932 und dann ohne Anhörung vom Supreme Court, dem Obersten Gerichtshof der USA, nach sechsmonatiger Haft am 2. Mai bestätigt wurde. Al Capones Bestechungsmechanismen griffen nicht mehr und alle Rechtsmittel waren ausgeschöpft. Eine weitere unangenehme Überraschung erwartete ihn am nächsten Tag. Anders als erhofft konnte er seine Haft nicht in dem Bundesgefängnis Leavenworth in Kansas verbringen, wo schon sein Bruder Ralph und zwei enge Mitarbeiter seiner Organisation, Jake Guzik und Frank Nitti, für ihre Haftstrafe eingewiesen worden waren. Ralph hatte man allerdings vorsichtshalber nach kurzer Zeit von den Gang-Mitgliedern weit entfernt an die Westküste ins McNeil Island Gefängnis im Staat Washington verlegt. Die bekannt laxen Haftbedingungen, die Al Capones Freunde in Leavenworth genossen, schlossen sogar Autofahrten mit dem Auto des Gefängnisdirektors ein. Die Sonderbehandlung und Erschwernis der Haft für seinen Bruder Ralph sollte auch Al treffen. Erst kurz vor dem Abtransport aus dem Cook County Gefängnis erfuhr er, dass er seine Haftstrafe im Süden, im Bundesgefängnis in Atlanta, Georgia, antreten sollte. Mit der Einweisung in die damals berüchtigste Justizvollzugsanstalt der USA wollte der Generalstaatsanwalt und Justizminister insbesondere angesichts des großen Medieninteresses ein Zeichen im Umgang mit dem „Staatsfeind Nr. 1", setzen. Die Strenge des Gesetzes sollte Al Capone auf dem Gipfelpunkt seines amerikanischen Traums in den gewöhnlichen Stand eines süditalienischen Einwanderers der zweiten Generation zurückversetzen und einen wirksamen Schlag gegen das organisierte Verbrechen ausführen. Ohne Verzug wurde der Transport nach Atlanta umgesetzt. Am 3. Mai hatten die Familienmitglieder in Chicago noch Zeit, sich verbittert und tränenreich von dem für ihr Empfinden zu Unrecht bestraften Wohltäter der Menschheit zu verabschieden. Ein Höhepunkt wurde die emotionale Inszenierung der Abfahrt am Bahnhof. Besonders Al Capones Mutter und seine Schwester, die zur Theatralisierung der Abschiedsszene ein Kind von einem ihrer Brüder auf dem Arm trug, boten ein rührendes Schauspiel für die zahlreich vertretene Presse. Mae hielt sich gebührend im Hintergrund. Sonny war dem Wunsch des Vaters entsprechend diesem letzten Akt ferngeblieben, um ihm das Bild seiner öffentlich demonstrierten Gefangenschaft zu ersparen (Bair, 2017, S. 253). Die ebenfalls von zahlreichen Schaulustigen und Journalisten verfolgte Abreise mehrerer Gefangener um Mitternacht

Capone auf dem Weg zum Bahnhof in Chicago zum Abtransport nach Atlanta (Foto: akg-images/TT News Agency/SVT)

konzentrierte sich natürlich auf Capone. In den zahlreichen Aufnahmen wusste der elegant mit Anzug, Hut und Krawatte auftretende Gefangene sich so geschickt in Szene zu setzen, dass seine Handfessel, mit der er an einen anderen Gefangenen, einen schmächtigen Autodieb, gekettet war, als sichtbarer Verlust seiner Freiheit nicht im Bild erschien. Mit seinem Fedora-Hut auf dem Kopf erweckte seine Erscheinung eher den Eindruck einer Ausflugsfahrt. Die Ankunft und Eingliederung in die Haftanstalt waren jedoch alles andere als ein Vergnügen.

Das mit 3.000 Gefangenen überbelegte Bundesgefängnis hatte schon mit dem sozialistischen Politiker Eugene V. Debs, der wegen seiner Opposition gegen den Kriegseintritt der USA 1918 verurteilt wurde und 1920 von diesem Gefängnis aus Wahlkampf als Präsidentschaftskandidat gegen Woodrow Wilson führte, nationale Berühmtheit erlangt. Nun kam Al Capone für die nächsten zwei Jahre hinzu als neues Mitglied in dieser illustren Ahnengalerie. Als Gefangener Nr. 40886 verlor er jedoch gleichzeitig nicht nur seinen Namen, sondern auch seine Individualität als Insasse einer 8-Mann-Zelle. Bei der medizinischen Eingangsuntersuchung musste Al Capone die seit seiner Jugend in Brooklyn verdrängte Geschlechtskrankheit zur Kenntnis nehmen. Das fortgeschrittene Stadium seiner Syphilis-Erkrankung mit letztlich desaströsen Auswirkungen auf seine physische und psychische Verfassung sollte ihn während seines langen Gefängnisaufenthalts bis zu seinem Lebensende begleiten. Der immer gravierenderen gesundheitlichen Beeinträchtigung seiner Lebensqualität durch die von der Geschlechtskrankheit ausgelöste Neurosyphilis, die im Gefängnis in Atlanta nur unzureichend behandelt werden konnte, entsprach der dramatische Abstieg von dem in vollen Zügen genossenen Luxusleben eines superreichen Dealers. Um dieser deprimierenden Realität zu entfliehen, erfand Al unter dem Einfluss der Krankheit bei Befragungen immer neue Lebensgeschichten. Zudem versuchte er, den offensichtlichen psychischen und physischen Verfall durch die Erneuerung und Intensivierung seiner emotionalen Verbindung zu seiner Familie zu kompensieren, insbesondere zu Mae und Sonny. So notiert die Enkelin Diane in ihren Aufzeichnungen der Gespräche mit der Großmutter Mae, dass Capones Zellengenossen als häufiges Gesprächsthema des Gangsterbosses die Attraktivität seiner Frau und seinen geliebten Sohn nannten, den er in seinen regelmäßigen Briefen als „Sohn meines Herzens“ ansprach. Durch die relative Nähe Miamis zu Atlanta nahm Mae alle ihr möglichen Besuchstermine wahr. Aus dem gleichen Grund verweilte die Mutter sehr zum Leidwesen der Schwiegertochter häufig auf dem Anwesen der Capones in Florida, von wo aus sie auch ihre italienischen Spezialitäten mit ins Gefängnis bringen konnte. Andere Informationen über Al Capones Verhalten und Empfinden stammen aus Berichten der Gefängniswärter sowie den 1970 veröffentlichten Erinnerungen seines Zellenfreundes, des Alkoholschmugglers Morris „Red" Rudensky, den Capone „Rusty" nannte (Bonesteel, 2005, S. 69). Demzufolge war Al Capone bestrebt, alle Anweisungen der Gefängnisleitung strikt einzuhalten, um die Möglichkeit einer vorzeitigen Entlassung wegen guter Führung zu erhalten. Potenziell hätten zehn Tage pro Monat auf eine Verkürzung der Haft angerechnet werden können, was für die elfjährige Strafe eine Reduktion um 1.200 Tage auf insgesamt etwa sechs Jahre und acht Monate ergeben hätte. Einhellig erhielt Capone in Atlanta das Prädikat eines „model prisoner", eines vorbildlichen Gefangenen. Die ihm zugeteilten Aufgaben in der Schusterei oder bei Putzarbeiten erledigte er sorgfältig und ohne Beanstandung. Allerdings war er nicht gegen die direkten oder indirekten Anfeindungen durch andere Gefangene gefeit, die ihm – wie Rudensky berichtet – das Leben schwer machten. Einen physischen Angriff, bei dem Rudensky die seit dem Tod des Afroamerikaners George Floyd in Minneapolis im Mai 2020 allgemein bekannte Tortur eines Knies auf seinem Hals erlitt und Al während einer Mahlzeit malträtiert wurde, konnten beide angeblich am nächsten Tag mit einer massiven Abreibung für die beiden Angreifer kontern (Bonesteel, 2005, S. 70). Weitere kolportierte Geschichten, die die Gerüchteküche der Presse bedienten, betrafen seinen vermeintlichen Starstatus. So sollen in den ausgehöhlten Griffen seiner Tennisschläger große Geldbündel für ihn ins Gefängnis geschmuggelt worden sein, mit denen er die Wärter für seine Vorzugsbehandlung bestochen haben soll. Mit diesem Geld soll er auch seinen ausgiebigen Kokainkonsum finanziert haben. Aufgrund dieser weit verbreiteten Geschichten, die angebliche Ausbruchsversuche einschlossen, musste Al Capone verschiedene unangenehme Untersuchungen über sich ergehen lassen. Früher als gedacht ging nach zwei Jahren die Haftzeit in Atlanta zu Ende, was der Einrichtung eines neuen Hochsicherheitsgefängnisses als warnendes Aushängeschild für national bekannte, berüchtigte Kriminelle geschuldet war.

Die in vielen Medien publizierten Vorgänge um den Staatsfeind Nr. 1 hatten die nationale Aufmerksamkeit der Bundesbehörden erregt. Eine 1932 eingesetzte Untersuchungskommission des FBI lieferte trotz fünfjähriger Dauer keine Ergebnisse über die angebliche Vorzugsbehandlung des Gefangenen. Daneben wurde Al Capone zu einer Art politischem Anschauungsobjekt, das Abgeordnete aus Washington sowie den beflissenen Direktor des FBI J. Edgar Hoover nach Atlanta lockte. Selbst der neue Justizminister Homer S. Cummings der im November 1932 neu gewählten Regierung von Präsident Franklin D. Roosevelt, kam am 1. August 1933 zu einem Antrittsbesuch in das Bundesgefängnis in Atlanta. Die Zeiten hatten sich geändert. Am 20. Februar 1933 war der Antrag auf Abschaffung der Prohibition offiziell gestellt worden, der mit dem 21. Verfassungszusatz am 5. Dezember 1933 schließlich ratifiziert wurde. Und Präsident Roosevelt hatte sich mit seinem Programm des New Deal dem Kampf der Wirtschaftskrise gewidmet. Dazu gehörten die strikte Einhaltung der Gesetze und die Abrechnung mit den Feinden der USA. Für den Justizminister bot der Fall Al Capone sich an, um ein Exempel für eine rigorose Strafverfolgung zu statuieren. Genau ein Jahr nach seinem Zusammentreffen mit Al Capone in Atlanta übernahm seine Bundesbehörde für Gefängnisse von der Armee das ehemalige Militärgefängnis auf der Insel Alcatraz in der Bucht von San Francisco. Dieses Hochsicherheitsgefängnis sollte die gefürchtetste Haftanstalt Amerikas für die schlimmsten Verbrecher vom Schlag Al

Capones werden. Schon am 18. August 1934 begann die Verlegung, von deren unverzüglicher Durchführung Capone so unvermittelt in Kenntnis gesetzt wurde, dass zunächst ein vehementer Kampf mit den Wächtern gegen diese Maßnahme einsetzte. Rudensky berichtet in seinen Erinnerungen von der letztlich erfolglosen Weigerung seines Zellenkumpans, der schließlich von sieben Wärtern überwältigt wurde. Besonders entsetzt und verletzt war Al Capone, weil ihm sogar die Mitnahme der fünf Fotografien seiner Familie nicht gestattet wurde. Die Tortur der langen Eisenbahnfahrt, während der er mit Hand- und Fußfesseln an einen zweiten Gefangenen gekettet in einem engen Waggon bei brütender Sommerhitze von mehr als 40 Grad quer durch das ganze Land transportiert wurde, hat Diane aus der Schilderung ihrer Großmutter rekonstruiert, die wiederum die Erzählungen ihres Mannes nach seiner Rückkehr in seine Villa in Florida 1940 erinnert. Die Reise von Ost nach West über den Kontinent begann um Mitternacht am 19. August. Der Zug mit den insgesamt 53 ausgewählten Schwerverbrechern, die in zwei gepanzerten Waggons untergebracht waren, unter ständiger Beobachtung des Wachpersonals in den vier folgenden Waggons, erreichte nach sechs Tagen am 24. August San Francisco. Aus der Erinnerung spricht Al von einer Albtraumfahrt, die er nur mit dem Gedanken an das Wiedersehen mit Mae und Sonny überstanden habe und dem inständigen Gebet: „Bitte, lieber Gott, lass mich nicht sterben“ (Capone, 2019, S. 99). Auf der Überfahrt zur Insel konnte er zum ersten Mal wieder frische Luft atmen, bevor die von dem als sadistisch geschilderten Wächter James A. Johnston rigoros praktizierte Quälerei als Gefangener Nr. 85 in Alcatraz begann.

Viele der vom Gefängnis in Atlanta bekannten Abläufe des Haftalltags wiederholten sich. Al Capone war weiterhin bestrebt, sich als vorbildlicher Häftling zu führen, um keinen Anlass für den Entzug

Das Inselgefängnis Alcatraz, Aufnahme von 1940 (Foto: akg-images)

der wenigen Annehmlichkeiten zu geben, wie die des Tennisspiels im Gefängnishof, die auf einen Brief pro Woche beschränkte Korrespondenz mit Mae und schließlich deren seltene Besuche in Alcatraz. Merklich anders waren das Umfeld und die Einstellung der meisten Mitgefangenen. Ebenso wie das strikt einzuhaltende Schweigegebot traf Capone die feindselige Haltung der anderen Gefangenen, die sein unterwürfiges Verhalten gegenüber den Wächtern missbilligten oder an dem Reichtum des ehemaligen Gangsterbosses partizipieren wollten. Die Serie von Aktivitäten, für die Insassen Geld von ihm erpressen wollten und für die sie ihn bei den Wächtern anschwärzten, gipfelten in wahnwitzigen Ideen für Ausbruchsversuche. Roy Gardner, einer von Capones Mitgefangenen, hat nach seiner Haft seine Beobachtungen über Al Capones Verhalten in dem Alcatraz mit der

Hölle vergleichenden *Hellcatraz* 1938 festgehalten. Aus der Erinnerung bezeichnete er ihn „als den meistgehassten Mann auf Alcatraz", dem seine Feinde seit 1936 ernsthaft nach dem Leben trachteten (zit. nach Bair, 2017, S. 267). Diese Anfeindungen waren Al Capone nicht unbekannt und er fürchtete um sein Leben, wohl auch wegen der bedenklichen Zunahme der Symptome seiner Syphiliserkrankung. Dennoch verrichtete er seine Tätigkeiten wie gewohnt mit den ihm von Atlanta bekannten Arbeiten in der Schusterei und anderen Bereichen ohne Beanstandungen, sodass seinem Wunsch nach der Beschäftigung in der Bibliothek entsprochen wurde. Seine Mitarbeit am Leihverkehr ließ ihm genug Zeit, um eigene Lektürewünsche zu erfüllen. Dem während der Haft in Pennsylvanien anerkennend rezipierten und kritisierten Größenwahn Napoleons wichen nun eher pragmatische Lesevergnügen, die von Franklin D. Roosevelts Regierungsprogramm „Looking Forward" (1933) über Reisebeschreibungen bis zu Selbsthilfe-Büchern reichten. Besonders interessant in der von Deirdre Bair gelisteten Auswahl von Capones Lektüre sind die sich mit seiner eigenen Vergangenheit und Zukunft beschäftigenden Werke wie ein Reiseführer für Italien und ein Text über die Einrichtung eines komfortablen amerikanischen Heims (Bair, 2017, S. 267). Die hinter diesen Interessen erkennbaren Gedanken um seine italienische Abstammung und die Identifikation mit der amerikanischen Gesellschaft erinnern an unverfängliche Versionen des amerikanischen Traums ohne Verbindung zum organisierten Verbrechen. Diese Lektüren wurden ergänzt durch seine musischen Neigungen, die die Aufnahme des Mandolinenspiels und eigene Kompositionen für seine Frau umfassten. Für ihn unverständlich wurde diese Zeit der Ablenkung und Bildung durch eine Abordnung in die Wäscherei unterbrochen. Dort ereignete sich schließlich ein folgenschwerer Zwischenfall, bei dem es zu einer Schlägerei kam, für die alle Beteiligten acht Tage lang in das gefürchtete „Loch" kamen. Nun erfuhr Al selbst, warum die Gefangenen die als „hole" bezeichnete Einzelhaft als „hell" (Hölle) empfanden. Ohne jede Lichtquelle verbrachte er diese Tage auf blankem Boden in der „Hölle", in die einmal am Tag zwei Scheiben Brot und eine Tasse Wasser unter der Tür durchgeschoben wurden. Al Capones eigene Erinnerung an diese entwürdigende Behandlung enthielt die Schilderung düsterer Wahnvorstellungen, die er nur durch Gebete und den Glauben an die Wiedervereinigung mit seiner Familie zu überleben vermochte. Seine Hinwendung zu Gott in der als aussichtslos erfahrenen Situation entspricht den traditionellen Konversionserfahrungen nicht nur in der amerikanischen Geschichte, die im Extremfall Gespräche mit Gott oder Engeln einschließen können. Es versteht sich, dass die strenge katholische Erziehung der irischen und italienischen Frauen in Capones Familie auch die Enkelin Diane eine Verbindung dieser religiösen Erweckung mit seiner Neurosyphilis in Abrede stellen lässt. Zweifellos wird die Ernsthaftigkeit dieser religiösen Wende durch Al Capones regelmäßige Gespräche mit dem Gefängnispfarrer, dem Jesuiten Joseph Mahoney Clark, sowie durch seine Gottesdienstbesuche, Beichten und den Kommunionempfang deutlich. Diese religiöse Praxis nahm auch zunehmend Raum in seinen Briefen an Mae ein und konnte als Erneuerung der mit der Heirat begonnenen gemeinsamen katholischen Überzeugung gesehen werden, die sich in der katholischen Erziehung des gemeinsamen Sohnes fortsetzte. Gleichzeitig war damit – so die Enkelin Diane – bei Capone der Gedanke der Wiedergutmachung verbunden (Capone, 2019, S. 104).

Der Schlussakt der letzten Jahre in Alcatraz wurde mit einer Scherenattacke auf Al Capone eingeleitet. Am 23. Juni 1936 wurde er durch mehrere Stiche in den Rücken und die Brust so schwer verletzt, dass er im Gefängniskrankenhaus behandelt werden musste. Von solchen Vorfällen erfuhren die Familienmitglieder jeweils nur durch Berichte in der Presse. Eingaben an den Direktor der Bundesgefängnisbehörde Sanford Bates durch den Bruder Ralph, der nach seiner Haftentlassung das Oberhaupt der Familie war, mit der Bitte um direkte Kommunikation und Verlegung blieben erfolglos. Auch von dem durch seine Syphiliserkrankung im Februar 1938 ausgelösten Zusammenbruch, der zu seinem Aufenthalt im Gefängniskrankenhaus für die restliche Zeit seiner Haft führte, erfuhr die Familie erst aus der Presse, die Al Capones Wahnsinn in den Schlagzeilen ausschlachtete. Wegen der bedrohlichen Lage seines Zustands mussten Spezialisten aus San Francisco zur Behandlung hinzugezogen werden und es war abzusehen, dass keine Besserung eintreten würde. Angesichts dieser fast aussichtslosen Situation beauftragte die Familie ihren neuen Anwalt Abraham Teitelbaum damit, eine Verlegung des schwerkranken Patienten in eine andere Anstalt mit besserer medizinischer Versorgung bei der Bundesgefängnisbehörde zu erreichen. Gleichzeitig richtete die Familie über den Anwalt eine Petition an den Bundesgerichtshof in Washington, um die nach Ablauf seiner Haft in Alcatraz anstehende einjährige Haft im Bezirksgefängnis in Chicago zu erlassen. Unter Anrechnung der wegen seiner guten Führung eingesparten Tage wäre seine Entlassung im Januar 1939 möglich gewesen. Der für Al Capones Verurteilung verantwortliche strenge Richter Wilkerson wollte die Haftzeit in Chicago nicht erlassen, wurde allerdings durch Bundesrichter überstimmt, die ein Einsehen in die schwierige Lage hatten und daher eine Verlegung in die Justizvollzugsanstalt Terminal Island, südlich von Los Angeles, für die restliche Haftzeit veranlassten. Nach dem unter großen Sicherheitsvorkehrungen durchgeführten Transport wurde somit aus dem Gefangenen A-85 der Gefangene TI-397. Die Zeit im Terminal Island Gefängnis von Januar bis November 1939 verbrachte er im Krankenhaus, wo er von Dr. George Hess mit Infusionen behandelt wurde. Die von der Neurosyphilis ausgelösten Wahnideen bestimmten im Wechsel mit klaren Momenten seinen Gefängnisalltag bis zum Tag der Entlassung am 16. November 1939. Auch dieser letzte Akt folgte den besonderen, kaum mehr rational nachvollziehbaren Vorstellungen der Justizbehörden. So wurde Capone wieder unter großen Vorsichtsmaßnahmen mit der Bahn von Los Angeles quer über den Kontinent zum Bundesgefängnis Lewisburg in Pennsylvanien gebracht, um dort seine Entlassungspapiere in Empfang zu nehmen. Teil der Auflagen des vorzeitig auf Bewährung entlassenen Gefangenen, dessen Strafzeit offiziell erst im Mai 1942 zu Ende gewesen wäre, war die Einweisung in ein Krankenhaus zur weiteren medizinischen Behandlung. Mae war mit dem Vorschlag einverstanden, Al im Johns-Hopkins-Universitätskrankenhaus in Baltimore von Dr. Joseph Moore, einer Koryphäe auf dem Gebiet der Neurosyphilis, stationär behandeln zu lassen. In einer filmreifen Szene wurde Al Capone von bewaffneten Justizbeamten an einem verabredeten Treffpunkt auf dem Highway nahe Gettysburg an Mae und Ralph übergeben, die ihn zur Behandlung nach Baltimore brachten. Al Capone war endlich dem Netz der Justiz entkommen und in den während der Haft als Traumvorstellung imaginierten Schoß der Familie zurückgekehrt.

Leben nach dem Tod

Zeitlebens war die Familie eine wichtige Wertkonstante in Al Capones Leben. Dieses Gefühl von Zusammengehörigkeit und Geborgenheit begann mit der immer größer werdenden Familie in Brooklyn, in der er als Jugendlicher lebte und mit der er sich vollkommen identifizierte. Dieser enge Familienverbund gehörte traditionell zum italienischen Leben und war im Süden besonders ausgeprägt. Nach der Einwanderung in die USA diente die Familie als sicherer Hafen in den unbekannten Fährnissen eines neuen und fremden Landes. Der Kreis der Kernfamilie wurde durch das Leben im italienischen Viertel „Little Italy" erweitert zu einer großen Identifikationsgemeinde. Ähnlich verhielt es sich mit den Familien der irischen Einwanderer, die besonders bei Katholiken kinderreich waren, wie Maes Familie. Trotz der Rivalitäten zwischen den beiden Einwanderergruppen und der sprachlichen Differenz bestand die gemeinsame Basis der religiösen Praxis und Verbundenheit mit der katholischen Kirche, die eine weitere familiäre Gemeinde darstellte. Es war sicher Al Capones ausgeprägtem Familiensinn zu verdanken, dass es ihm gelungen ist, in der Ehe mit Mae letztlich eine Verbindung der beiden ethnischen Familien zu etablieren, die sein ganzes Leben über Bestand hatte und nach seiner Rückkehr von der Haft in der Ehe seines Sohnes fortgeführt wurde. Friktionen, die zwischen einzelnen Mitgliedern, wie zwischen der irischen Mae und ihrer italienischen Schwiegermutter, sporadisch immer wieder auftauchten, wurden in der gemeinsamen Sorge um das Wohlergehen der Großfamilie und insbesondere um Al Capone überwunden.

Besonders in Notzeiten bewährte sich die Familie als emotionaler Rückhalt und bedingungslose Form von Unterstützung. Al Capones Gefängnisaufenthalte und zunehmende geistige und physische Beeinträchtigung durch seine Syphilis-Erkrankung verstärkten die familiären Bemühungen, ihm das Leben so weit wie möglich zu erleichtern. Während diese Hilfestellungen während der vergleichsweise kurzen Aufenthalte in den Gefängnissen in Pennsylvanien und im Cook County in Chicago noch fast ungehindert möglich waren, gestattete das Wachpersonal in den Hochsicherheitsgefängnissen in Atlanta und vor allem auf Alcatraz keine Erleichterungen der Haftbedingungen. Neben der strengen Reglementierung der Besuche sowie der Anzahl der Briefe für die engsten Familienmitglieder gab es keine Auskünfte über den Gesundheitszustand des schließlich schwer erkrankten Häftlings gegenüber seiner Ehefrau oder seiner Mutter. Am schwersten war wohl zu ertragen, dass es von der Einweisung Al Capones in das Bundesgefängnis in Atlanta Anfang Mai 1932 über die lange Haftzeit auf Alcatraz und den Aufenthalt im Gefängniskrankenhaus in Los Angeles bis zur schließlichen Entlassung und Übergabe an Mae, Sonny und Ralph in Pennsylvanien im November 1939 keinen direkten Kontakt zwischen Al und seiner Familie gab. Umso wichtiger war das starke emotionale Band, das zwischen Al, seiner Frau und seinem Sohn bestand. Offensichtlich erinnerte sich Sonny auf seinem Altersruhesitz in Kalifornien in dem von seiner Tochter Diane wiedergegebenen Gespräch sehr genau an die Verabschiedung von seinem Vater nach der Verurteilung in Chicago und den Beginn der insgesamt achtjährigen Haft. Die Aufforderung des Vaters an seinen damals 13-jährigen Sohn Sonny, nun die Rolle des Familienoberhaupts zu übernehmen, seine Mutter zu beschützen und ein guter Schüler zu sein, sollte ein emotionaler Pakt in einer nie infrage gestellten intakten Vater-Sohn-Beziehung sein (Capone, 2019, S. 90). Wie schwierig es jedoch war, die Beziehung aufrechtzuerhalten, wurde während des Aufenthalts in Alcatraz besonders deutlich, da für einen Besuch von Florida aus der ganze Kontinent in einer mehrtägigen Zugfahrt durchquert werden musste. Zudem musste die Fahrt vorab mit den kurzen Besuchszeiten koordiniert werden, wobei sich die Gefängniswärter nicht gerade kooperativ erwiesen. An die unmenschliche Behandlung des Gefangenen und seiner Besucher erinnert sich Sonny, den die Mutter zu einem Besuch in Alcatraz am 3. August 1938 mitgenommen hatte. Der Niederschrift Diane Capones zufolge war der Kontakt nur über ein kleines rechteckiges Fenster in der massiven Stahltür möglich, das kaum größer als eine Karteikarte war. Auf beiden Seiten wurde das Besuchsgeschehen überwacht. Um bei dieser Begegnung mehr als nur Sonnys blaugrüne Augen sehen zu können, bat der Vater ihn, ein Stück zurückzutreten, damit er den fast schon erwachsenen Sohn in voller Größe anschauen konnte (Capone, 2019, S. 117). Der erste körperliche Kontakt und die Umarmung mit Frau und Sohn ergaben sich erst nach fast acht Jahren bei der Wiedervereinigung in Pennsylvanien auf dem Weg ins Krankenhaus in Baltimore. Glückerweise war ein ungehinderter Zugang zum Patienten möglich, den die Familie im Laufe der Behandlung ausgiebig wahrnahm. Es war der Übergang zur Rückkehr auf sein Refugium in Florida, den Familienwohnsitz Palm Island am Strand von Miami, in dem Al Capone seine letzten Jahre endgültig ohne Geschäftsbeziehungen verbrachte. Zum ersten Mal seit seiner Kindheit und frühen Jugend war seine Kernfamilie der ausschließliche emotionale Bezugspunkt, ohne die mit Affären erlebten Verbindungen seiner als Ersatzfamilie wahrgenommenen Organisation.

Natürlich stellten der Aufbau und Eintritt in eine ethnisch bestimmte Geschäftswelt für Al Capone eine Fortsetzung familiärer Beziehungen dar. So unterschieden sich die italienischen von den irischen Gangs durch ihre Organisation auf der Basis einer Familienstruktur. Schon seine frühen Einblicke in die von Italienern geleiteten alternativen Geschäftsmodelle in Brooklyn waren für ihn mit Johnny Torrio als einer zweiten Vaterfigur die Ergänzung seiner Kernfamilie durch eine erweiterte Gruppenfamilie gewesen. Die Kooperation zwischen Al Capone und Torrio wurde konkret durch die Eingliederung und Zusammenarbeit mit seinen Brüdern in Chicago komplettiert und emotional durch die im Haus an der South Prairie Avenue wohnende Familie unterstützt. Insofern bildete die so gestaltete Großfamilie eine wichtige Voraussetzung für Al Capones Verwirklichung des amerikanischen Traums, den er als Familienoberhaupt verkörperte. Diesem Motivationspotenzial für die Integration von Einwanderern und ihren gesellschaftlichen Aufstieg wohnte der Einsatz unfairer Mittel für den Erfolg der familiär strukturierten Organisation inne. Das Vorgehen schien gerechtfertigt, um im Wettbewerb mit den etablierten amerikanischen Wirtschaftsgrößen zu bestehen, deren ähnlich konzipiertes Erfolgsmodell sie kopieren wollten. Deshalb erschien die gängige Praxis, bestehende Gesetze für einen wirtschaftlichen Vorteil zu ignorieren, den um die Integration in die amerikanische Gesellschaft kämpfenden ethnischen Gruppen legitim. Zur Abwehr dieser so entstehenden Konkurrenz wurden sie als verbrecherische Organisationen bezeichnet. Ohne die kriminellen Machenschaften solcher Familienunternehmen in Abrede stellen oder gar beschönigen zu wollen, müssen sie doch in Relation zu den in der zweiten Hälfte des 19. Jahrhunderts entstandenen Unternehmen der als „Räuberbarone“ titulierten Monopolkapitalisten John D. Rockefeller, Cornelius Vanderbilt, Leland Stanford oder Andrew

Carnegie gesehen werden, die sich bei der Durchsetzung ihrer ökonomischen Ziele ähnlich unfairer Mittel zur Ausschaltung des Wettbewerbs bedienten. Die Entstehung des durch den amerikanischen Traum mithilfe ethnischer Familienorganisationen begünstigten organisierten Verbrechens ist auch eine Auseinandersetzung der von dem amerikanischen Standard der WASP bestimmten Wirtschaftselite mit den am Rande der Gesellschaft angesiedelten Einwanderern. Besonders die durch ihre dunklere Hautfarbe diskriminierten Süditaliener versuchten, durch menschliche Beziehungen in einem Familienverbund ihre Außenseiterposition zu überwinden.

Zahlreiche Beispiele belegen Al Capones ausgeprägten Familiensinn und die Fürsorge für seine eigene Kernfamilie sowie die (italienische) Großfamilie im Wirtschaftsverbund. Dies begann in Brooklyn mit seinem Beitrag zum Unterhalt der Familie durch die Arbeit in der Papierfabrik sowie für Johnny Torrios Gewerbe. Nahtlos übertrug er diese Fürsorge und finanzielle Unterstützung auf die früh elternlose Familie seiner irischen Frau, die ihren Vater durch Herzinfarkt und dann ihre Mutter als Opfer der Spanischen Grippe verlor. Selbstverständlich kümmerte er sich ebenso um seine sieben Geschwister, die Gründung bzw. Aufrechterhaltung ihrer Familien oder die Ausbildung der noch schulpflichtigen Brüder und der Schwester. Als der älteste Bruder Vincenzo, der als 13-Jähriger die Familie verlassen und ein neues Leben als Polizist in Nebraska unter dem Namen Richard Hart aufgebaut hatte, in Geldnöten war und den Kontakt zu seiner Familie in Chicago suchte, half sie ihm und seiner vierköpfigen Familie stellvertretend für den im Gefängnis sitzenden Al wieder auf die Beine (Capone, 2019, S. 139). Nach seiner Freilassung lud Al den Bruder samt Familie nach Florida auf sein Anwesen ein. Gleichermaßen versuchte er, den Verlust der bei der Ausübung ihrer Tätigkeit in seiner Organisation verstorbenen Väter für die

Familien durch Geldzuwendungen zumindest finanziell erträglicher zu gestalten. Nach der Ermordung seines namensgleichen Beschützers und Mitarbeiters Ralph Capone, der zum Schutz seiner Familie von Chicago nach Rockford umgezogen war, trug Al Capone zur Finanzierung des Unterhalts der Witwe und zur Ausbildung ihrer Kinder bei. Sein Verständnis für Familie ging sogar so weit, dass er sich vom Gefängnis aus im März 1932 anbot, dem international bekannten Flugpiloten Charles Lindbergh und seiner Frau dabei zu helfen, ihren gekidnappten kleinen Sohn zu finden. Dazu wäre es nötig gewesen, das Gefängnis zu verlassen, um persönlich für die Rückkehr des Kindes mit der Unterwelt verhandeln zu können. Als Garant für die Seriosität dieser rein familienfreundlichen Absicht sollte sein jüngerer Bruder stellvertretend für die Dauer von Al Capones Freigang in seiner Zelle einsitzen. Diese über die Hearst-Presse national verbreitete Nachricht brachte den verurteilten Al Capone in Verbindung mit dem amerikanischen Helden, der fünf Jahre zuvor als Erster den Atlantik überflogen hatte. Eine solche Vermischung des amerikanischen Helden- mit dem unamerikanischen Ganovenstatus war für die Justizbehörden auch wegen der vermeintlichen Aussichtslosigkeit der geplanten Bemühungen nicht akzeptabel. Andererseits dokumentiert diese mitfühlende Komponente eine weitere Facette von Al Capones Familiensinn. Demnach bildet die Familie die Basis einer politischen Gesellschaft, mit der er sich über den amerikanischen Traum identifiziert. Dieser nationale Gedanke motivierte ihn sicher auch bei seinem Engagement für die Einrichtung von Suppenküchen während der Weltwirtschaftskrise. Alle Menschen sollten Teil einer großen amerikanischen Familie sein. Es scheint nicht überraschend, dass sich der Wunsch, Amerikaner zu sein und die Akzeptanz der zweiten Generation einer süditalienischen Einwandererfamilie als gleichberechtigte amerikanische Mitbürger gerade in seiner Haftzeit verstärkte, gewissermaßen als Ergänzung seiner familiären Bindung. Seine Enkelin Diane berichtet, dass sich ihr Großvater immer als Amerikaner gesehen habe und stolz darauf gewesen sei, Amerikaner zu sein. Deshalb habe er jeden Gedanken an eine Flucht aus Amerika, um der Haft zu entgehen, von sich gewiesen (Capone, 2019, S. 89). Deirdre Bairs Hinweis auf seine Lektürevorlieben in der Gefängnisbibliothek von Alcatraz bestätigen diesen Wunsch nach einem amerikanischen Zuhause und einer Heimat. Durch das Lesen dieser Bücher „bereitete er sich auf das beschauliche Leben eines Familienmenschen und Hauseigentümers nach seiner Freilassung vor" (Bair, 2017, S. 267). Der Erwerb des Anwesens Palm Island am Strand von Miami war der Start zu diesem erhofften geruhsamen Familienleben in Amerika, das er nach seiner von den Behörden angeordneten Behandlung in Baltimore genießen wollte. Zwar hatte er nach seiner Haft als kranker Mann seinen Status und das Ansehen in der Öffentlichkeit verloren, konnte aber die Verwirklichung seines amerikanischen Traums durch den Rückzug ins luxuriös ausgestattete Privatleben ohne die Begleiterscheinung des organisierten Verbrechens als Genugtuung empfinden.

Krankheit und Pflege

Aus medizinischer Sicht waren Al Capones Aussichten auf ein unbehelligtes Leben auf seinem Alterswohnsitz in Florida unter dem Vorbehalt des weiteren Verlaufs seiner schweren Erkrankung wünschenswert. Gleich zu Beginn seiner von den Behörden für Capones gesamte Bewährungsdauer angeordneten Behandlung durch den Experten Dr. Joseph E. Moore im November 1939 musste dieser allgemein anerkannte Arzt zur Kenntnis nehmen, dass seine Belegklinik, das renommierte Johns Hopkins Hospital, seinen Patienten nicht aufnehmen wollte, sodass er auf das Union Memorial Hospital in Baltimore ausweichen musste. Dort konnte Mae neben dem Patientenzimmer ein weiteres Zimmer belegen, in dem sie während des Aufenthalts ihres Mannes wohnte und das als Aufenthaltsraum für die anderen Familienmitglieder zur Verfügung stand. Maes während der gesamten Zeit unerschütterlicher Glaube, dass Al seine volle Gesundheit wiedererlangen könnte, kontrastierte mit der ärztlichen Diagnose. Auch mit der bei schweren Krankheitsverläufen üblichen Behandlung mit Malaria-Medikamenten, die mit regelmäßigen hohen Fieberschüben die weit fortgeschrittenen Syphiliserreger abtöten sollten, war Mae nicht einverstanden. Dr. Moore stellte eindeutig klar, dass durch die Behandlung eine weitere Verschlechterung des Zustands vermieden werden sollte, aber keine Heilung oder Wiederherstellung der Gesundheit möglich sei. Mae und die Familie mussten sich auf die mit diesem Stadium der Krankheit verbundenen Wahnvorstellungen und Auswüchse seiner zunehmenden Demenz einstellen. Seit der Entlassung aus der Haft notierte das ärztliche Bulletin verschiedene Stadien der geistigen Leistungsfähigkeit Capones, die zwischen der eines 7-jährigen und maximal der eines 14-jährigen Jungen variierten. Diese für den Patienten und die Familie schwierige Situation, die mit unberechenbaren irrationalen Ausbrüchen einherging, beeinträchtigte das zwischenmenschliche Miteinander und die Kontakte zum sozialen Umfeld in hohem Maße. Die Presse reagierte auf Capones Demenz und seinen Niedergang vom unangefochtenen Status als Gangsterboss in Chicago zum infantilen Delirium mit gehässigen Berichten. Der mit Dr. Moore befreundete deutschstämmige Essayist und Kritiker H. L. Mencken verfolgte nach Laurence Bergreen diese Phase von Capones Leben anhand der ihm übermittelten Informationen in seinem Tagebuch. Neben dem medizinischen Verlauf und den Auswirkungen der Behandlung notierte er verschiedene Momente des Größenwahns. In einer wahnhaften Fortsetzung des amerikanischen Traums glaubte Capone demnach, eine Fabrik mit 25.000 Arbeitern irgendwo in Florida zu leiten, in der bald 75.000 Menschen Arbeit finden würden (zit. nach Bergreen, 1995, S. 738). Der Wechsel zwischen normalen Unterhaltungen über seinen Zustand und den von Fieberschüben begleiteten Wutausbrüchen und Wahnvorstellungen bestimmte den Alltag für das Krankenhauspersonal und die Familie. Nach dem Aufenthalt in der Klinik wohnte die Familie zusammen mit Al Capone in einem nahe gelegenen Haus, bis die insgesamt viermonatige Behandlung durch Dr. Moore abgeschlossen war. Danach kehrte Al Ende März 1940 nach acht Jahren Absenz zusammen mit der Familie auf sein Anwesen in Florida zurück. Um der Aufmerksamkeit durch die Pressemeute zu entgehen, beschloss Ralph, die 1.600 Kilometer lange Strecke ohne Aufenthalt zu fahren, sodass sie nach 30 Stunden Fahrt in Palm Island ankamen. Die weitere ärztliche Betreuung wurde nun von Capones Hausarzt Dr. Phillips übernommen, in enger Abstimmung mit Dr. Moore.

Die Rückkehr in seine Villa Palm Island am Strand von Miami, die Al Capone in der illusionären Hoffnung auf das erfolgreiche Ende seiner Dealer-Jahre in Chicago gekauft hatte, stand unter den veränderten Bedingungen seiner fortgeschrittenen Krankheit. Der Versuch, Pflegepersonal für seine Betreuung und als Entlastung für Mae zu finden, scheiterte lange Zeit daran, dass Al auf die Gegenwart fremder Personen mit aggressivem Gebaren reagierte und nur die ihm bekannten Familienmitglieder um sich tolerierte. Eindringlich hatte Dr. Moore Mae vor anfallartigen Übergriffen auf andere Personen gewarnt, die eine Einweisung in eine psychiatrische Klinik zur Folge haben könnten. In ihrer Dauerbelastung und Sorge um ihren Mann wurde Mae von ihrer Lieblingsschwester Muriel und deren

Mann Louis Clark unterstützt, die nun ebenfalls auf Palm Island wohnten. Nach einer gewissen Eingewöhnungsphase schien sich Al Capones Zustand so weit gebessert zu haben, dass er einfache Arbeiten im Garten verrichten, im Pool schwimmen und sich im Fischfang versuchen konnte. Begleitet von Bodyguards waren kurze Besuche in der Stadt und sogar Restaurantbesuche möglich. Der Höhepunkt des familiären und gesellschaftlichen Lebens war Sonnys Hochzeit mit Diana Ruth Casey, die er bereits 1934 als Schüler an der St. Patrick Catholic School kennen und lieben gelernt hatte. Die „Casey" genannte Freundin und spätere Ehefrau war mit ihrer irischen Familie von Tennessee nach Miami umgezogen und hielt ihre Liebe zu „Al Capones Sohn" in einem Tagebuch fest, das ihre Tochter Diane ausführlich zitiert (Capone, 2019, S. 110ff.). Eine vorübergehende räumliche Trennung durch Sonnys Studium an der katholischen Universität Notre Dame in Indiana konnte die große Liebe nicht erschüttern. Dennoch waren beide sicher sehr froh, als Sonnys Mutter den Sohn bat, nach dem ersten Studienjahr seine akademische Ausbildung 1938 an der University of Florida fortzusetzen in Erwartung der baldigen Rückkehr des Vaters. Sonnys Beziehung zu Casey war auch für Al Capone eine große Freude, da er sie schon bei ihrer ersten Begegnung liebgewonnen hatte. Sehr zur Freude der Eltern wählten Sonny und Casey den 30. Dezember 1941 als Hochzeitstag. An diesem Tag begingen Al und Mae ihr 23-jähriges Ehejubiläum. Verglichen mit den unangenehmen Begleitumständen ihrer damaligen Trauung ohne gemeinsame Feier der beiden Familien in Brooklyn war diese Eheschließung von Sonny und Casey in der St. Patrick's Church ein gesellschaftliches Ereignis, an dem Al zumindest in der Kirche teilnehmen konnte, bevor er vor dem anschließenden Empfang mit Rücksicht auf seinen gesundheitlichen Zustand in seine Villa zurückgebracht wurde. Es ist sicher davon auszugehen, dass Al Capone in dieser glücklichen Verbindung seines Sohnes mit der geliebten Schwiegertochter eine Bestätigung seiner Rolle als Oberhaupt einer großartigen Familie sah. Zudem hatte schon Jim, der jüngere Bruder Caseys, eine enge Beziehung zu dem von allen liebevoll als „Onkel Al" bezeichneten Capone aufgebaut. Überhaupt entnimmt Diane in ihrem Erinnerungsbuch dem nach dem Tod ihrer Mutter entdeckten Tagebuch eigentlich nur positive Informationen über den geschätzten „Onkel Al", den sie als perfekten Gastgeber und kinderlieben Familienmenschen kennzeichnet. In ihren Begegnungen mit Al habe sie keinerlei geistige Einschränkung oder wahnhaft-aggressives Verhalten feststellen können (Capone, 2019, S. 129). Als Casey in kurzer Folge vier Töchter zur Welt bringt, werden diese in den wenigen ihm verbleibenden Jahren Spielgefährten des Großvaters. Aus eigenem Erleben kann sich die zweitgeborene Enkelin in ihrem Buch an die glücklichen Momente als Dreijährige beim Großvater erinnern.

Sicher trug dieses Zusammensein mit seinen Lieben zur willkommenen Abwechslung in Al Capones Alltag bei und förderte seine Ausgeglichenheit. Die regelmäßigen Arztbesuche bei Dr. Phillips und die mit Dr. Moore abgestimmten, oft schmerzhaften Behandlungen waren das ungeliebte Kontrastprogramm. Mae war froh, dass sie nun zwei Hilfen für die Betreuung ihres Mannes und für die Verrichtung dringender Hausarbeiten gewinnen und in das Geschehen auf dem Anwesen einbeziehen konnte. Durch die Vermittlung von Caseys Familie wurde Gertrude F. Cole angestellt, der die Rolle einer Krankenschwester zufiel und die zu einer Vertrauten der Familie wurde. Zu ihrer eigenen Erleichterung hatte Mae ihren Mann aus dem gemeinsamen Schlafzimmer ausquartiert und in ein separates Zimmer verlegt, damit seine unregelmäßigen Schlafzyklen nicht störten und besser überwacht werden konnten. Im privaten Umfeld hatte die Familie also einen *modus vivendi* gefunden, wie sie mit der Krankheit leben konnte. Keinen Einfluss konnte sie auf den unaufhaltsamen Verlauf der Erkrankung und die von den Ärzten prognostizierte Verschlechterung nehmen. Ebenso wenig konnte die ständige Präsenz der FBI-Agenten und der Journalisten vor dem Anwesen ausgeschaltet werden. Nach wie vor waren die Strafverfolgungsbehörden an der Herkunft der finanziellen Mittel für den Unterhalt von Al Capones Familie interessiert sowie an dem Verbleib der angeblich verschwundenen Millionen aus den Einkünften der Geschäfte in Chicago. Noch hatte Capone die gerichtlich verfügte Nachzahlung der Steuern und Gerichtskosten nicht beglichen. In der Tat war die finanzielle Lage der Familie nicht rosig, was Al angesichts seiner wahnhaften Fantasien jedoch nicht registrieren konnte. Dieser Zustand verhinderte 1941 auch eine Vorladung vor Gericht in Chicago, die sein neuer Anwalt Abraham Teitelbaum mit einem von Dr. Moore geschriebenen Attest abzuwenden wusste. Sehr zum Leidwesen von Mae war sie mehr und mehr von Al Capones Bruder Ralph finanziell abhängig. Das immer schon schwierige Verhältnis zu ihrem Schwager hatte sich während der Haftzeit ihres Mannes weiter verschlechtert, weil er nun an seiner Stelle die Rolle des Familienoberhaupts übernommen hatte und die geschäftlichen Dinge regelte. Nach seiner Haftentlassung aus dem Gefängnis im Staat Washington an der Westküste hatte Ralph wieder Kontakt zu seinen Kumpanen und den Geschäften in Chicago aufgenommen. Um seine Tätigkeiten vor der Polizei zu kaschieren, hatte er seinen Handlungsraum nach Mercer im Norden des Staates Wisconsin verlegt, nahe am Oberen See und in sicherer Distanz zu dem 600 Kilometer entfernten Chicago. Auf der Basis seiner unbekannten Einnahmen und Verbindungen zum Outfit war es ihm nach dem Kodex einer italienischen Familie möglich, Mae sowie die anderen Familienmitglieder mit wöchentlich 600 Dollar zu unterstützen, mit denen sie alle Unkosten begleichen mussten. Zusätzlich zu dieser finanziellen Abhängigkeit musste Mae bei Ralphs regelmäßigen Besuchen in Palm Island seine Eingriffe in die medizinische Behandlung bei Gesprächen mit Dr. Phillips und Dr. Moore verhindern. Am schlimmsten jedoch waren Ralphs Einflüsterungen auf seinen angeschlagenen Bruder, dem er eine Anknüpfung an seine glorreiche Vergangenheit in Chicago suggerierte. In der Tat hatte er bei Al den durch den Wahn verstärkten Plan an eine Rückkehr zur alten Größe so weit getrieben, dass eine Reise in den Norden trotz aller Gegenreden durch Mae nicht mehr abzuwenden war. Zudem wurde die Frage erörtert, ob es für Al Capones Befinden besser wäre, wenn er in seine gewohnte Umgebung in Cicero zurückkehren und den Kontakt mit den früheren Kumpanen wiederaufleben lassen könnte. Dr. Moore, der eigens aus Baltimore nach Florida anreiste, äußerte sich skeptisch über eine solche Verlagerung des Wohnsitzes und befürwortete als Alternative einen Besuch von Ralphs neuem Operationsfeld in Mercer.

Die lange geplante Reise fand schließlich im August 1941 statt. Ein Stopp im Haus in der South Prairie Avenue in Chicago bei der Mutter reichte nur für eine kurze Begegnung mit der Familie. Zeit für eine Kontaktaufnahme mit den vom Capone-Imperium verbliebenen Gang-Mitarbeitern gab es nicht – dies wäre wohl auch für beide Parteien kaum sinnvoll gewesen. Der monatelange Aufenthalt auf Ralphs Wohnsitz im idyllisch gelegenen Norden von Wisconsin muss Al wie eine Art Sommerurlaub erschienen sein. So ging er seiner Lieblingsbeschäftigung, dem Fischen, nach und genoss das weitgehend sorgenfreie Leben in der Natur in vollen Zügen. Natürlich fehlten jetzt die bei seinen früheren Aufenthalten in Michigan zum Unterhaltungsprogramm gehörenden Barbesuche und Frauengeschichten, was sowohl seine körperliche und geistige Verfassung als auch die Anwesenheit der sich um ihn sorgenden Familie nicht zuließen. Für die Rückreise hatte Dr. Moore einen medizinischen Check-up in Baltimore verordnet, dem sich auf Empfehlung von Dr. Phillips auch Mae – allerdings nur ungern – unterziehen musste. Ihre bekannten, von dem Hausarzt in Miami behandelten und wiederkehrenden Beschwerden aufgrund der durch Al erfolgten Ansteckung mit dem Syphilis-Erreger waren so gravierend, dass Dr. Moore einen Krankenhausaufenthalt für nötig hielt, den sie jedoch strikt ablehnte. Stattdessen akzeptierte sie eine zweitägige ambulante Behandlung. Über die Auswirkungen der Syphilis-Infektion waren die drei Mitglieder der Kernfamilie zusätzlich aneinander gebunden. Dem fatalen Verlauf der Erkrankung bei Al und seinem absehbaren vorzeitigen Tod standen die sporadischen Krankheitsphasen bei Mae und der zeitlebens bestehende linksseitige Hörverlust bei Sonny gegenüber. Für Sonny sollte sich diese Beeinträchtigung immerhin insofern als Vorteil erweisen, weil er dadurch ausgemustert und nicht zum Einsatz im 2. Weltkrieg verpflichtet wurde.

Angesichts der turbulenten Ereignisse in der Capone-Familie spielte der Ausbruch des 2. Weltkriegs eigentlich kaum eine Rolle für ihren Lebensalltag. Nach wie vor wurde dieses Leben durch die Auswirkungen von Al Capones Niedergang seit dem Ende seiner Haftzeit in Kalifornien, seiner Krankenhausbehandlung in Baltimore, der Rückkehr nach Florida und seinem Trip nach Wisconsin bestimmt. In dem von Sonnys Verlobter geführten Tagebuch nimmt jedoch der den Eintritt der USA in den Weltkrieg auslösende Angriff der Japaner auf den Marinestützpunkt in Pearl Harbor auf Hawaii am 7. Dezember 1941 einen wichtigen Raum ein. In ihrem Eintrag schildert sie, wie ihre Weihnachtseinkäufe am Sonntagnachmittag jäh durch die im Lautsprecher mitgeteilte Militäraktion mit den erheblichen

Verlustmeldungen unterbrochen wurden (Capone, 2019, S. 131). Ihr erster Gedanke galt Sonny und ihrer Sorge um den Hochzeitstermin, der dann trotz der inzwischen erfolgten Kriegserklärung der USA an Japan, Deutschland und Italien eingehalten wurde. Al selbst konnte aufgrund seiner geistigen Verfassung kaum Verständnis für das Kriegsgeschehen aufbringen. Ob er oder seine Familie bewusst registrierten, dass sein Neffe Richard, der Sohn seines als „Two-Gun Hart" bekannten Bruders, auf den Philippinen als Soldat gefallen war, war kaum von Bedeutung. Wichtiger für Al war, dass im Kontext des Krieges neue medizinische Behandlungsmöglichkeiten für die Infektionen der Soldaten entwickelt wurden, die nun auch für die Bevölkerung zur Verfügung standen. Das betraf vor allem den Einsatz des Antibiotikums Penizillin. Der 1928 von dem Bakteriologen Alexander Fleming in London entdeckte Wirkstoff wurde schließlich in den USA zum Medikament weiterentwickelt und industriell für die Behandlung von Soldaten hergestellt. Am Ende des Krieges konnte auch die Zivilbevölkerung mit Penizillin versorgt werden, sodass es 1945 von Dr. Phillips zur Behandlung von Al Capone eingesetzt werden konnte. Wegen des fortgeschrittenen Stadiums der Krankheit hatte dies jedoch kaum Einfluss auf seinen Zustand, sondern trug sogar zur Verschlechterung seiner Artikulationsweise bei, wie Deirdre Bair dem vom FBI erstellten Bericht entnimmt (Bair, 2017, S. 292). Diese regelmäßig nach Washington gesandten Berichte waren Teil des Überwachungsprogramms der vor Ort anwesenden FBI-Beamten, deren Suche nach den illegalen finanziellen Ressourcen der Familie auch die Sammlung von Informationen über Al Capones Krankheitsgeschichte einschloss. Im April 1945 war über den Einfluss der Penizillin-Behandlung und den fortschreitenden Verfall Capones Folgendes zu lesen:

> Al spricht sehr schnell und verwaschen mit einem leichten italienischen Akzent und ist zunehmend schwer zu verstehen. ... Er summt, pfeift und singt fortwährend, während er im Gespräch ist, und es ist schwer für ihn, seine Gedanken zu koordinieren, indem er sich rasch von einem Thema zum anderen in unzusammenhängender Form bewegt. Er ist ganz schön korpulent geworden, aber ist sehr aktiv, läuft mit ruckartiger Bewegung.
> (*FBI-AC*, zit. nach Bergreen, 1995, S. 748)

Es ist bezeichnend, dass seine nachlassende klare Artikulationsfähigkeit als „ein leichter italienischer Akzent" beschrieben wird, obwohl er nach Zeitzeugen mit amerikanischem Akzent sprach. Der Hinweis auf den italienischen Akzent lässt die Al Capones ganzes Leben begleitende Diskriminierung italienischer Einwanderer erkennen, die selbst in der zweiten Generation fortbesteht. Zusätzlich schwingt bei dieser Einschätzung durch offizielle Vertreter der amerikanischen Mainstream-Gesellschaft die Ablehnung und möglicherweise der Neid auf seinen nach dem Konzept des amerikanischen Traums erzielten (finanziellen) Erfolg mit. Der Verweis auf die italienische Herkunft qualifiziert den Erfolg als illegal und ermöglicht seine Zuordnung zum organisierten Verbrechen.

Abgesehen von der bestehenden Rundum-Überwachung sowie von physischen und psychischen Beeinträchtigungen fühlte sich Al Capone wohl, vor allem im Kreis seiner Enkelinnen und des jüngeren Bruders seiner Schwiegertochter. Das weitgehend unbeschwerte Zusammensein mit der jüngeren Generation war sicher dem krankheitsbedingten gemeinsamen kindlichen Habitus geschuldet. Dabei kontrastieren die in den Medien kolportierten spontanen Wutausbrüche beim Kartenspiel, wenn Al nicht gewann, mit den privaten Schilderungen der gemeinsamen Stunden mit den Enkelkindern und bei Familienfesten. Dieser Widerspruch zwischen der öffentlichen Wahrnehmung und der privaten Perspektive begleitete auch Al Capones zweiten Trip zu seinem Bruder Ralph nach Mercer, Wisconsin, im Sommer 1945. Nach dem von Deirdre Bair verfolgten Bulletin im FBI-Bericht entsprach Al Capones Geisteszustand zum Zeitpunkt der Reise je nach Kontext dem eines Sieben- oder Zehnjährigen (Bair, 2017, S. 293). Folglich bedurfte er der Aufsicht und Betreuung in allen Lebenslagen. Der verständliche Versuch der Familie, den Sommeraufenthalt im Norden möglichst geheim zu halten, musste jedoch scheitern, weil zu viele Akteure involviert waren, deren zumeist unbedachte Aussagen sich für die Presse und damit das FBI zu einer Gerüchteküche zusammenbrauten. Spekulationen über Al Capones Treffen mit seinen früheren Geschäftspartnern in Ralphs Haus und seine mögliche Fortführung illegaler Aktionen verdichteten sich zu scheinbaren Fakten und bestätigten die immer schon bestehenden Vorurteile. Während diese Mutmaßungen, ergänzt durch kolportierte medizinische Informationen, ständig erweitert wurden, war Al längst nach Florida zurückgekehrt, wo er in der vertrauten Umgebung sein gewohntes Leben in Haus und Garten, oft nur im Bademantel, fortführen konnte. Noch waren gelegentliche Restaurant- oder Kinobesuche möglich, an Messfeiern in der Kirche mit Kommunionempfang gemeinsam mit Mae war aber nicht mehr zu denken. Zunehmend wurde Mae sich im Laufe des Jahres 1946 seines sich ständig verschlechternden Zustands bewusst, sodass sie allmählich ihre trügerische Hoffnung auf eine irgendwann eintretende Verbesserung aufgeben musste. Dieses letzte Lebensjahr ist Gegenstand des im Mai 2020 erschienenen Films *Capone* geworden. Der Drehbuchautor und Regisseur Josh Trank zeigt drastisch den in allen anderen filmischen Bearbeitungen ausgesparten Niedergang des von Tom Hardy gespielten Al Capone, dessen Demenz sein erratisches

Verhalten bestimmt und alle Versuche des FBI, von ihm Auskünfte über den Verbleib seiner Millionen zu erhalten, ins Leere laufen lässt. Journalisten machen sich einerseits über den erbärmlichen Zustand des Windel tragenden Ganoven im Bademantel mit Maschinenpistole lustig und befördern andererseits den häufig herangezogenen Vergleich zwischen ihm und Adolf Hitler: „Was ist der Unterschied zwischen Hitler und Capone? Hitler ist tot." (Trailer)

Im Januar 1947 war der Zeitpunkt gekommen, an dem jederzeit mit Al Capones Ableben gerechnet werden musste. Die Familie aus Chicago, seine Mutter, die Brüder Ralph, John und Albert sowie die Schwester Mafalda waren angereist und konnten am 17. Januar noch Al Capones 48. Geburtstag mit ihm gemeinsam begehen. Wie Bergreen treffend anmerkt, hätte er bei klarem Verstand sich darüber

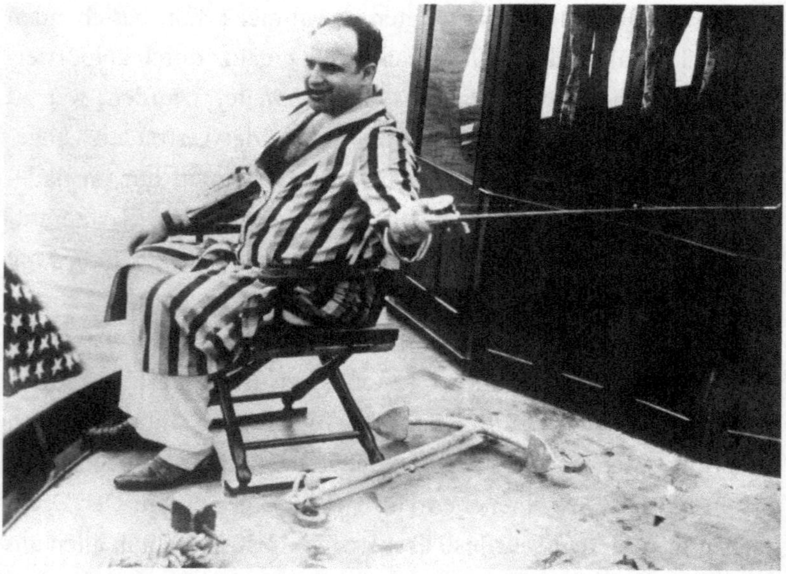

Al Capone beim Fischen auf seiner Jacht (Foto: akg-images/TT News Agency/SVT)

freuen können, dass er alle berühmten Gangsterrivalen überlebt hatte, mit Ausnahme seines Hauptgegenspielers George Moran und seines bejahrten Mentors Johnny Torrio (Bergreen, 1995, S. 772). Letztendlich war ihm das Schicksal vieler anderer Dealer erspart geblieben, die – wie sein Bruder Frank – einem gewalttätigen Attentat zum Opfer gefallen und oft in einer Grube am Wegesrand gelandet waren. Al Capones Leidensgeschichte einer unheilbaren Syphilis-Erkrankung endete mit zunehmenden Atembeschwerden und einer lebensgefährlichen Lungenentzündung. Deshalb bat Mae Pfarrer Barry Williams, ihrem Mann die letzte Ölung zu geben und mit der Familie zu beten. In den wenigen wachen Momenten konnte er noch die um sein Bett versammelten Familienmitglieder wahrnehmen und sich von ihnen verabschieden. Am 25. Januar 1947 um 19.25 Uhr starb er – wie von Dr. Phillips im Totenschein festgehalten – an einem von der Lungenentzündung verursachten Schlaganfall. Jeder Verweis auf die langjährige Grunderkrankung als Todesursache fehlte.

Ruhm und Nachleben

Mit Al Capones Tod, diesem für alle Familienmitglieder dramatischen Ereignis, beginnen die Aufzeichnungen der Gespräche seiner Enkelin Diane mit ihrer Großmutter. Sehr genau erinnert sie sich an ihren dritten Geburtstag am 14. Januar 1947, den sie gemeinsam mit dem ihres Großvaters drei Tage später auf Palm Island gefeiert hatte. Nur wenige Tage später fuhr sie schlaftrunken mit ihrer Mutter und der älteren Schwester zum Haus des geliebten „Papa“, wo im Schlafzimmer alle Familienmitglieder um das Bett versammelt waren. Nach ihrer Darstellung lebte der Großvater zu diesem Zeitpunkt noch, erkannte die beiden Enkelinnen und verabschiedete sich mit einem Kuss von ihnen. Danach sei „Papa" verstorben (Capone, 2019, S. 3). Nicht präsent in der Erinnerung sind die Ereignisse, die durch den Tod des großen Al Capone ausgelöst wurden. Die Zahl der Bekannten aus Miami und Gefährten aus Chicago, die von dem Toten Abschied nehmen wollten, ganz zu schweigen von den offiziellen Amtsträgern und der Heerschar von Presseleuten, war gewaltig. Am Tag nach seinem Tod wurde Al Capone im Bestattungsunternehmen Philbrick in Miami aufgebahrt. Unter strengen Sicherheitsbedingungen konnte dem mit einem dunkelblauen doppelreihigen Anzug mit weißem Hemd, schwarzer Krawatte und schwarz-weißen Schuhen bekleideten Al Capone die letzte Ehre erwiesen werden. Heimlich von Angestellten des Bestattungsunternehmens gemachte Aufnahmen des Toten sind auf der Webseite von Mario Gomes einsehbar (http://www.myalcaponemuseum.com/id100.htm). Das Interesse an seinem Tod und seiner Beerdigung war vergleichsweise gering. Stattdessen war das Presseecho groß, das ihn einseitig auf seine Gangsterzeit reduzierte und sein schlimmes Ende als gerechtfertigt erscheinen ließ. So sah die *New York Times* seinen Tod als „das Ende eines bösen Traums". Genüsslich rekapitulierte der Bericht den Fall des ehemaligen Staatsfeinds Nummer 1, dessen Karriere in einem grausigen geistigen und körperlichen Verfall geendet hätte, und der inmitten seines Luxus im Bett gestorben sei (Bergreen, 1995, S. 773). Ausführlicher versuchte der Nachruf in der *Chicago Tribune,* Al Capones Herrschaft in Chicago nachzuzeichnen:

> Seinem ‚Syndikat' wurde ein Geschäftsumsatz von 25 Millionen Dollar pro Jahr zugeschrieben und er war angeblich ein Multimillionär; es gab auch die Geschichte, dass er persönlich 7.500,000 Dollar in einigen Jahren seines Glücksspiels verloren hatte. Anerkennend wurde berichtet, dass seine gepanzerte Li-

> mousine 7,5 Tonnen wog und dass er nur mit wenigstens einem Dutzend bewaffneter Bodyguards ausging, um sein Leben zu schützen.
>
> Dutzende Morde wurden ihm und seiner Gang zugeschrieben: Morde, für die niemand jemals vor Gericht gestellt wurde. Es gab viele Anklagen, von denen die meisten niemand wirklich bestreiten wollte, dass er und seine Kohorten im großen Stil öffentliche Amtsträger und Polizisten bestachen. Capone war klug genug, die großen Möglichkeiten zu erkennen, mit Schwindelgeschäften Geld zu machen, und einige seiner Mitläufer profitierten noch davon nach seinem Rückzug. Am Ende seiner Herrschaft begann er die mit Wahlen verbundene Macht zu verstehen, und es gab Bezirke, in denen nur seine Kandidaten gewinnen konnten. (zit. nach Bergreen, 1995, S. 774)

Um dieser Einschätzung seines immensen Reichtums entgegenzuwirken und entsprechende Nachforschungen der Justiz abzublocken, versicherte der Anwalt der Familie Abraham Teitelbaum, dass Al Capone völlig mittellos gestorben sei, und veröffentlichte folgendes Statement in Chicago:

> Soweit ich weiß, hinterließ Capone kein Geld oder ein Testament. Ich glaube, dass er pleite gestorben ist, und ich bin sicher, dass es nicht wahr ist, dass er fabelhaft reich war. Ich glaube, dass er von der Großzügigkeit seiner Brüder und anderer Familienmitglieder lebte. Er schuldete der Regierung noch Geld, und das Anwesen in Florida, in dem er lebte, war mit Hypotheken belastet. (zit. nach Bergreen, 1995, S. 773)

Angesichts dieser öffentlichen Darstellungen ist es nur allzu verständlich, dass seine Familie im Unterschied zu den für Gangsterbosse in Chicago üblichen extravaganten Trauerfeierlichkeiten eine möglichst schlichte, von der Öffentlichkeit abgeschirmte Beerdigung organisierte. Zur Ablenkung der Presse schickte das Bestattungsunternehmen einen leeren Sarg mit dem Zug auf die Reise. Al Capone wurde in einem massiven Bronzesarg am 29. Januar in einem Leichenwagen in Begleitung von Ralph nach Chicago überführt, wo er zwei Tage später am 1. Februar eintraf. Die Beerdigung fand am Nachmittag des 4. Februar 1947 im kleinen Kreis im Familiengrab auf dem Mount Olivet Friedhof statt, wo schon sein Vater und Bruder Frank beigesetzt worden waren. Der sehr kalte Wintertag hatte viele Schaulustige von Presse und organisiertem Verbrechen abgehalten, auf den Friedhof zu kommen. In seiner kurzen Ansprache legte der Kaplan William J. Gorman Wert darauf, dass das katholische Begräbnis vom Erzbischof genehmigt worden sei, weil Al Capone seine Taten bereut und vor seinem Tod das Sakrament der letzten Ölung erhalten habe. Er fügte hinzu, dass ihm die Mutter des Toten wegen ihrer regelmäßigen Kirchenbesuche als gläubige Katholikin persönlich bekannt sei, eine zusätzliche Rechtfertigung für die katholische Zeremonie. Der schlichten Beerdigung entsprach schließlich auch die knappe Grabinschrift. Sie erscheint unter den in italienischer Sprache gehaltenen Daten des Vaters und Bruders, die in den Biografien von Kobler und Bergreen gleichermaßen auf Italienisch für Alphonse Capone verwendet wurden (Kobler, 2017, S. 378; Bergreen, 1994, S. 775). In der tatsächlichen Ausführung erscheint der Name Al Capone mit seinen Lebensjahren ohne italienische Kennzeichnung und das englische „Ruhe in Frieden":

QUI RIPOSA
GABRIELE CAPONE
NATO: DEC. 25, 1865
MORTO: NOV. 14, 1920

QUI RIPOSA
SALVATORE CAPONE
NATO: IUGLIO 16, 1895
MORTO: APRILE 1, 1924

AL CAPONE
1899 – 1947

REST IN PEACE

Es ist nicht bekannt, inwiefern Al Capones irische Frau Mae an der Wahl der Grabstätte und der Gestaltung der Grabinschrift beteiligt war. Mit der Lage des Grabs in einem Friedhof in Chicago konnte ihre Trauerarbeit nur aus der Distanz des Hauses in Florida stattfinden, sodass Grabbesuche primär für die im Haus an der South Prairie Avenue wohnende Mutter möglich waren. Gleichermaßen deutet die italienische Sprache auf dem Grabstein beim Vater und Bruder, die mit einem Fotoporträt abgebildet sind, gewissermaßen eine Rückkehr in die italienische Welt an, die vor den Verlockungen des amerikanischen Traums und dessen Korrumpierung durch das organisierte Verbrechen liegt. Dies ist auch als Absage an das Projekt der Amerikanisierung deutbar und als Bestätigung der an Al Capones Lebensweg erkennbaren Diskriminierung von Minoritäten durch die weiße Mainstream-Gesellschaft und ihre etablierten Wirtschaftsgrößen. Möglicherweise ist auch dieser ethnische Hintergrund der Anlass für die 1950 vorgenommene Verlegung des Familiengrabs auf

Grabstein im Chicagoer Friedhof Mount Olivet (Foto: John Binder Collection)

Gedenktafel von Al Capones Grab (Foto: Wikimedia Commons)

den Mount Carmel Friedhof. Wiederholte Grabschändungen und sogar der Diebstahl der Fotos durch unbekannte Täter veranlassten die Familie, eine neue, aufwändig ausgestaltete Grabstätte in Hillside, einem Vorort im Norden der Stadt, zu erwerben. Um unliebsame Besucher zu verwirren, ließ sie den Grabstein im Mount Olivet Friedhof stehen, ohne dadurch jedoch die imposante neue Ruhestätte der Familie vor Souvenirjägern schützen zu können. Hier erhielt Al Capone vor dem Grabmonument eine Gedenktafel mit vollem Namen und der Bitte um Jesu Gnade:

ALPHONSE CAPONE
1899 – 1947
MY JESUS MERCY

Das mit der italienischen Herkunft gegebene religiöse Band der katholischen Familie, an das Al Capone während seiner Krankheit im Gefängnis sowie bei den gemeinsamen Kirchenbesuchen mit Mae in Miami wieder angeknüpft hatte, hatte ihn vermutlich beim Tod seines Bruders Frank 1924 motiviert, den Leichnam seines Vaters von Brooklyn nach Chicago in das neue Familiengrab zu verlegen. Der Tod des Familienoberhaupts Gabriele Capone, der im November 1920 ein von der Zeitung *The Standard Union* ausführlich beschriebenes großes Begräbnis auf dem Calvary Cemetery in Brooklyn mit einer besonders erwähnten Blumenspende von Frankie Yale erhalten hatte, war ein einschneidendes Ereignis für den Zusammenhalt der Familie gewesen. Schon die Überschrift des Artikels weist auf die sieben Söhne als Sargträger des verstorbenen Friseurs hin, die in chronologischer Reihenfolge aufgezählt werden und zu denen auch der älteste Sohn Vincenzo James gehört, der später im Mittleren Westen als Sheriff Richard Hart wieder auftaucht. Die Entscheidung Al Capones für die Verlegung der Grabstätte nach Chicago belegt sein Bestreben, das Gedenken zu bewahren und die Familie im Tod zu vereinen. Schon fünf Jahre später wurde seine Mutter 1952 in der neuen Grabstätte beigesetzt. Auch die Geschwister fanden hier ihre letzte Ruhestätte.

Mit Al Capones Tod endete zwangsläufig die finanzielle und ideelle Verbindung zu seinen früheren Geschäftspartnern in Chicago, die trotz seiner schweren Erkrankung noch zu ihm hielten. Schon ihre spärliche Teilnahme an der Beerdigung war ein deutliches Anzeichen für eine veränderte Haltung. Die immer wieder gestellte

Frage nach dem Verbleib seiner Millionen, die das Gericht für den Prozess errechnet hatte, führte zu zahlreichen unterschiedlichen Spekulationen. Die abwegige Annahme, Al habe große Geldsummen an verschiedenen Orten für die Zeit nach seiner Haft versteckt, an die er sich wegen der Demenz nicht mehr erinnern konnte, widerspricht seinem zeitlebens praktizierten Umgang mit Geld. Seine Aussagen und die seiner Anwälte bei der Gerichtsverhandlung stellen klar, dass er keine persönlichen Bankkonten oder Geldanlagen besaß, da alle finanziellen Transaktionen über das Syndikat liefen. Für Al zählte nur der Besitz von großen Bargeldsummen, die Geldbündel, die er bei sich hatte, um seine Bewunderer zu beeindrucken. Nur dieser konkrete Anblick von wirklichem Geld stand für den rasanten Aufstieg aus der diskriminierten Einwanderergesellschaft mithilfe des amerikanischen Traums. Die Gefahr dieses nachlässigen Umgangs mit Bargeld führte allerdings auch zu erheblichen persönlichen Verlusten durch seine Beifall heischende Spendierfreudigkeit sowie durch Wettspiele. Der mit seinem Ableben und der Bestattung in Chicago gegebene Verlust finanzieller Ressourcen aus seiner Organisation ging einher mit der nicht nur geografischen Distanz zur italienischen Familie in Chicago. Glücklicherweise hielt sich Ralph trotz eines weiteren Steuerverfahrens an das seinem Bruder gegebene Versprechen, Mae und die Familie finanziell weiter zu unterstützen, und schickte den wöchentlichen 600-Dollar-Scheck. Zwar reichte dieses Geld für den Lebensunterhalt, konnte aber nicht die erheblichen Schulden beheben, die auf dem Haus in 93 Palm Avenue, Palm Island, Miami Beach lasteten. So sah sich Mae gezwungen, das Anwesen 1952 zu verkaufen, und erhielt für die 1928 von ihrem Mann für 40.000 Dollar erstandene Immobilie 64.000 Dollar. Beim letzten registrierten Verkauf im Jahr 2016 betrug der Kaufpreis 8,5 Millionen Dollar. Die von der Enkelin Diane erwähnte jährliche Unterstützung der Witwe durch das Syndikat, die Mae jeweils in Chicago abholte, wird von anderen Quellen nicht bestätigt (Capone, 2019, S. 14). Zu diesem Zeitpunkt hatte Mae bereits mit Sonny und Casey ein italienisches Restaurant in Miami unter dem Namen „The Grotto" eröffnet, das sie zehn Jahre lang gemeinsam führten. Sonny, der mit seiner Familie nahe der Palm Island Villa der Eltern im „Little White House" lebte, hatte während seiner Studienzeit an der Universität in einem Blumenladen und danach während des Krieges für das Verteidigungsministerium in einer Flugzeugfabrik gearbeitet. In den 1960er-Jahren ging mit dem Verkauf des Restaurants, das heute noch als kubanisches Lokal existiert, schließlich auch die von Mae mit Sonny und Casey gebildete irisch-italienische Allianz zu Ende. Mae zog von Miami in die 40 Kilometer nördlich gelegene Stadt Hollywood in der Nähe von Fort Lauderdale, wo ihre Schwester Muriel und deren Mann Louis Clark wohnten. Sie lebte weitgehend zurückgezogen, besuchte täglich die Kirche und wurde Teil des Clark-Haushalts. Nach der Scheidung von Sonny 1964 zog Casey mit ihren vier Töchtern nach Kalifornien und baute dort unter ihrem Mädchennamen ein neues Leben als erfolgreiche Immobilienmaklerin in der San Francisco Bay auf. Im Sommer reiste Mae regelmäßig nach Kalifornien, um ihre Schwiegertochter, die vier Enkelkinder und deren Kinder zu besuchen. Bei diesen Gelegenheiten wurden die Gespräche mit ihrer Enkelin Diane geführt. Sonny ging verschiedenen Tätigkeiten nach und war zeitweise im Stil seines verstorbenen Vaters in die Nachtklubszene Miamis eingetaucht, was letztlich zur Trennung von Casey geführt hatte. Der letzte Anstoß zur Absage an sein Leben als Sohn Al Capones war seine zweijährige Bewährungsstrafe für einen geringfügigen Ladendiebstahl im Wert von 3,50 Dollar und die Aufgabe des Nachnamens Capone. Ab 1966 nannte er sich Albert Francis. Möglicherweise stand dieser Namenswechsel auch im Zusammenhang mit den Gerüchten über seine Verbindung zur Organisation seines Vaters, die ihn – wie Laurence Bergreen berichtet – zeitweise finanzierte, allerdings den von ihm gewünschten Kredit für die Fortführung seines Restaurants ablehnte (Bergreen, 1995, S. 789). Schließlich nahm er den Kontakt zu seinen Töchtern wieder auf und siedelte mit seiner dritten Ehefrau nach Kalifornien um. Caseys 70. Geburtstag, für den die Kinder eine große Feier geplant hatten, wurde durch ihre plötzliche Erkrankung im November 1989 ihr Todestag. Sonny überlebte sie um mehr als 15 Jahre, verbrachte seine letzten Lebensjahre weitgehend zurückgezogen und starb 2004 im Alter von 85 Jahren. Seine Asche wurde ebenso wie die seiner Mutter, die bis zu ihrem Tod 1986 in einem Seniorenheim lebte, an einem unbekannten Ort bestattet. Ralph, der nach Al Capones Tod weiterhin in Mercer, Wisconsin, seine Geschäfte führte, starb 1974 und wurde ebenso wie seine Schwester Mafalda, die 1988 starb, in der Capone-Grabstätte in Chicago beigesetzt.

Es war sicher nicht mit Blick auf sein Lebensende, dass Al Capone schon früh damit begann, die Weichen für seinen Nachruhm zu stellen. Es mag einer Art Größenwahn geschuldet sein, dass er gewissermaßen auf dem Höhepunkt seiner Machtfülle den Gedanken einer Selbstdarstellung verfolgte. Eine solche auto/biografische Beschreibung seiner in Erfüllung der Vorgaben des amerikanischen Traums erbrachten Leistungen sollte der Glorifizierung seines Lebenswerks dienen. Möglicherweise ist ihm die Bedeutung von Lebensbeschreibungen für die Bewertung historischer Persönlichkeiten durch seine Lektüre der Napoleon-Biografie während seines Gefängnisaufenthalts in Pennsylvanien bewusst geworden. Eine öffentliche Bestätigung erhielten seine egomanischen Tendenzen, als das *Time Magazine* ihn nach seiner Entlassung am 24. März 1930 unter dem Namen Alphonse „Scarface" Capone auf das Titelbild setzte und ihm einen ausführlichen Bericht widmete. Obwohl der Artikel selbst Al Capones kriminelle Seite beleuchtete, spiegelte das Titelbild die heldenhafte Pose eines erfolgreichen Geschäftsmannes, der im Text selbst zu Wort kommt und dieses Image unterstreicht:

> Scarface Al ist kein Desperado der alten Schule, der aus wilder Lust am Verbrechen plündert oder mordet. Er ist in eigenen Worten „ein Geschäftsmann", der saubere Wäsche trägt, in einem Lincoln-Auto fährt, und Gewalttaten seinen Untergebenen überlässt. (Zit. nach Eig, 2010, S. 269)

Der Journalist bringt dies schließlich auf den Punkt und nennt Capone den „John D. Rockefeller der Unterwelt". Auf diese den etablierten Wirtschaftsbossen vergleichbare Rolle als erfolgreicher Geschäftsmann in einer alternativen Geschäftswelt hat Capone selbst immer hingewiesen und war sehr stolz darauf. Er genoss das zeitlebens große öffentliche Interesse an seiner Person und versuchte, die ambivalente Darstellung als Erfolgsmensch, aber auch Verbrecher auszublenden, oder ging – vor allem auf dem Höhepunkt seiner Macht – gegen einseitig negative Darstellungen vor. Das große Interesse an der Person Al Capones und seine nationale Präsenz in der Presse nutzte Fred D. Pasley in seinem für die *Chicago Tribune* verfassten Artikel, aus dem 1930 die erste Biografie über Al Capone unter dem Titel *Al Capone: The Biography of a Self-Made Man* hervorging. Während der Titel noch die Mittel und Wege dieser Selbstverwirklichung offenließ, wurde dies im Text und insbesondere am Ende mit Bezug auf die Wilden Zwanziger unmissverständlich deutlich:

> Armer kleiner reicher Junge, der Horatio Alger Kerl der Prohibition, der Gassenjunge der Gehwege von New York, der es in einer

> Big Shot-Art gut gemacht hat in Chicago – General Al das Narbengesicht, ... Kreatur des seltsamsten, verrücktesten Schicksals, in der seltsamsten, verrücktesten Ära der amerikanischen Geschichte. Die Story endet – unvollendet, wie sein Leben – der rote Faden noch nicht gesponnen von den Amokgöttern. (Pasley, 1930, S. 355)

Trotz der spöttischen Perspektive deutet sich hier der Beginn der literarischen und medialen Fortschreibung von Al Capones Leben an. Pasleys Schlussbetrachtung ruft das positive Beispiel der aus armen Verhältnissen durch harte Arbeit aufsteigenden jugendlichen Helden in Horatio Algers Romanen Ende des 19. Jahrhunderts als Exempel und Ansporn für ehrgeizige junge Einwandererkinder auf, gewissermaßen als Modell für den amerikanischen Traum. Dennoch überrascht es sicher nicht, dass Capone bei der Lektüre dieser ihn in der kriminellen Welt verortenden Biografie nicht erfreut war. Folglich entwickelte er die Idee eines Gegenentwurfs in Form einer Autobiografie. Kaum wird er dabei an das klassische Beispiel von Benjamin Franklins Autobiografie gedacht haben, in der einer der Gründerväter der USA ein Modell für die Entwicklung zu einem erfolgreichen amerikanischen Staatsbürger im Sinne des amerikanischen Traums entwirft, und die noch heute als schulische Pflichtlektüre gilt. Vielmehr dachte Capone dabei – wie 50 Jahre später Donald Trump mit seiner von Tony Schwartz verfassten Autobiografie *The Art of the Deal* (1987) – an einen Ghostwriter und ein die eigenen Qualitäten breit schilderndes Buch, mit dem er – wie Pasley mit seiner angeblich 70.000-mal verkauften Biografie – zusätzlich viel Geld verdienen könnte. Als scheinbar willfährigen Ghostwriter hatten er und sein Team den Journalisten Howard O'Brien von der *Chicago Daily News* auserkoren, mit dem Capone verschiedene Gespräche in seinem

Büro im Lexington Hotel führte. Der Tenor der Autobiografie war durch Capones Selbsteinschätzung vorgegeben, die durch die Platzierung seines Konterfeis zwischen Porträts der beiden amerikanischen Präsidenten George Washington und Abraham Lincoln an der Wand seines Büros unterstrichen wurde. Obwohl die Zeichnung – wie O'Brien in seinen Memoiren berichtet – Al Capone in Knickerbockern und mit Golfschläger in der Hand abbildet (zit. nach Bergreen, 1995, S. 511), dokumentiert sie zugleich eine patriotische Geste des „anderen" Amerikaners mit Migrationshintergrund, der sich durch die harte, aber erfolgreich absolvierte Schule des amerikanischen Traums auf gleicher Ebene mit den bedeutendsten Präsidenten der amerikanischen Nation sieht. Vermutlich führte die Diskrepanz zwischen dieser überzogenen Selbsteinschätzung und O'Briens eigenen Vorstellungen dazu, dass das Projekt schließlich nicht weiterverfolgt wurde.

Zu diesem Zeitpunkt und noch vor der Eröffnung seines Strafverfahrens wegen Steuerhinterziehung hatte sich das an Al Capone festgemachte öffentliche Interesse am Verbrechen als mediales Ereignis verselbstständigt. Neben der breiten Darstellung der durch Capone repräsentierten Ambivalenz zwischen Faszination und Abscheu gegenüber den Führern des organisierten Verbrechens in den amerikanischen Printmedien waren auf dem Mythos Al Capone aufbauende Filme entstanden, die das beliebte und ungeheuer produktive Genre des Gangsterfilms mitbegründeten. Auch in Deutschland hatte Capones Ruf schon früh zu Buchpublikationen geführt. Peter Omm hatte die von Lemon Scoots verfasste Dokumentation *Alkoholkrieg in U.S.A. Wahrheitsgetreuer Bericht nach den Tagebüchern des Privatsekretärs Al Capones, nach Gerichtsprotokollen, Akten usw.* für die deutsche Rezeption bearbeitet und 1932 in Leipzig veröffentlicht. Möglicherweise diente diese faktische Berichterstattung als Ausgangspunkt für Jack Bilbos autobiografische Fiktion, *Ein Mensch wird Verbrecher: Die Aufzeichnungen des Leibgardisten von Al Capone*, die ebenfalls 1932 in Berlin erschien. Der Schriftsteller, Maler und Lebenskünstler Jack Bilbo, der 1907 als Hugo Cyrill Kulp Baruch (1907–1967) in Berlin geboren wurde und nach der Trennung der Eltern bei seiner englischen Mutter aufwuchs, stellt in dieser fiktiven Autobiografie seine Entwicklung von einem reichen, aber unglücklichen Jugendlichen zu einem Verbrecher dar, der nach dem 1. Weltkrieg nach Amerika auswandert, zunächst in New York lebt und dort als „Gunman" von Al Capone in Chicago angeheuert wird. Endgültige Akzeptanz im Kreis der Gangster erhält er durch den Ehrennamen „Jack the Gunner" anstelle des verunglimpfenden deutschen Stereotyps „Sauerkraut". Neben genauen Beschreibungen der Bierkriege und der verschiedenen Gangs in Chicago gelingt ihm mit seiner fiktiven Figur von Al Capone eine gute Darstellung des international bekannten Gangsters, der von ihm verehrt wird und dem er ergeben als Leibgardist dient. Bei der Besichtigung seiner Bibliothek, die ihm Capone als Nachweis seiner großen Bildung zeigt, muss er seine eigenen, breit gestreuten Lektüreinteressen im Blick gehabt haben. Capones große Belesenheit, die der autobiografische Erzähler Jack mit dem von seinen Kumpanen kolportierten „vier Pfund schweren Gewicht" von Al Capones Gehirn in Verbindung setzt, wird als Beleg für seine mit Voltaire, Washington oder den großen Wirtschaftsgrößen wie John D. Rockefeller vergleichbaren Leistungen gedeutet. Jacks Kumpan in der Capone-Organisation, der Franzose Alphonse, führt aus:

> Dieses Gehirn ist meiner Ansicht nach schwerer als das Gehirn Voltaires oder Washingtons. Selbstverständlich lag es am Boß, zu werden, was er wollte. Er hätte, wenn er sich auf Oel geworfen hätte, ein zweiter Rockefeller werden können. Aber es reizte

> ihn nicht, mit John D. zu konkurrieren. Er hätte auch der große Mann der Geldindustrie, der Radioindustrie, der Filmindustrie oder der Kraftindustrie werden können. Was die Herren Morgan, Sarnoff, Loew, Insull treffen, das trifft er im Traume. Al Capone ist ein geborener Kapitän. (Bilbo, 1932, S. 64)

Lange erläutert die fiktive Capone-Figur dem deutschen „Jack the Gunner" seine Faszination für Napoleon, dessen Biografie er gerade gelesen habe. Die von Al Capone während seines Gefängnisaufenthalts in Pennsylvanien nach der Lektüre der Biografie formulierte Kritik wird hier zu einem Psychogramm des französischen Generals und Kaisers weitergeführt, das auf der zwanghaften Kompensation mangelnder männlicher Körpergröße und der Neigung zu Sentimentalität basiert. Als Italiener verstehe Capone diese Schwächen ebenso wie den Hang zur Familie, weil „‚eben in jedem Italiener ein verdammter Familienmensch'" stecke. Darin sei er noch den Yankees unterlegen, die „‚weniger Familiensinn'" und damit einen Vorsprung vor ihm hätten. Und er stellt sich die aufschlussreiche Frage: „‚Ich weiß nicht, ob ich in diesem Punkte schon amerikanisch genug bin, um Amerika g a n z unterzukriegen'" (Bilbo, 1932, S. 115). Hierbei wird deutlich, dass Jack Bilbos Capone-Figur auf die Konkurrenz zwischen den etablierten Amerikanern und den neu eingewanderten Amerikanern abzielt. Wie Capone selbst sind die meisten Mitglieder seiner Organisation aus Europa eingewandert und beteiligen sich abenteuerlustig – wie der autobiografische Jack Bilbo – an dem eigentlichen Ziel, mithilfe von Geschäften am Rande oder außerhalb der Legalität die Macht in Amerika zu übernehmen. Die Opposition der etablierten Amerikaner gegen die Konkurrenz ethnischer Organisationen zeige sich – nach Auffassung von Bilbos Capone-Figur – an dem Fall der italienischen Einwanderer Nicola Sacco und

Bartolomeo Vanzetti, die nur wegen ihrer italienischen Herkunft zum Tode verurteilt und 1927 hingerichtet worden wären. Gegen diese xenophobe Haltung wendet sich das Bestreben des italienischen Einwanderers und er redet sich in Rage:

> Schön, ich habe einen Trust, aber es ist doch kein Trust wie die übrigen! Ich will nicht sein wie sie, sonst wäre ich nichts Besseres als sie. Ich verachte sie. [...]
>
> Ich bin ihr Feind. Sie wissen es nicht. Sie glauben, weil ich ihren Durst, ihre ekelhaften Laster bediene, bin ich ihr Mann. Aber ich bediene sie gar nicht, ich beherrsche sie. Ich habe aus ihrer Schwäche meine Stärke gemacht, sie können nicht leben ohne mich. Ich lache über ihre Präsidenten und Senatoren, ihre Richter und Bischöfe, ihre Frauenvereine und ihre Zeitungen. Was sie sagen und schreiben, was sie tun und lassen, ist Wasser auf meine Mühle. Ich lasse sie gewähren; denn sie arbeiten für mich. [...] Allerdings nicht immer. Manchmal fühle ich, daß ihre dumpfe Masse mich erdrückt. Sie haben noch immer mehr Geld als ich, das ist es. (Bilbo, 1932, S. 116f.)

Zweifellos war es nicht die Absicht des Autors, mit dieser Interpretation seiner Capone-Figur dem nationalsozialistischen Führerkult zu huldigen und den wiederholt gezogenen Vergleich mit Adolf Hitler zu bestätigen. Nicht nur seine Verfolgung als Jude durch die Nationalsozialisten und seine Flucht aus Deutschland sprechen dagegen (vgl. Kunisch, 2018). Die Wahl seines Künstlernamens Jack Bilbo, wobei der Vorname auf den sozialistisch gesinnten und inter- bzw. transnational ausgerichteten amerikanischen Schriftsteller Jack London, der Nachname auf den baskischen Namen von Bilbao zurückgeht, verweist auf den Blick von außen auf die beschriebene amerikanische Gesellschaft, den der Autor mit Al Capone teilt. Insgesamt entspricht Jack Bilbos Entwurf seiner Capone-Figur der erfolgreichen Verwirklichung des amerikanischen Traums, der zu einer alternativen amerikanischen Gesellschaft führt, in der die eingewanderten Europäer nicht diskriminiert werden und den Geist einer multiethnischen Nation getreu der Verfassung „e pluribus unum" erneuern. Am Ende seiner fiktiven Autobiografie schickt Al Capone seinen Leibgardisten nach Frankreich, um Wein für ihn einzukaufen und gleichzeitig den Betrug des französischen Handelspartners an Capones Alkoholgeschäften zu rächen. Als nun vollgültiges Mitglied von Capones Organisation ist Jack Bilbo reich geworden und wird bei einem kurzen Besuch in Berlin von seinen Verwandten neidvoll umworben. Jedoch lässt er sich von seinem neuen Weg im Dienst Capones nicht mehr abbringen und kehrt nach Amerika zurück, wo im Sinne des Buchtitels aus dem Menschen ein Verbrecher geworden ist. Mit Blick auf den dargestellten Werdegang seines Helden wird der Begriff des Verbrechers entscheidend relativiert und in den eines erfolgreichen Geschäftsmannes mit alternativen Mitteln umgedeutet, der zudem auch die politische Führung des Landes übernehmen kann.

Der Mythos lebt

Al Capones Leben als einzigartige Verbindung des amerikanischen Traums mit dem organisierten Verbrechen wurde schon zu seinen Lebzeiten zu einer äußerst produktiven Vorlage für die sich zunehmend entwickelnde Kulturindustrie in den USA. Interessanterweise tauchten die ersten filmischen Bearbeitungen in dem Augenblick auf, als er nach seinem Prozess aufgrund der Haftzeit als Akteur von der Bühne verschwand. Dies gleicht einem schon im 19. Jahrhundert nach der gewalttätigen Vertreibung der Ureinwohner von der Ostküste in die Reservate im Westen und dem Ende der Sklaverei beobachtbaren Phänomen. Das Verschwinden der ethnisch diskriminierten Ureinwohner und afroamerikanischen Sklaven aus der Realität wurde durch ihre dramatische Darstellung auf die Bühne verlagert, wobei sie im Melodrama oder den neu entstehenden Minstrel Shows, in denen weiße Schauspieler mit schwarz geschminktem Gesicht Sklaven parodierten, medial präsent wurden. Im 20. Jahrhundert boten sich dem neu entstandenen und populären Filmmedium Möglichkeiten, das Leben Capones fiktional auf der Leinwand fortzusetzen. Die auf Capones Leben aufbauenden Filme *The Public Enemy* (1931) und *Scarface* (1932) konnten die öffentliche Diskussion um den narbengesichtigen Staatsfeind Nr. 1 für publikumsträchtige Streifen nutzen und hatten damit eine neue Geldquelle gefunden. Vorgeschichte zur Entstehung des Films *The Public Enemy* ist die von Al Capone als Nr. 1 angeführte Liste von Staatsfeinden, die von den um das Wohl der Stadt Chicago besorgten Bürgern, den „Secret Six", erstellt worden war. Diese Al Capone als größten Feind des amerikanischen Staats identifizierende Bezeichnung bot sich an als attraktiver Titel für die Verfilmung des nicht publizierten Romans *Beer and Blood*, in dem die Journalisten John Bright und Kubec Glasmon vor Ort Al Capones Verwicklung in die Bierkriege der Gangs verfolgt hatten. Der unter der Regie von William A. Wellman für Warner Bros. gedrehte Film lässt das Geschehen Anfang des Jahrhunderts beginnen und wählt statt der italienischen Einwanderer zwei irischamerikanische Akteure, Tom und Matt, die zunächst in kleinere Diebstähle verwickelt sind und dann bei einem größeren Einbruch einen Polizisten erschießen. Toms rechtschaffener Bruder Mike versucht nach seiner Rückkehr aus dem 1. Weltkrieg erfolglos, Tom von einer weiteren Verstrickung in kriminelle Aktivitäten abzuhalten. Nach Ausbruch der Prohibition kommen Tom und Matt als Bootlegger zu Reichtum. Das in diesem Metier rücksichtslose Verhalten bestimmt auch ihre Beziehungen zu Frauen. Schließlich werden sie in einen Gangsterkrieg verwickelt, bei dem Matt erschossen und Tom schwer verletzt nach einer Schießerei ins Krankenhaus eingeliefert wird. Die beim Besuch seiner Familie versprochene Umkehr kommt jedoch zu spät, weil die Gegner seinen Tod beschlossen haben und seine Leiche bei der Familie abliefern. Der 1941 und 1954 neu aufgelegte Film wurde 1998 in das Nationale Filmregister der Library of Congress als „kulturell, historisch oder ästhetisch bedeutend" aufgenommen. Die im Film verfolgte moralische Bewertung der kriminellen Vorgänge des Bandenwesens ebenso wie der persönlichen Verfehlungen wird durch Vor- und Abspann nachdrücklich unterstrichen. Geht es im Vorspann um den Hinweis auf die Notwendigkeit, die kriminellen Taten der Unterwelt aufzudecken und zu entheroisieren, sieht der Abspann sogar die Zivilisation in Gefahr und ruft zu gesellschaftlichen Veränderungen zur Bekämpfung der organisierten Kriminalität auf. Eine ähnliche Diskussion um die Frage der Verbindung von kommerziell einträglicher Darstellung der Gangsterszene in Chicago und ihrer moralischen Bewertung begleitete den wegen Zensurbestimmungen erst 1932 freigegebenen Film *Scarface.*

Der Film basiert auf dem gleichnamigen, 1929 veröffentlichten Roman des Bestseller-Autors Armitage Trail, ein Pseudonym für Maurice A. Coons. Schon durch die Titelgebung wird deutlich, dass die Handlung sehr nah an das Leben des als Narbengesicht national bekannten Al Capone angelehnt ist. Ben Hecht, einer der Drehbuchautoren, kannte Al Capone persönlich, ebenso wie der am Projekt beteiligte Journalist Fred Pasley, der die erste Capone Biografie 1930 veröffentlicht hatte. Unterstützt wurden sie von W. R. Burnett, dem Autor der Vorlage für den Film *Little Caesar*, einer weiteren Bearbeitung der Gangsterwelt in Chicago. Nicht nur der Titel und die Handlung, sondern auch die wenig veränderten Namen der Personen verweisen auf die Welt der italienischen Einwanderer und ihre kriminellen Aktivitäten in Chicago. Aus Al Capone wird Tony Camonte, aus seinem Mentor Johnny Torrio wird Johnny Lovo, aus „Big Jim" Colosimo wird Big Louis Costillo, aus Dean O'Banion wird O'Hara und aus George Moran wird Doran. Der Film folgt den bekannten Stationen des Aufstiegs von Al Capone von ersten Einblicken in kriminelle Geschäfte als Mitglied der Five Points Gang in Brooklyn bis zur allmählichen Übernahme der Organisation von Johnny Torrio in Chicago und dem Höhepunkt der Auseinandersetzungen in den Bierkriegen mit der North Side Gang, der Ermordung Dean O'Banions in seinem Blumenladen und dem Valentinstag-Massaker, dem George Moran nur knapp entgeht. Aus der starken Fokussierung auf den Titelhelden ergeben sich einige Abweichungen von den eigentlichen Ereignissen. So beginnt die Zeit des Protagonisten in Chicago als Auftragsmörder für den Mafiaboss Louis Costillo alias Colosimo, den er an den Gegner Johnny Lovo alias Torrio verrät und anstelle des eigentlichen Täters Frankie Yale erschießt. Auch die Frauenbeziehungen sind erfunden. Die zunehmende Rivalität zwischen Tony und Johnny um das Geschäft betrifft schließlich Johnny Lovos Freundin Poppy, die Tony ihm ausspannt. Das daraufhin von Johnny geplante Attentat auf Tony misslingt. Im Gegenzug konfrontiert er den früheren Geschäftspartner und lässt ihn von seinem Kumpan Guino töten, womit er zum alleinigen Herrscher über die Organisation wird. Im Film ist dieser Triumph visualisiert, als er nach dem Mord Poppy besucht und beim Blick aus dem Fenster die Reklameanzeige des Reiseanbieters Cook's Tours sieht: „THE

WORLD IS YOURS" – „Die Welt gehört Dir". Zu dieser Alleinherrschaft gehört auch die Beschützerrolle für seine Schwester Francesca. Als er von Guinos Liebschaft mit „Cesca" erfährt, tötet er ihn aus Wut, bevor die Schwester ihn über ihre heimliche Heirat informieren kann. In der Schlussszene kämpft Cesca, die eigentlich ihren Bruder an die Polizei verraten wollte, mit ihm zusammen gegen seine Festnahme und kommt dabei durch einen Querschläger um. Tony entgeht seinem Schicksal nicht und wird – kurz noch um Gnade flehend – von einem Polizisten erschossen. Das Schlussbild lenkt den Blick auf die Anzeigetafel „Die Welt gehört Dir" als ironischen Kommentar auf Tonys glanzloses Ende.

Der Film verbindet die Merkmale des nah an eine historische Figur angelehnten Biopic mit dem neuen Genre des Gangsterfilms. Anhand der Hauptfigur zeigt er die Verquickung des Motivs des amerikanischen Traums mit dem organisierten Verbrechen, die Al Capone im wirklichen Leben exemplarisch verkörpert hat. Die für die Unterhaltungsindustrie produktive und kommerziell interessante Verbindung der hehren Ideale des amerikanischen Traums, des Aufstiegs aus armen Verhältnissen in die Welt der Reichen, mit den kriminellen Machenschaften von unamerikanischen Syndikaten wird durch die Niederlage des Helden am Ende auf individueller Ebene moralisch bewertet, ohne jedoch das sich im Chicago der 1920er-Jahre abzeichnende gesamtgesellschaftliche Phänomen außer Kraft zu setzen. Die eindeutige Lokalisierung eines Missbrauchs des amerikanischen Traums als Albtraum im Bereich der italienischen Einwanderer und der italienisch-amerikanischen Gemeinde privilegiert die Perspektive der (weißen) amerikanischen Mainstream-Gesellschaft. Dies zeigt sich an den Protesten der italienischen Amerikaner und selbst des italienischen Botschafters, die sich vehement gegen die Assoziierung mit dem Verbrechen im Film wehrten. Aus dieser Sicht ist es folgerichtig, dass bei der Ausstrahlung des Films in Italien 1946 die Akteure amerikanische Namen erhielten, aus Tony Camonte wurde Tony Kermont, und politisch sensitive Charakterisierungen italienischer Einwanderer abgeändert wurden.

Die kontroverse Rezeption des Films war schon durch eine lang andauernde Auseinandersetzung mit der Zensurbehörde präjudiziert, die die Freigabe über zwei Jahre verzögerte. Zwar fiel die Zensur noch in die Zeit vor der Einsetzung der Production Code Administration 1934, musste aber verschiedenen Veränderungen zustimmen. Dabei ging es darum, die Vorwürfe der Gewaltverherrlichung durch eine moralisch eindeutige Bewertung im Film zu entkräften. Der Zusatz im Titel *The Shame of a Nation* verweist auf die nationale Aufgabe, dem organisierten Verbrechen mit den Rechtsmitteln des Staats entgegenzutreten. Die alternative Schlusssequenz, in der Tony verhaftet und nach einem Strafprozess zum Tod durch den Strang verurteilt wird, unterstreicht diese Funktion der Gerichtsbarkeit. Al Capone selbst, der sich angeblich noch vor seiner Haftzeit über die Filmproduktion informieren ließ, schien mit dem Skript einverstanden zu sein. Letztlich war es dem bekannten Regisseur Howard Hawks als Mitproduzent von Howard Hughes zu verdanken, dass trotz der durch Zensur nötigen Änderungen *Scarface* zu einem Erfolg der Filmgeschichte wurde. Er wurde 1994 in das Nationale Filmregister der Library of Congress aufgenommen und 2008 als der sechstbeste Gangsterfilm seit dem Beginn des Genres vom Amerikanischen Filminstitut ausgezeichnet. Die Qualität und Popularität des Films zeigen sich nicht zuletzt an der 1983 gedrehten Neuauflage von *Scarface* unter der Regie von Brian De Palma mit Al Pacino in der Hauptrolle.

Nur indirekt auf Al Capone bezogen ist der dritte zu seinen Lebzeiten entstandene Gangsterfilm *Little Caesar*, der 1931 unter der Regie von Mervyn LeRoy für Warner Bros. gedreht wurde und die kriminelle Szene Chicagos mit den Bandenkriegen zum Thema hatte. Zweifellos waren die im Kontext der Prohibition aufblühenden illegalen Alkoholgeschäfte, die primär von italienischen Amerikanern in Konkurrenz mit irisch-amerikanischen Händlern betrieben wurden, zu einem beliebten Sujet der kulturellen Produktion geworden, wie die 1929 veröffentlichte gleichnamige Romanvorlage des Films von William R. Burnett dokumentiert. Wieder kommen darin zwei italienische Kleinkriminelle, Caesar Enrico „Rico" Bandello und Joe Massara, nach Chicago, um dort ihr Glück zu suchen. Rico schließt sich der Sam Vettori Gang an, während Joe mit seiner Freundin Olga eine Tanzkarriere verfolgt. Obwohl der Vorname Joe im Unterschied zu dem italienischen Rico bereits eine Form der Amerikanisierung und implizit seine Distanz zum ethnisch affizierten Verbrechen andeutet, zwingt Rico den Freund, bei einem Raubüberfall auf einen Nachtklub mitzumachen, bei dem Rico den Kommissar Alvin McClure erschießt. Diesen nun eingeschlagenen Weg des Verbrechens verfolgt Rico ohne Rücksicht auf Verluste weiter. Er übernimmt schließlich die Führung des Syndikats und legt sich mit dem Rivalen „Little Arnie" Lorch an, der nach Detroit flieht, sodass Rico zum unangefochtenen Anführer des Geschäfts in der North Side Chicago wird. Um die möglicherweise mit dem Namen Cäsar angedeutete imperiale Machtstellung nicht zu gefährden, beschließt Rico, seinen mittlerweile nicht mehr willfährigen Freund und dessen Tanzpartnerin umzubringen. Dass es sich jedoch bei ihm nur um einen „Little Caesar" handelt, wird deutlich, als er es nicht fertigbringt, die Tat selbst auszuführen, und sogar seinen Kumpan Otero daran hindert, es für ihn zu tun. Durch Olgas Informationen an die Polizei gelingt es, Rico zu finden und ihn vor einer Anzeigetafel zu erschießen, auf der eine Tanzaufführung von Joe und Olga angekündigt wird. Der Ausgang der Handlung erscheint als die gerechte Strafe für den unamerikanischen Rico, sodass die Zensurbehörde nicht – wie im Fall von *Scarface* – moralisierend und an nationale Werte appellierend eingreifen musste. Joe und Olga stehen dagegen für den rechten Weg der Integration in die amerikanische Gesellschaft und dienen nachträglich durch ihre Kooperation mit den Ermittlungsbehörden und der Polizei für die Durchsetzung von Recht und Ordnung sowie die Ablehnung krimineller Machenschaften nicht nur in Chicago, sondern in ganz Amerika. Trotz dieser hehren Absicht des Romans und seiner Verfilmung ist zu konstatieren, dass die Themen von Verbrechen und Gewaltdarstellung in der Kulturindustrie einen festen Platz eingenommen hatten und möglicherweise zu solchen Taten in der Wirklichkeit animiert haben.

Ein eindrucksvolles Beispiel für die in der Wirtschaftskrise der frühen 1930er-Jahre praktizierten Formen illegaler Geschäfte und Straftaten ist das Wirken des aus Louisiana und Texas stammenden Ganovenpaars Bonnie und Clyde, die vorbestraft durch Staaten des Mittleren Westens zogen, bewaffnete Einbrüche verübten und dabei auch nicht vor Mordtaten mit der durch Al Capone bekannten Thompson-Maschinenpistole zurückschreckten. Schließlich wurden sie in einen Hinterhalt gelockt und 1934 in Louisiana von einem Polizeitrupp in einem Kugelhagel erschossen. In Anlehnung an diese durch die romantische Beziehung des Gangsterpärchens angereicherten Handlung hat der in Hollywood arbeitende deutsche Regisseur Fritz Lang 1937 den Film *Gehetzt* (*You Only Live Once*) gedreht, der – mit Henry Fonda und Sylvia Sidney in den Hauptrollen – als frühes Beispiel des klassischen *Film noir* gilt. Mehr an den historischen Figuren orientiert ist der unter der Regie von Arthur Penn 1967 gedrehte Film *Bonny und Clyde* (*Bonny and Clyde*) mit Warren Beatty und Faye Dunaway in den Hauptrollen, der sich um die Rekonstruktion der historischen Figuren und ihrer kriminellen

Taten bemühte und trotzdem Kritik wegen impliziter Gewaltverherrlichung erhielt.

Die in den 1930er-Jahren einsetzende kulturindustrielle Vermarktung des organisierten Verbrechens in der Figur des fiktional oft überhöhten Al Capone erhielt in der Nachkriegszeit neuen Schwung. Wiederholt wurde der Versuch unternommen, Familienmitglieder zu Darstellungen über ihre Beziehung zu Capone zu gewinnen, wobei der Wahrheitsgehalt keine große Rolle spielte. Besonders Mae und Sonny wurden massiv bearbeitet, sich als lebenslang treue Ehefrau und als innig verbundener Sohn für solche Lebensbeschreibungen zur Verfügung zu stellen. Dabei hatten geldgierige Journalisten die finanziell prekäre Lage der Familie im Blick, die das Anwesen auf Palm Island wegen der Hypothekenschulden verkaufen musste und mit ihrem italienischen Restaurant kaum Profit erzielte, ganz zu schweigen von Sonnys persönlichen Schwierigkeiten. Es spricht für die Integrität von Capones Kernfamilie, dass Mae und Sonny standhaft blieben und sich nicht zu solchen kaum kontrollierbaren Machenschaften bereit erklärten. Selbst alle zwischen ihr und Al ausgetauschten Briefe sowie Familienfotos vernichtete Mae, um Missbrauch der Privatsphäre durch mediale Ausbeutung zu verhindern. Diese kommerzielle Rolle der Selbstglorifizierung übernahmen andere. So haben entfernt verwandte oder selbsternannte Mitglieder der Capone-Familie diese Geldquelle immer wieder angezapft. Zuletzt wurde 2013 eine wenig realistische Doku-Serie auf dem eigens für solche pseudobiografische Filme eingerichteten Kanal zusammengestellt, in der angebliche Nachkommen Al Capones als dysfunktionale Familienmitglieder seinen amerikanischen Traum weiterleben (Reelz Channel-TV). Erfolgreicher und produktiver waren jedoch die von Al Capones Gegenspieler Eliot Ness eingeleiteten Bearbeitungen des Capone-Mythos.

Der von norwegischen Einwanderern abstammende Eliot Ness, der an der Universität Chicago Politik- und Wirtschaftswissenschaft studiert hatte und in Chicago in den 1920er-Jahren sozialisiert worden war, hatte als Mitarbeiter im amerikanischen Finanzministerium 1926 den Kampf gegen den illegalen Alkoholhandel in dem 1.000 Personen starken Prohibitionsbüro in Chicago übernommen. Als er 1931 von Staatsanwalt George E. Q. Johnson, der die Anklage gegen Al Capones Steuerhinterziehung leitete, beauftragt wurde, mit einem Sonderkommando belastendes Material für den Prozess zusammenzutragen, machte er sich mit öffentlichkeitswirksamen Aktionen gegen die Distributionskanäle des illegalen Alkohols zum selbsterklärten Agenten in dem vom amerikanischen Präsidenten Herbert Hoover ausgerufenen Kampf gegen Al Capone und sein Syndikat. Die effektive Inszenierung der Aktionen brachte ihm und seinem zehnköpfigen Team bald den werbewirksamen Namen der „Untouchables", der Unbestechlichen ein, was schließlich auch der Ausgangspunkt für eine kommerziell einträgliche Kettenreaktion einer Buchpublikation und filmischer Produktionen wurde. Kurz vor seinem frühzeitigen Tod durch Herzinfarkt 1957 nach einem bewegten und letztlich aufgrund privater und beruflicher Krisen gescheiterten Leben hatte er gehofft, seine schlechte finanzielle Lage durch die Publikation seiner Autobiografie zu verbessern. Doch erst posthum erschien die zusammen mit dem bekannten Sportjournalisten Oscar Frayley verfasste Selbstdarstellung *The Untouchables*, in der Ness seinen erfolgreichen Kampf als Leiter der Unbestechlichen gegen Al Capone als Verkörperung des organisierten Verbrechens erzählt. Möglicherweise waren es gerade die historisch nicht belegten Selbstbezüge in der Auseinandersetzung zwischen den fast gleichaltrigen Protagonisten Eliot Ness und Al Capone, die das Interesse der Leser fesselten und zu dem großen Verkaufserfolg des Buchs mit

1,5 Millionen Exemplaren führten. In jedem Fall war hiermit der Anstoß für eine Serie von kulturellen Bearbeitungen gegeben, die sich über die gesamte zweite Hälfte des 20. Jahrhunderts erstrecken und bis in unsere Zeit reichen.

Eliot Ness konnte nicht mehr miterleben, wie seine autobiografischen Erinnerungen Vorlage einer erfolgreichen Fernsehserie wurden, von der er sich wohl zu Recht eine Lösung seiner finanziellen Notlage hätte erhoffen können. Die zuerst von dem Fernsehsender CBS (Columbia Broadcasting System) ausgestrahlte Serie eröffnete im April 1959 mit einer zweiteiligen Pilotsendung, die zunächst den Titel der Autobiografie *The Untouchables* trug und später in *The Scarface Mob* umbenannt wurde. Die Umbenennung zielte sicher auf die im kulturellen Gedächtnis der amerikanischen Gesellschaft verankerte markante Figur von Al Capone sowie auf die mit ihm verknüpfte organisierte Kriminalität ab. Zudem war die Assoziierung der Kriminalität mit italienischen Einwanderern bewusst Teil der Inszenierung, was durch die Verwendung eines gekünstelten italienischen Akzents der Gangster unterstrichen wurde. Diese Fokussierung auf Al Capones kriminelle Machenschaften als Kassenschlager veranlasste die Familie, gegen diese aus ihrer Sicht einseitige Darstellung und rücksichtslose Vermarktung vorzugehen. Mae, Sonny und Al Capones Schwester Mafalda verklagten den Produzenten, Desilu Productions, und Sponsor auf 1 Million Dollar wegen der profitorientierten Ausbeutung des Namens und Lebens ihres verstorbenen Familienoberhaupts (Kobler, 1971, S. 381f.). Die erfolglose Klage der Familie machte deutlich, wie sehr der Mythos Al Capone ein kulturelles Eigenleben angenommen hatte, das der familiären Deutungshoheit entzogen war. Die gleichzeitigen Proteste italienisch-amerikanischer Bürger, einschließlich des beliebten Sängers Frank Sinatra, gegen die Diskriminierung italienischer Einwanderer als Betreiber des organisierten Verbrechens, hatte zumindest zur Folge, dass die Diffamierung durch mit unechtem italienischem Akzent sprechende Schauspieler als Gangster nach diesem Pilotfilm nicht fortgesetzt wurde. Eine weitere Konsequenz dieser Kritik war, dass der Sender CBS darauf verzichtete, die Serie ins Programm aufzunehmen. Stattdessen übernahm der Konkurrent ABC die Aufgabe, das Publikumsinteresse an solchen Kriminalfällen der 1920er- und 1930er-Jahre weiter zu bedienen. Im Unterschied zu den beiden Pilotsendungen, die den Erfolg der *Untouchables* unter Eliot Ness' Führung gegen die Capone-Organisation und Al Capones Verhaftung und Aburteilung darstellten, entwickelten die folgenden Episoden der von 1959 bis 1963 ausgestrahlten Serie kriminelle Handlungen, die nur noch vage Beziehungen zur geschichtlichen Realität hatten.

Genauer an der Realität orientiert war der schon nach der Publikation von Eliot Ness' *Die Unbestechlichen* geplante, 1959 unter der Regie von Richard Wilson gedrehte Film *Al Capone*, der die Stationen seiner kriminellen Karriere im Stil eines Biopic weitgehend wirklichkeitsgetreu verfolgt. Rod Steiger, der nach anfänglichen Bedenken die Hauptrolle übernahm, legte Wert auf eine gegen Gewaltverherrlichung gerichtete Botschaft des Films. Der große kommerzielle Kinoerfolg dieses Films war vermutlich der letzte Anstoß für die beschriebene CBS- und ABC-Fernsehserie, die ihrerseits neue Filme über Capone mit gewalttätigen und brutalen Szenen auslöste. Der von Roger Corman redigierte Sensationserfolg *The Valentine's Day Massacre* (1967) mit Jason Robards als Al Capone zeigt blutrünstig die von dem Gangsterboss von Florida aus organisierte Massenliquidierung seiner Gegner in Chicago. Ähnliche brutale Gewaltszenen bestimmen den 1975 mit Ben Gazzara in der Titelrolle gedrehten Film *Capone*, wobei die nun von den neuen Mafia-Filmen bekannten gewagten Sexszenen einen zusätzlichen Reiz darstellten.

Es steht außer Zweifel, dass das Genre des Gangsterfilms im engeren Sinne und des übergreifenden „crime movie“ (Kriminalfilm) eng mit dem national und international bekannten Leben Al Capones in den 1920er-Jahren in Chicago zusammenhängt. Der seit seiner Verwundung bei einem Kampf in Brooklyn als „Scarface“ (Narbengesicht) berüchtigte Italo-Amerikaner wurde mit diesem Namen zum Markenzeichen für ein kriminelles Milieu, das sich vorzüglich für allerlei Bearbeitungen im Kulturbetrieb eignete. Die in diesen Filmen an italienischen Einwanderern und ihren Nachkommen festgemachten kriminellen Aktivitäten kamen der diskriminierenden Einstellung der seit vielen Generationen in den USA lebenden Angloamerikaner gegenüber den zugewanderten Bürgern entgegen, deren politischer und sozialer Status nicht dem ihrigen entsprach. Die restriktive Gesetzgebung der 1920er-Jahre, die die Einwanderung von ethnisch unterschiedlichen Bevölkerungsgruppen auf ein Quotensystem reduzierte und unerwünschte politische Gesinnung entweder durch Repatriierung oder Aburteilung unbeliebter Einwanderer abzuwehren versuchte, bestätigte die öffentliche Diskriminierung. Der erste *Scarface*-Film von Howard Hawks 1932 erfüllte diesen Erwartungshorizont und hatte deshalb eine Signalwirkung für nachfolgende Produktionen. Die Wiederaufnahme des Sujets in dem unter der Regie von Brian De Palma gedrehten Film *Scarface* stellt eine interessante Fortführung der an Al Capones Leben festgemachten Kriminalisierung von Einwanderern dar. Sowohl der Regisseur als auch der Drehbuchautor Oliver Stone bestätigen, durch den ersten *Scarface*-Film für die Neubearbeitung angeregt worden zu sein. Jedoch war es nicht ihre Absicht, an die historische Epoche der 1920er-Jahre anzuknüpfen, sondern einen aktuellen Gangsterfilm mit neuen Einwanderern zu schaffen. Der Verlagerung des kriminellen Milieus von Chicago nach Florida und von italienischen auf kubanische Einwanderer, die nicht mit Alkohol wie ihre italienischen Vorbilder, sondern mit Drogen ihr Geld verdienen, scheinen persönliche Drogenerfahrungen und kulturpolitische Veränderungen zugrunde zu liegen. Konkreter Ausgangspunkt für die Aktualisierung der *Scarface*-Thematik war der von Fidel Castro genehmigte, zwischen April und Oktober 1980 stattfindende Exodus von 10.000 Kubanern nach Florida. Er wurde mithilfe bereits früher ausgewanderter kubanischer Amerikaner in Florida organisiert, die ihren Landsleuten einen ähnlichen sozialen Aufstieg in einem freien Land ermöglichen wollten. Viele von ihnen verfolgten – wie Al Capone – den amerikanischen Traum. Dass sich unter den in der sogenannten Mariel-Bootskrise eingewanderten Kubanern auch eine je nach Quelle verschieden große Anzahl von ehemaligen Gefangenen oder psychisch Kranken befanden, befeuerte die in der amerikanischen Gesellschaft bestehende Abneigung gegen die Neuankömmlinge. Die Kritik der kubanischen Gemeinde an dem diskriminierenden Inhalt des Films, in dem der von Al Pacino gespielte vorbestrafte Tony Montana zum Drogenboss in Florida aufsteigt, Verbindungen zum Drogenkartell in Bolivien unterhält und sein Geschäft gegen alle Widerstände und ohne jede Rücksicht unter Einsatz brutaler Gewalt verteidigt, erinnert an die Einwände der italienischen Gemeinde gegen die Vermarktung Al Capones und ihre Identifizierung mit dem organisierten Verbrechen. Zahlreiche, ausführlich dargestellte blutrünstige Gewalttaten, einschließlich Bombenattentaten, ein brutaler Kettensägemord und tödliche Auseinandersetzungen mit der Polizei werden durch konfliktreiche Liebesgeschichten zwischen Mitgliedern rivalisierender Gangs ergänzt. Analogien zum Originalfilm bestehen in der Beziehung von Tonys Schwester Gina zu seinem Kumpan Manny, den er im Affekt erschießt, als er beide beim scheinbar heimlichen tête-à-tête stellt, nur um nach der unüberlegten Mordtat von der längst vollzogenen Legitimierung der Beziehung durch Heirat zu erfahren. Neben den Drogenfahndern sind auch Steuerfahnder auf Tonys Spur und es droht ihm eine Gefängnisstrafe. Wie im Vorgängerfilm erhält der skrupellose Drogenboss am Ende seine gerechte Strafe und wird in einer regelrechten Schießorgie getötet. Im Schlussbild zitiert Brian De Palmas Film das Original und zeigt Tony tot vor einer Statue mit der Aufschrift „The World is Yours", „Die Welt gehört dir". Damit ist den moralischen Anforderungen des zunächst von der Zensurbehörde wegen der Gewaltdarstellung und brutalen Sprache abgelehnten Films Genüge getan. Nach einigen minimalen Abänderungen konnte der Film seinen weltweiten kommerziellen Siegeszug antreten.

Die Einwände der kubanischen Gemeinde gegen ihre Assoziierung mit den historisch an dem italienischen Gangster Al Capone festgemachten kriminellen Aktivitäten und dem organisierten Verbrechen wurden in der amerikanischen Gesellschaft ambivalent aufgenommen. Die bestehenden Stereotypen waren auf eine neue Einwanderergruppe übertragen und damit eine fremdenfeindliche Haltung in eine andere Zeit transferiert worden. Wegen der Proteste der kubanischen Amerikaner in Florida musste der Schauplatz der Filmaufnahmen in die Filmstudios in Hollywood verlegt werden. Ebenso kritisch wurden die Übernahme der Rolle des kriminellen Exilkubaners durch Al Pacino, einem italienischstämmigen Schauspieler, und die italienische Herkunft des Regisseurs Brian De Palma gesehen. Die möglicherweise intendierte Kritik an der Wiederholung stereotyper Einschätzung und Kriminalisierung von Einwanderern aus den 1920er- in den 1980er-Jahren wird weitgehend durch die zeitgemäße Aktualisierung des Genres des Gangsterfilms als multimediales Spektakel überlagert. Die kritischen Einwände gegen den Film mögen De Palma bewogen haben, bei seiner nächsten

Bearbeitung des ethnisch markierten Verbrechens mit *The Untouchables* drei Jahre später zur Originalvorlage und dem historischen Kontext zurückzukehren.

Die Geschichte des ehrgeizigen Detektivs Eliot Ness im Kampf gegen Al Capones illegalen Alkoholhandel in Chicago bis zu dessen erfolgreicher Verurteilung zu einer elfjährigen Haftstrafe wegen Steuerhinterziehung boten viel Raum für einen spannenden Kriminalfilm, dessen Protagonist im kulturellen Gedächtnis (nicht nur der amerikanischen Bevölkerung) fortdauernd verankert ist. Zudem konnte Brian De Palma mit einer Starbesetzung aufwarten, die ein großes internationales Publikumsinteresse garantierte und den Film zu einem Kassenschlager machte. Kevin Costner übernahm die Rolle des Elmer Ness, Robert de Niro figurierte als Al Capone und der als James-Bond-Darsteller bekannte Sean Connery spielte die Rolle des irisch-amerikanischen Jim Malone, für die er 1988 seinen einzigen Oscar der Academy Award als beste Nebenfigur erhielt. Das von dem angesehenen amerikanischen Dramatiker David Mamet verfasste Drehbuch konzentrierte die Handlung auf eine kurze Zeitspanne von 1930 bis 1932 und orientierte sich weitgehend an der historischen Vorlage. Jedoch wurden verschiedene Szenen nach dem Muster aktionsreicher Gangsterfilme dramatisch ausgeschmückt. Dabei kommt dem von Sean Connery gespielten irisch-amerikanischen Polizisten Jim Malone, der Ness seine Dienste anbietet, eine wichtige Rolle im Kampf gegen die Korruption in der Stadtverwaltung und im Polizeiapparat zu. Durch Malone wird das Team der Unbestechlichen überhaupt erst durchsetzungsfähig und erfolgreich. Letztlich wird ihm jedoch sein selbstloser Einsatz für Recht und Ordnung zum Verhängnis und er fällt einem Anschlag von Capones Handlanger Frank Nitti mit der Thompson-Maschinenpistole zum Opfer. Da dieser feige Mord an dem rechtschaffenen Malone im Film noch gesühnt werden muss, wird die Handlung um Nitti im Zusammenhang mit Capones Steuerprozess fortgesetzt. Sein historisch verbürgter Auftritt im Gerichtssaal mit einer verdeckt getragenen Pistole, mit der er seinen angeklagten Boss eventuell schützen könnte, wird im Film dramatisch ausgebaut. Bei der Befragung über die Mitnahme der Waffe in den Gerichtssaal gibt er vor, die Erlaubnis hierfür von dem in die Capone-Organisation kriminell verwickelten Bürgermeister „Big Bill" Thompson, erhalten zu haben. Allerdings entdeckt Eliot Ness, der dem Gerichtsbeamten sekundiert, bei der Untersuchung auch eine Streichholzschachtel, auf der Jim Malones Adresse notiert ist. Messerscharf schließt Ness, dass Nitti Malones Mörder sein muss. Um der Festnahme zu entgehen, erschießt Nitti den Gerichtsbeamten und flieht vor Ness auf das Dach des Gerichtsgebäudes. Dort kommt es zu einer kurzen Auseinandersetzung, bei der Ness den Mörder vom Dach in den Tod stößt. In der historischen Wirklichkeit gibt es diese Szene nicht. Wie viele der Weggefährden Capones verbüßte auch Frank Nitti Haftstrafen und wurde nach seiner Freilassung bei einem Streit mit Polizisten niedergeschossen und schwer verletzt. Als er nach seiner Genesung erneut wegen Steuerhinterziehung stellvertretend für die Capone-Organisation verklagt werden sollte, entzog er sich dem Verfahren und beging im März 1943 Selbstmord (Bergreen, 1995, S. 752). Historisch getreu endet der Film mit den vom Richter abgewehrten Einsprüchen von Capones Anwälten und seiner Verurteilung für elf Jahre. Die Schlussszene gilt dem erfolgreichen Leiter der „Untouchables" Eliot Ness. Während Al Capone seine Haftstrafe in Atlanta antritt, räumt er sein Büro und wird beim Verlassen des Gebäudes von einem Journalisten auf das mögliche Ende der Prohibition angesprochen und gefragt, was er dann tun würde. Mit der Antwort: „Ich werde dann wahrscheinlich einen Drink nehmen", spielt das Filmende ironisch darauf an, dass der hartnäckige

Kämpfer gegen den von Al Capone und seinen Mitarbeitern sichergestellten illegalen Alkoholkonsum nun zum Trinker wird, wenn er es nicht schon zuvor heimlich war, wie viele seiner Zeitgenossen auf der Seite des Gesetzes.

Die weitgehend positive Rezeption des Films innerhalb der italienisch-amerikanischen Gemeinde bis auf wenige, kaum vernehmbare Proteste zeigt, dass der Stoff des Films Ende der 1980er-Jahre zum unbedenklichen Gegenstand einer profitablen Unterhaltungsindustrie geworden ist. Die Entrüstung über die stereotype Diskriminierung italienischer Amerikaner als Gangster bei der ersten Behandlung nach der Publikation von Ness' Autobiografie 1959, die mit ähnlicher Vehemenz die kubanisch-amerikanische Gemeinde noch 1983 nach dem *Scarface*-Film bekundet hatte, ist verflogen. Diese Verselbstständigung des Gegenstandes als Filmstoff mag mit der Zunahme italienischer Produktionen zusammenhängen, die bei den Konsumenten einen gewissen Gewöhnungseffekt zur Folge hatten. Zudem konnte sich die italienische Gemeinde als Teil einer nun offiziell akzeptierten multiethnischen Gesellschaft sehen. Mario Puzos Romane über die Machenschaften von Mafiabossen wie *Der Pate* (1969) und deren Verfilmungen in den 1970er-Jahren haben ebenso wie die beliebten „Spaghetti-Western" italienischer Regisseure diesen Prozess der Entethnisierung sicher begünstigt. Auch die zwischen 1984 und 1989 ausgestrahlte Fernsehserie *Miami Vice* spielte das von Brian De Palma dargestellte Filmgeschehen in verschiedenen Varianten innerhalb der Drogenszene in Florida durch. 2006 wurde daraus ein erfolgreicher Thriller *Miami Vice* unter der Regie von Michael Mann. Zudem wurden von diesem Film zahlreiche Adaptionen in anderen Medien ausgelöst. So wurde *Scarface* zur Vorlage für Videospiele wie *Grand Theft Auto: Vice City* (2002) oder *Scarface: The World Is Yours* und *Scarface: Money, Power, Respect* (2006), die Episoden des Films sowie der Musik aufnehmen und spielerisch die Handlung fortführen. Schließlich hat die Thematik auch Eingang in die Hip-Hop-Szene afroamerikanischer Musiker gefunden, die nach dem Vorbild Tony Montanas den Drogenhandel als Ausweg aus den ärmlichen Verhältnissen urbaner Ghettos propagierten. Ganz konkret übernahm der New Yorker Rapper Nas in seinem die Gattung der Hip-Hop-Musik prägenden Album *Illmatic* (1994) mit dem Song „The World is Yours" die seit dem ersten *Scarface*-Film mit Al Capone verbundene Hybris der Allmacht, die allerdings in beiden Filmen im Tod endet. Ähnlich macht der Atlanta Rapper Future in seinem Album „Pluto" (2012) mit seinem Song „Tony Montana" direkt die kubanisch-amerikanische Drogenwelt zum Thema. Die brutalen Gewaltszenen und das Sprachmilieu des Kultfilms werden auch in den Songs des erfolgreichen Rappers Jay-Z aufgenommen, der – ebenso wie seine Ehefrau Beyoncé – *Scarface* zum Lieblingsfilm erklärt hat. Die Parallele von Gangsta-Rappern und Al Capones Aufstieg zu Geld und Macht erinnert an das von ihm exemplarisch repräsentierte Motivationspotenzial des amerikanischen Traums, das nun der unterprivilegierten schwarzen Bevölkerung offensteht. Nicht von ungefähr fordert die 2006 erschienene Essaysammlung *The Audacity of Hope* (*Hoffnung wagen*, 2007) des späteren Präsidenten Barack Obama im Untertitel programmatisch zur „Rückbesinnung auf den American Dream" und zu dessen alle Bevölkerungsschichten umfassender Neudefinition auf.

Die mediale Vielfalt der von den beschriebenen Capone-Filmen ausgelösten Adaptionen und indirekten Anleihen setzt sich wie ein Schneeballsystem fort. Brian De Palmas Neuauflage von *The Untouchables* wurde zur Vorlage für ein Videospiel 1989 und zum Gegenstand einer neuen Fernsehserie in zwei Staffeln „The New Untouchables" (1993–1994). Der ungeheuer produktive Mystery-

Schriftsteller Max Allan Collins hat die Auseinandersetzung zwischen Eliot Ness und Al Capone als Bühnenstück verarbeitet (*Eliot Ness: An Untouchable Life*), das wiederum unter seiner Regie 2005 verfilmt wurde. Vier seiner zahlreichen Detektivromane mit dem Chicagoer Privatdetektiv Nathan Heller sind in den 1980er-Jahren dem Wirken von Eliot Ness gewidmet. Zusammen mit A. Brad Schwartz veröffentlichte er schließlich eine Art Parallelbiografie über die beiden Gegenspieler: *Scarface and the Untouchable: Al Capone, Eliot Ness, and the Battle for Chicago* (New York, 2018). Rechtzeitig zum 25. Jahrestag von *Scarface* 2008 wurden neue Bearbeitungen angekündigt. So plante Relativity Media ein Remake „Ness/Capone", in dem sich Ness als Adrenalin-Junkie mit Al Capone anlegt, während Warner Brothers eine eher faktenbasierte Bearbeitung unter dem Titel von Al Capones Hauptquartier „Cicero" verfolgte. Vince Gilligan, der Verfasser und Produzent der überaus erfolgreichen Fernsehserie *Breaking Bad* (2008–2013) wurde von Filmen über Al Capone inspiriert. So sieht er die Verwandlung des krebskranken Chemielehrers Walter White in einen Crystal Meth produzierenden und vertreibenden Drogenhändler, der mit den Einnahmen seine Familie nach seinem Tod versorgen will, als die Transformation eines Lehrers in eine Art Scarface-Figur wie Tony Montana alias Al Capone. Die Frage, inwieweit der mit dem Titel der Serie angedeutete Weg ins kriminelle Geschäft angesichts der ursprünglich hehren Motive Walter Whites nachvollziehbar oder gerechtfertigt ist, stellt sich auch bei der moralischen Bewertung des mit seiner Figur als Antiheld zitierten Al Capone. Der Rückgriff auf Robin Hood als Vorbild der letztlich guten Intention seiner Raubzüge zum Wohl der Armen in der Bevölkerung blendet häufig die mit den Verbrechen verbundenen Gewalttaten im Interesse des Nutzens für die Unterprivilegierten der Gesellschaft aus.

Das Verständnis von Al Capone als Wohltäter à la Robin Hood hat auch Nachahmer in anderen Ländern inspiriert. Der als „Al Capone von der Pfalz" betitelte Bernhard Kimmel hat sich bei seinen Raubzügen und Kapitalverbrechen in den 1950er- und 1960er-Jahren als gerechter Räuber verstanden, der seine Beute mit den Armen teilte. Der 1969 unter der Regie von Franz Peter Wirth gedrehte Fernsehfilm *Al Capone im deutschen Wald* mit Rainer Werner Fassbinder als Protagonist verfolgt die Geschichte des jungen Mannes, der Hitler und Al Capone verehrt und auf die schiefe Bahn gerät. Eine von der ARD gesendete Doku über die kriminelle Karriere des „Al Capone aus der Pfalz" unterstreicht Kimmels Absicht, die bei Bankeinbrüchen erzielte Beute mit den Armen zu teilen. Dass dies letztlich nur eine Selbststilisierung zum eigenen Vorteil ist, wird bereits am Beispiel von Al Capone deutlich. Unter diesem Blickwinkel kann selbst Präsident Donald Trump für einen Vergleich mit Capone herangezogen werden. Deirdre Bair zitiert einen 2016 geschriebenen Leserbrief an die in Midland, Michigan, erscheinende Zeitung *Daily News*, wonach Trump wie Capone den Durchschnittsbürger versteht und dies zu seinem Vorteil auszunutzen weiß (Bair, 2017, S. 325).

Al Capone ist zu einem Markenzeichen und einer festen Größe im kulturellen Gedächtnis Amerikas geworden. Nicht von ungefähr listet ihn das angesehene *Smithsonian Magazine* in einer Ausgabe von 2014 als einen der 100 einflussreichsten Amerikaner in der Geschichte des Landes (Capone, 2019, S. xiii). Sein Konterfei ziert T-Shirts, seine Wirkstätten sind eine Attraktion für Touristen. Al Capone ist einer der häufigsten Namen für Pitbull Terrier. In Schulen und Universitäten werden Kurse über sein Leben und Werk abgehalten und seine Auswirkungen auf die Entwicklung der USA untersucht. An der Harvard Business School wurde eine Fallstudie zu seinem Geschäftsverhalten und zur Wertschöpfung der Capone-Organisation entworfen, in Chicago sein Prozess von Juristen in historischen Kostümen nachgespielt. Im Ausland wurde sein Name zum Synonym für die kriminelle Geschichte Chicagos in den 1920er-Jahren, die in den Medien der Kulturindustrie zunehmend als spannende Unterhaltung rezipiert wurde. Die weltweite Faszination für diese schillernde Persönlichkeit zeigt sich an Al Capone-Briefmarken in Tadschikistan oder an dem wochenlangen Al Capone-Festival in Island (Bair, 2017, S. 324). Der Verwendbarkeit der mit dem Namen Al Capone verknüpften Palette von Möglichkeiten sind national und international keine Grenzen gesetzt. Aktuell hat die Referenz auf ihn und seine Aktivitäten eine neue Präsenz in den Medien erfahren.

Im Wirtschaftsteil der *Frankfurter Allgemeinen Sonntagszeitung* vom 7. November 2020 beginnen auf derselben Seite zwei Artikel mit einem Verweis auf das von Italienern in Amerika betriebene organisierte Verbrechen. Winand von Petersdorff nutzt Mario Puzos Roman *Der Pate* als Auftakt für seine Besprechung neuer Publikationen, in denen die Übernahme von Aufgaben, „die in funktionierenden Gemeinwesen von öffentlichen Verwaltungen ausgeführt werden durch Verbrecherorganisationen", analysiert wird. Demnach werden kriminelle Banden in Kolumbien von Bewohnern der Slums, aber auch von der Mittelschicht „als zentrale Anbieter öffentlicher Dienste wahrgenommen", die etwa in Zeiten der Corona-Pandemie als eine Art Gesundheitspolizei „Kontakt- und Mobilitätssperren überwachen". Durch diese Dienstleistungen etablieren sie ein Vertrauensverhältnis zu den von ihnen unterstützten Bewohnern in den Armenvierteln, was sie vor Strafverfolgung durch die Polizei schützt. Zusammengefasst lautet die Quintessenz der durchgeführten Untersuchungen, „dass Gangs in die Bresche springen, wo der Staat wegen Inkompetenz, Korruption oder aus anderen Gründen versagt" (von Petersdorff, 2020, S. 22). Interessanterweise steht dieser mit „Mafia: Dein

Freund und Helfer" betitelte Artikel neben dem von Patrick Bernau in Reaktion auf die amerikanische Präsidentenwahl verfassten Kommentar zum Zustand der amerikanischen Demokratie: „Amerika, vom Misstrauen zersetzt". Abgerundet wird diese Seite durch den von Rainer Hank verfassten Artikel „Zeit der Prohibition: Mit Al Capone unterwegs im Lockdown light", der mit dem Verweis auf Sean Connerys Rolle als Straßenpolizist Jim Malone im Einsatz gegen die Mafia aus Brian De Palmas Film *Die Unbestechlichen* beginnt und die Anfangsszene beschreibt, in der Al Capone, von allerlei Bediensteten umgeben, von einer Liege aus sein Geschäftsmodell erläutert, das darin bestehe, die Nachfrage in der Gesellschaft nach illegalem Alkohol zu erfüllen, auch wenn dies den Einsatz von Gewalt erfordere. Die Schilderung dieser Szene dient als Auftakt für einen zugegebenermaßen hinkenden Vergleich zwischen den während der amerikanischen Prohibition mit dem Alkohol- und Kneipenverbot auferlegten Beschränkungen und den Einschränkungen der Freiheit durch den Lockdown während der Corona-Pandemie. Abschließend gibt der Journalist seiner Hoffnung Ausdruck, dass die durch Corona ausgelöste Schließung der Lokale von kürzerer Dauer als die 13-jährige Prohibition sein werde (Hank, 2020, S. 22). Die durch solche Maßnahmen vorgenommenen Eingriffe in die persönlichen Freiheitsrechte tangieren auch das politische System der Demokratie.

Rainer Hanks Schilderung von Al Capones im Film dargestellten Treiben während der Prohibition verdeutlicht die Anfälligkeit demokratischer Strukturen durch Korruption und Inkompetenz. So wird die Übernahme von öffentlichen Diensten durch nicht-staatliche (kriminelle) Organisationen angesichts des Versagens staatlicher Organe von der Bevölkerung als notwendig erachtet. Inwiefern solche Auflösungserscheinungen demokratischer Strukturen die gegenwärtige Politik in Ländern bestimmen, in denen es die Intention der

Präsidenten ist, durch Disruption neue Bedingungen zu schaffen, und mit korrupten Wirtschaftsmodellen zusammenhängen, könnte ebenso von Al Capones Organisation abgeleitet werden. Al Capones Absicht auf dem Höhepunkt seines wirtschaftlichen Imperiums war es, auch die politische Macht zu ergreifen und den Staat im Sinne eines Wirtschaftsunternehmens zu führen. Donald Trump erhielt durch seine Wahl zum Präsidenten die Gelegenheit, diesen Traum Capones umzusetzen und hat die Welt vier Jahre lang durch die Konsequenzen dieser Situation in Atem gehalten. Auch das Ende seiner Präsidentschaft hat zu Vergleichen mit der in Filmen dargestellten Capone-Figur geführt. In „Die Geister der Gefeuerten" (Seidl, 2020, S. 13) sieht Claudius Seidl den seine Abwahl negierenden Präsidenten in der Rolle des von Al Pacino in dem zweiten Paten-Film (1974) gespielten Helden, der müde und demoralisierend endet. Seidls weiterer Vergleich mit dem Ende des *Scarface*-Films, in dem der Held sich mit großkalibrigen Waffen verlustreich in seiner Villa verteidigt, ruft den am 6. Januar 2021 von Donald Trump inspirierten Angriff auf das Kapitol und die gezielte Verhinderung des demokratischen Prozesses der Anerkennung der Wahl durch gewalttätige Gruppen auf. Der in Al Capones und Donald Trumps Verhalten sichtbare Anspruch auf autoritäre Regierungsformen und antidemokratische Herrschaftsformen ist in verschiedenen Regionen der Welt bereits in die Praxis umgesetzt (Applebaum, 2020). Das Beispiel Al Capones lehrt, dass solche Bestrebungen auch durch eine funktionierende Demokratie mit einer unabhängigen Gerichtsbarkeit verhindert werden können.

Bibliografie

Adams, James Truslow. *The Epic of America*. Boston: Little, Brown, and Company, 1931.

Antin, Mary. *Vom Ghetto ins Land der Verheißung*. Stuttgart: Verlag Robert Lutz, 1913.

Applebaum, Anne. *Die Verlockung des Autoritären: Warum antidemokratische Herrschaft so populär geworden ist.* 2020. München: Siedler Verlag, 2021.

Bair, Deirdre. *Al Capone: His Life, Legacy, and Legend.* 2016. New York: Anchor Books, 2017.

Bergreen, Laurence. *Capone: The Man and the Era*. London: Pan Books, 1995.

Bernau, Patrick. „Amerika, vom Misstrauen zersetzt." *Frankfurter Allgemeine Sonntagszeitung*, 8. November 2020, S. 22.

Bilbo, Jack. *Ein Mensch wird Verbrecher: Die Aufzeichnungen des Leibgardisten von Al Capone.* Berlin: Universitas Deutsche Verlags-Aktiengesellschaft, 1932.

Binder, John J. *Al Capone's Beer Wars: A Complete History of Organized Crime in Chicago during Prohibition*. New York: Prometheus Books, 2017.

Bogart, Laura. „Trump tried to act like a mob boss. Instead he's just a thug." *The Week*. January 19, 2021. https://theweek.com/articles/955997/trump-tried-act-like-mob-boss-instead-hes-just-thug. Zugriff 31.01.2021.

Bonesteel, Amy. „Prisoner 40886." *Atlanta Magazine.* October 2005, S. 68–70.

Bourne, Randolph. „Trans-national America." 1916, rpt. in *The Radical Will: Selected Writings 1911–1918.* Hrsg. Olaf Hansen. 1977. Neu herausgegeben: Berkley: University of California Press, 1992, S. 248–264.

Capone, Diane Patricia. *Al Capone: Stories My Grandmother Told Me*. New York: The Troy Book Markers, 2019.

Columbus, Christopher. *Schiffstagebuch.* https://fliphtml5.com/homepage/nbhs. DUDDE GmbH & C. KG, 2016.

Crèvecoeur, Michel Guillaume Jean de. *Briefe eines amerikanischen Landmanns.* Leipzig: Crusius, 1788–1789.

Deis, Richard. „Der Tod von Billy McSwiggin." *True Crime Story*, 19. Mai 2015. www.true-crime-story.de/al-capone-william-billy-mcswiggin/. Zugriff 15.01.2021.

De Palma, Brian (Regisseur). *Scarface.* Universal Pictures, 1983. [*Scarface – Toni, das Narbengesicht* (1983)].

De Palma, Brian (Regisseur). *The Untouchables*. Paramount Pictures, 1987. [*The Untouchables – Die Unbestechlichen* (1987)].

Eig, Jonathan. *Get Capone: The Secret Plot That Captured America's Most Wanted Gangster.* New York: Simon & Schuster, 2010.

Fuchs, Daniel. „Where Al Capone Grew Up." *The New Republic*, 9. September 1931, S. 95–97.

Gardner, Roy. *Hellcrataz.* Selbstverlag 1938. Republished in Book form 2000 after editing by Tom Ryan, as Douglas/Ryan Communications.

Grady, William, and John O'Brien. „Attorneys Turn the Clock Way Back to Put Al Capone on Trial Again." *Chicago Tribune*, August 6, 1990. https://www.chicagotribune.com/news/ct-xpm-1990-08-06-9003050902-story.html. Zugriff 15.01.2021.

Hank, Rainer. „Zeit der Prohibition: Mit Al Capone unterwegs im Lockdown light." *Frankfurter Allgemeine Sonntagszeitung*, 8. November 2020, S. 22.

Hawks, Howard. (Regisseur). *Scarface: The Shame of the Nation.* United Artists, 1932.

Hill, George W. (Regisseur). *The Secret Six.* MGM, 1931.

Hoover, Herbert. *The Memoirs of Herbert Hoover: The Cabinet and the Presidency 1920–1933.* New York: The MacMillan Company, 1952.

„John D. Rockefeller of the Underworld." Cover *Time Magazine* (1930).

Kallen, Horace. „Democracy *versus* the Melting Pot: A Study of American Nationality." *The Nation*, 18 and 25 February 1915; rpt. in *Culture and Democracy in the United States: Studies in the Group Psychology of the American Peoples.* New York, 1924, S. 67–125.

Kobler, John. *Capone: The World and Life of Al Capone.* New York: Putnam, 1971.

Kunisch, Hans-Peter. „Jack Bilbo: Unwiderstehlicher Durst nach Freiheit." *Zeit Online*, 19. Januar 2018. https://www.zeit.de/kultur/literatur/2018-01/jack-bilbo-ludwig-lugmeier-das-leben-des-kaeptn-bilbo-faktenroman. Zugriff 15.01.2021.

Lazarus, Emma. „Auf die Freiheitsstatue." *Amerikas neuere Lyrik. Ausgewählte Nachdichtungen*. Übers. Julius Bab. Bad Nauheim: Christian-Verlag, 1953, S. 54. [„The New Colossus." (1883)].

Lee, Henry. *How Dry We Were: Prohibition Revisited.* Englewood: Prentice-Hall Inc., 1963.

Lombardo, Robert M. *Organized Crime in Chicago: Beyond the Mafia*. Urbana: University of Illinois, 2013.

Mann, Michael (Regisseur). *Public Enemies*. Universal Pictures, 2009. [*Staatsfeinde* (2009)].

Mappen, Marc. *Prohibition Gangsters: The Rise and Fall of a Bad Generation.* New Brunswick: Rutgers University Press, 2013.

Meyer, Sabine N. *We Are What We Drink: The Temperance Battle in Minnesota.* Champaign: University of Illinois Press, 2015.

Murchie, Jr., Guy. „Capone's Decade of Death: Prohibition's Crime Reign." *Chicago Daily Tribune,* 16. Februar 1936. sec. D. p. 1. https://chicagology.com/notorious-chicago/capone2/. Zugriff 15.01.2021.

Ness, Eliot; Fraley, Oscar. *The Untouchables*. New York, 1957.

Nicholas, Tom, and David Chen. „Al Capone". Harvard Business School Case 809-144, April 2009. (Revised June 2020.) https://www.hbs.edu/faculty/Pages/item.aspx?num=37240. Zugriff 15.01.2021.

O'Brien, Howard Vincent. *All Things Considered: Memories, Experiences and Observations of a Chicagoan.* Indianapolis: Bobbs-Merrill, 1948.

Obama, Barack. *The Audacity of Hope: Thoughts on Reclaiming the American Dream*. New York: Crown Publishers, 2006. [*Hoffnung wagen: Gedanken zur Rückbesinnung auf den American Dream* (2007)].

Obama, Barack. *A Promised Land.* New York: Random House, 2020.

Obama, Barack. „Text of Obama's Speech: A More Perfect Union." *The Wall Street Journal*, 18. März 2008.

Omm, Peter und Lemon Scoots. *Alkoholkrieg in U.S.A. Wahrheitsgetreuer Bericht nach den Tagebüchern des Privatsekretärs Al Capones, nach Gerichtsprotokollen, Akten usw.* Leipzig: Wilhelm Goldmann Verlag, 1932

Pasley, Fred D. *Al Capone: The Biography of a Self-Made Man.* Garden City, NY: Garden City Publishing, 1930.

Persons, Stowe (Hrsg.). *Social Darwinism: Selected Essays of William Graham Sumner.* Englewood Cliffs, NJ: Prentice Hall, 1963.

„Racketeer." *Chicago Journal of Commerce.* 17. Dez. 1927.

Seidl, Claudius. „Die Geister der Gefeuerten". *FAZ*, 14. November 2020, Nr. 266, S. 13.

St. John, Robert. *This Was My World.* Garden City, NY: Doubleday, 1953.

Statue of Liberty – Ellis Island Foundation. „The Statue of Liberty – Ellis Island Foundation. Passenger Search". *Statue of Liberty,* The Statue of Liberty – Ellis Island Foundation Inc., 2020, www.libertyellisfoundation.org/passenger-result. Zugriff 13.01.2020.

Tarbell, Ida M. *The History of the Standard Oil Company*. Band 1. New York: McClure, Phillips & Co., 1904.

„The Capones." *Reelz*, Reelz Channel LLC, n.d. www.reelz.com/capones/. Zugriff vom 14.01.2021.

Tocqueville, Alexis de. *Democracy in America*. 1835, 1840. Ed. Eduardo Nolla. Indianapolis: Liberty Fund, 2012. 2 Bde.

Train, Arthur. „Imported Crime: The Story of the Camorra in America." *McClure's Magazine*. May 1912, S. 83–94.

Trank, Josh (Regisseur). *Capone.* Video-on-demand, 2020.

Trump, Donald J.; Schwartz, Tony. *The Art of the Deal*. New York: Ballentine Books, 1987.

Veblen, Thorstein. *The Theory of the Leisure Class: An Economic Study in the Evolution of Institutions*. New York: Macmillian, 1899. [*Theorie der feinen Leute: Eine ökonomische Untersuchung der Institutionen* (1958)]

Veblen, Thorstein. *Theory of Business Enterprise*. New York: Charles Scribner's Sons, 1904.
von Petersdorff, Winand. „Mafia: Dein Freund und Helfer." *Frankfurter Allgemeine Sonntagszeitung*, 8. November 2020, S. 22.
Wellman, William A. (Regisseur). *Public Enemy*. Warner Bros., 1931. [*Der öffentliche Feind* (1979)].

Personenregister

Familienmitglieder von Al Capone

Allgemeine Liste:

Werkregister

Abbildungsverzeichnis